UNTERSUCHUNGEN ZUR TRANSZENDENTALEN ONTOLOGIE BEIM FRÜHEN SCHELLING

前期谢林的先验存在论研究

倪逸偲 著

人民出版社

Where Alph, the sacred river, ran
Through caverns measureless to man
Down to a sunless sea.

S. T. Coleridge

那儿有神河阿尔浮，
流经深不可测的岩洞，
注入不见日光的海中。

［英］柯勒律治

序

先　刚

20世纪德国古典哲学研究中最振奋人心的事件，一个是图宾根的瓦尔特·舒尔茨引领的谢林复兴，另一个是海德堡的狄特尔·亨利希对费希特的重新激活。从此以后，虽然康德和黑格尔继续享有崇高的地位，但过去那种僵化而粗糙的、对费希特和谢林敷衍了事的“从康德到黑格尔”的研究范式可以说已经完全过时了。德国古典哲学“康费谢黑”四大家开始呈现为一个真正饱满的整体，并且为各种更加深入的和新颖的研究打开了大门。

但我们也注意到，各自经历了复兴的谢林研究和费希特研究之间保持着一种近乎平行的关系，基本上没有产生交集。究其原因，大概是前者更偏重“理性的宿命”之类宏大叙事，其关注的是自然界、历史、艺术、宗教等宏观领域的问题，冀图以此“重新书写”德国古典哲学的历史以及整个哲学的命运，反之后者则是紧紧抓住“自我意识”“主体性”等近代哲学最典型的核心问题，并把它们看作一切科学的奠基。归根结底，这个局面实际上是重演了当初谢林和费希特的分道扬镳。但是，从事情本身来说，谢林哲学和费希特哲学之间的关系不仅仅是分歧，更多的是继承、推进和发展，因此谢林研究和费希特研究之间不应当、也不可能一直保持互不过问的局面——这尤其是谢林研究应当直面的一个要求，因为通常说来，人们在研究先行者的时候，可以在某种程度上假装后来者不存在，反之在研究后来者的时候，却不能无视先行者的奠基工作，而谢林作为德国古典哲学的最后一位哲学家，其相关研究也面临着最为艰巨的任务。

针对这个局面，我在图宾根的老师曼弗雷德·弗兰克已经做出一些纠偏工作。他虽然师承亨利希的海德堡学派，把“自我意识”问题当作一切考察的出发点和核心，但同时具有一种浓厚的历史意识，因此他能够在亨利希刻意回避的谢林和德国浪漫派那里找到许多思想资源来丰富和深化这个问题，进而探索德国唯心论的不同“出路”（Auswege），而这就回到了舒尔茨的理论关怀。现在，沿着同样的方向，我的学生倪逸偲博士在当前这部著作里也做出了一个富有创见的尝试。作者本科就读于复旦大学，得益于那里的自由而活跃的学术氛围，他从一开始就形成了独立的问题意识和研究兴趣。随后在北京大学攻读硕士和博士期间，经过严格的经典研读（尤其是用原著语言而非英译本去研读经典）的训练，他的思考和研究获得了扎实的文本基础，从而能够在更深入和更精微的层面上讨论问题。在他的这部著作里，如我们看到的，作者同样是从海德堡学派在费希特那里挖掘出的“自我意识”结构问题出发，同时深受迄今尚未被重视的沃尔夫冈·克拉默、汉斯·瓦格纳等学者的思想启发，最后试图以一种从谢林那里重构出来的“先验存在论”来回应和解决相关问题。在这个过程中，作者既采纳了德国传统的“历史化—系统化”研究方法，也借用了当代胡塞尔现象学的思想资源，对谢林的一直到《先验唯心论体系》的前期哲学做出了一个新颖而大胆的解释。至于他的努力在多大程度上取得成功，这个应当由读者自己去做出判断。就我个人而言，作为一名近乎原教旨的谢林追随者，我对所谓的“先验存在论”还是抱有怀疑的态度，也未必赞同作者对一些谢林文本的处理和解释。即便是“自我意识”问题，我也一直认为其解决方案不应当局限于一种孤独的自为存在，而是应当从个体的主观意识那里解放出来，还原到历史的—逻辑的语境（这个趋势在谢林和黑格尔那里是非常明显的）。当然，我的理解不一定就是正确的或更好的，但我欣喜地看到，作者在本书的最后一章里已经对这个方向作出了展望，因此他的后续研究成果尤其让我期待。无论如何，尽管有着这些理解和诠释上的分歧，我还是非常欣赏作者表现出的同龄人里面已经日益稀见的青春朝气和雄心壮志，即勇于探索最基础的理论哲学问题，同时能够突破陈旧范式，建构新的解释。我相信，这样的研究必定能够丰富我们对于谢林的理解，进而在更大的范围内推进我国的德国古典哲学研究。

本书是作者在其博士论文的基础之上修订而成的第一部学术专著。我虽然是作者的导师，但彼此之间更像是一种朋友的关系，甚少单方面的“指导”，更多的是各抒己见的探讨。值此之际，我很乐意作一篇短序，祝愿作者在学术道路上取得更多的突破和成就。

2022年9月于北京龙背村

目 录

引　言

一、研究主题概述

本书以1800年前后谢林的先验哲学为主题，重点考察谢林在先验哲学的视域下对自我意识与主体性理论、知识的确定性与客观性等哲学基础问题的思考，尝试还原并重构出谢林在先验哲学框架下所提出的独特的先验存在论式的主体性理论模型。通过对谢林先验哲学的细致考察，本研究试图指出：主体性理论的根基在于自我意识，而自我意识的结构是动态的，是一个被动性的综合活动。而这种基础性的被动综合同步地建构了原初经验，也即是说，自我意识究其根源而言与原初经验是彼此同一的，这两者的同一性构成了知识的可能性前提。先验哲学因此必须要成为先验存在论（transzendentale Ontologie），也即是说，先验存在论不仅能够以“反思—把握”的方式反向追溯并定型意识的本原，同时也必然能够以发生学的方式正向展示作为意识本原的存在本身的分殊与演化进程。

本研究遵循欧洲学界通行的“历史化—体系化”（historisch-systematisch）的哲学研究方法①，从历史与义理两个层面对1800年前后的谢林先验哲学体系

① “历史化—体系化研究法”（Die historisch-systematische Untersuchungsmethode）是德语哲学学界的标准研究方法，即哲学研究必须兼顾到以下两点：1. 将特定哲学概念置于哲学家本人的体系或哲学史的发展脉络中加以梳理澄清；2. 从论证逻辑角度澄清概念的意涵，揭示概念的隐含前提并将概念合理定位于论证链条之中。在本研究中，笔者即意在以“自我意识”和“思维—存在统一体”为核心抓手，爬梳谢林先验哲学所形成的历史背景（18世纪90年代康德之后的德国唯心论哲学运动），给出理解谢林前期哲学的一条基本线索。

进行展示、评述与分析：

1. 勾勒谢林哲学的历史背景，不仅重点考察1800年前后的谢林哲学体系在康德以来的德语先验哲学思想脉络中的定位与作用，也同时着力于在近代以来的意识理论之背景下考察先验哲学本身的理论定位、方法论基础与发展可能；

2. 以体系化方式阐释谢林在这一时期的主要哲学文本，提炼并重构出在谢林先验哲学中占据核心位置的被动综合与生产性直观学说，并在先验哲学的更大视域下，试图以其回应原初经验的构造这一先验哲学的基础问题；

3. 通过探索谢林对于原初经验构造问题的回应，进一步勾勒出作为先验哲学完全形态的先验存在论的基本立场。通过进一步考察谢林先验哲学中所蕴涵的发生学要素，本研究意在完整地展现出先验存在论同步展开的“先验回溯—发生展示”两个共在且相辅相成的维度。

同时，本研究亦尝试将谢林的先验哲学置于从康德开始的整个先验哲学的理论脉络之中，希图激活先验哲学框架下的主体性理论与当代前沿思潮（如自我表征论、现象意向性理论等）之间的对话交流，深化关于“自我”“意识”“认识”等哲学基础问题的研究。

二、研究问题与方法导引①

当代德国哲学家曼弗雷德·弗兰克（Manfred Frank）在他关于自我意识结构理论的专著《自我感觉》（*Selbstgefühl*）的开头这样写道：“如果说哲学是在思想中把握它的时代，那么自我意识就一定是一句魔咒，让现代人得以奠定他们的基本思想。”近代哲学的一大无法回避的基本主题便是自我意识理论，因为自我意识理论为我们的认知与活动提供了共同根基。但我们究竟该如何理解“自我意识”？自我意识与普通意识有怎样的关系、又有怎样的区别？

① 本节的部分内容已经由笔者在另文中专门讨论过。参见倪逸偲：《从黑格尔到布伦塔诺：一种为自我意识奠基的自我感觉理论的建构》，《安徽大学学报（哲学社会科学版）》2019年第5期。

要想回答这个问题，必须要先界定什么是“普通意识”。用最简洁的语言来表述，普通意识就是一种关于外在某物的精神状态（mentaler Zustand），因此意识是一种意向性联结（intentionale Bezugnahme），将一个对象与主体关联起来。而自我意识，就其字面而言，则无外乎一种“关于自我的意识”，即一种自我联结（Selbstbezüglichkeit）。但问题在于，一旦我们将普通意识的意向性联结模式应用于自我意识，那么自我意识的自我联结本身的复杂含义就会与一种联结模式所要求的意向性特征相冲突。因此，我们可以说，自我意识的结构至少应当被视为一种“非标准”的意识结构。

但我们仍然可以继续追问，具备如此这般的“非标准”特征的自我意识的结构究竟是什么样的呢？答案无外乎以下三种可能性：

1. 自我意识仍然有一种“对象性”结构，但这种结构可能与普通意识的意向性联结结构有所差异；

2. 自我意识有一种独特的“准对象性”（quasi-gegenständlich）结构，自我意识的“对象”与如此这般的“对象”与认知主体的联结方式都需要被重新界定；

3. 自我意识的结构是彻底的“非对象性”（ungegenständlich）的，如果我们想要刻画自我意识的结构，那么就意味着需要引入并规定全新的理论框架和概念工具。

本研究即试图在德国古典哲学，特别是谢林前期先验哲学的框架下检讨整个 18 世纪 90 年代德国唯心论哲学家对于自我意识结构问题的探索，并逐步排除自我意识结构的其他可能性，最终指出，作为意识实在性的最终根据与先验哲学的基础的先验自我（或者说，原始自我意识）必然具备一种与对象性意识模式截然不同的“非标准”结构，这套结构以一种动态方式刻画了从先验意识到经验意识的发展转化进程。

从哲学史的角度来说，“意识”这一概念完全是近代哲学的产物，又随着康德以后的德国唯心论哲学家的讨论成了近代哲学的主题。一个基本的哲学史事实是，德国唯心论哲学传统中的意识概念来自康德的批评者莱茵霍尔德

(Karl Leonhard Reinhold)。1790 年，莱茵霍尔德在耶拿发表的论文《基础哲学的诸主要环节的新展示》(*Neue Darstellung der Hauptmomente der Elementarphilosophie*) 的开头提出了著名的“意识命题”(Satz des Bewußtseins)，即“在意识中表象经由主体与主体和对象相区分并与两者相联结。”这标志着意识问题正式进入德国唯心论哲学的核心论题。

莱茵霍尔德的“意识命题”切中了意识问题的三个核心要素：

> Ⅰ) 所有意识活动都是在认知主体的范围内进行的；
>
> Ⅱ) 意识活动预设了认知主体与对象之间的区分；
>
> Ⅲ) 意识活动的本质在于以表象联结的方式将认知主体与对象关联起来。

这种对意识的全新界定深刻影响了康德之后的德国唯心论哲学家们，比如费希特、荷尔德林、谢林等，黑格尔也概莫能外。康德之后的先验哲学分殊出了两条平行路径：一种着力于探讨知识的可能性根据，并进而回溯到主体性结构本身的基础性自我意识理论，代表是费希特在 1800 年以前的若干版本的知识学体系；另一种也着力于探讨知识的可能性根据，但进而转向了使人类知识最终成为可能的哲学本原，并尝试在这种本原中建立起观念性与实在性的原初同一体的同一性哲学，代表是谢林关于先验哲学的若干构想（包括谢林在 1800 年之前的若干自然哲学构想）。

本研究则特别关注这其中谢林的先验哲学构想。不仅仅是因为谢林在这一时期的先验哲学构想直接触及“晦暗”状态下的意识结构这一基本问题，更是因为谢林也为我们从哲学方法论的层面提供了难以置信的丰富资源：不同于康德－莱茵霍尔德－早期费希特的“批判哲学”传统中单纯凭靠观念性的反思来考察意识的基础确定性问题的做法，谢林首创性地提出以发生学方法考察作为观念性反思基础的“实在性”(Realität) 本身的生成进程，从而真正意义上突破了莱茵霍尔德以降的单一的主体性视角，也即是说：在处理主体—客体联结这一意识结构的基本问题时，我们不再仅仅以一种已经成型的主体性视角出发，去考察主体如何构造对象；而是以一种无预设的发生学视角直接介入对象本身的生成进程，并从中发现，对象性与原初经验的构造是通过被动综合活动而得以完成的，这也就意味着，原初发生意义上的对象性与主体性是完全同一而不可分的。这样，我们就能够发掘出被反思视角所遮蔽的先行于一切概念化把握手段的原初主体性。受限于早期谢林（1794—1800）的哲学背景，谢林本人在相关早期文本中并没有将这一洞见（即本研究主张的“先验存在论”）足够清晰地表达出来。本研究的一大主要目的便是展现谢林的超前洞见，并在此基础上进一步拓展并完善先验存在论对于原初经验构造问题的回应。

本研究也基于一项基本的哲学史判断：尽管谢林本人在其漫长的哲学生涯中多次更易哲学体系的表述方式，但他在早期哲学中形成的基本洞见从未有过实质改变。因此，从 1801 年开始的谢林“同一性哲学”（Identitätsphilosophie）、从 1811 年开始的“世界时代”（Weltalter）体系构想以及从 1830 年代开始的“启示哲学”（Philosophie der Offenbarung）都可以被视为是谢林的先验存在论的进一步发展。从表面上来看，谢林从中期哲学开始逐步转向了对理念与存在本身的考察，但事实上这些考察仍然延续了意识问题的基本线索，因此，谢林后期哲学中对存在本身的动态结构的展示可以被视为是刻画“非意识”（das Unbewusste）领域的突破性创举。在这一基础上，通过引证以 19 世纪晚期德国哲学家爱德华·冯·哈特曼（Eduard von Hartmann）为代表的一系列立足于谢林哲学对意识问题的“非意识”层面的考察，我们得以探索出一条勾连德国古典哲学、现象学、精神分析理论的隐藏线索。

先验存在论的理论框架可以串联起从德国唯心论哲学的意识理论、胡塞尔后期的发生现象学、弗洛伊德－拉康的意识层级学说，到当代“行动哲学”的一系列理论资源，展示出西方形而上学传统僵硬的体系与教条之外的一面。现代哲学必须重建哲学的本原，而这意味着去建立起一套全新的存在论框架。这种全新的存在论必须基于存在的本质性动态结构，并且要能够精准地把握到驱动这一动态结构的活动要素；只有这样，一个基于存在的动态结构之上的哲学体系才能建立起稳固的基础。谢林的洞见展示出一条不同寻常的切入近代哲学发展史的线索，而这条线索会成为胡塞尔后期发生现象学与战后德语学界出现的“先验存在论”（transzendentale Ontologie）的核心论题。这种新型的动态本体论框架，恰恰是现代哲学被遮蔽的支柱。谢林的先验哲学，正是这条线索的核心枢纽。

三、先验哲学的基本概念

现在摆在我们面前亟待澄清的问题是：究竟什么是先验哲学？自康德以来有许多哲学家使用这个术语来描绘他们的哲学体系，但这些不同的体系所呈现出来的东西却似乎千差万别。因此，为了避免误解，也为了将本研究中关于先验哲学的讨论严格约束在同一个层面上，我们在这里必须先行简要阐释一些先验哲学的基本概念，以方便读者掌握本书所使用的基本语言。当然，由于本书处理的问题的特殊性，所有的概念的意涵都非常丰富且处于动态变化之中，这里所能简要呈现的也只是最一般意义上的意涵。只有沿着本研究的线索继续前进，我们才可以期许获得对于这些概念的整全理解。

（一）先验（das Transzendentale）

考虑到“先验哲学”（Transzendentalphilosophie）几乎是由康德一手引入西方哲学史的，因此我们在这里非常有必要先在康德的语境下就“先验”概念的意涵做一个简要的考察，然后再分析“先验”概念进一步的含义。

康德在1787年出版的B版《纯粹理性批判》中这样界定“先验”：

> 我把一切与其说是关注于对象，不如说是一般地关注于我们有关于对象的、就其应当为先天可能的而言的认识方式的认识，称之为先验的。这样一些概念的体系就将叫作先验—哲学。[①]

① Kant, *KrV*: B25. 本书中所引用的康德原文都由笔者自行翻译，引用格式按照惯例将第一批判写作斜体 *Kr*V 并附上版本标识。其他康德著作引用均按惯例，以 AA 代表通行的科学院版康德全集，并附上卷次和页码。

康德实际上给出了一个关于“先验”的形式定义：先验意味着逻辑上先于（时空）经验，但又反过来构成了经验的可能性条件的那些东西。而“先验哲学”则就是考察这些“可能性条件”之为可能的体系化研究。就像我们常说的，康德的批判哲学为可能经验或者人类认识能力“划界”，这种意义上的“先验”，实际上是作为（时空）经验的“边界概念”（Grenzbegriff）而存在的。而康德同时又否认对“物自身”（Ding an sich）直接进行考察的合法性，因此“先验”概念失去了它直接的语义学内容，而被严格限制在了经验的可能性形式条件之上。因此，这种意义上的先验哲学，是可以剥离主体性/存在论的视角，而成为单纯的形式化研究的（比如今天大行其道的“先验论证”）。

但根据“先验”这个词的词源学基础，我们马上就会发现“先验”与“超越”这两个概念（Transzendenz/Transzendieren）有着共同的词根，这就意味着这两个概念也有着千丝万缕的联系：“先验”的概念意涵之中必然包含着“超越”的要素。这也就是说，一旦我们稍微离开康德的框架，我们就会发现，“先验”实际上不是一个“边界概念”，而是一个“指向概念”，它指向了一个“超越”于有限的经验意识之外的领域，那个领域已经不能由认识论的手段（反思）通达，因而实际上已经是存在论的领域。正如德国学者施奈尔所言：

> ……在此可以提议一种对先验概念的新理解，使得我们将（先验的）认知理论的视角与存在论的视角整合在一起思考，或者，（在康德的意义上）将一切综合判断的最高本原的内涵同时理解为认识的可能性条件（认识论视角）与经验对象的可能性条件（存在论的视角）。①

因而，这样一个扩展后的“先验”概念获得了它自己的语义学内容：“先验”意味着经验对象本身（an sich）的可能性条件，而这就意味着“先验”概念同时也包括使得这些经验对象成为可能的主体性的构造活动。因而此时的“先验

---

① Alexander Schnell, *Was ist Phänomenologie*? Frankfurt am Main: Vittorio Klostermann, 2019, S. 84-85.

哲学”已经大不同于康德意义上那个被严格限制的同名概念，它已经成了一种考察作为经验对象之为可能根基的主体性构造（自我意识）的可能性的研究，而这一根基早已深入存在论的领域。诚如二十世纪最伟大的德国先验哲学家沃尔夫冈·克拉默（Wolfgang Cramer）所言：

> 意识是先验的，在于它超越(transzendieren）了自身而到达了存在本身。①

克拉默所主张的“先验”概念已经大大超出了传统的笛卡尔–康德式先验哲学的问题域界限：“先验”概念所刻画的主体性的原初构造活动实际上是先验主体向内挖掘自身的存在论基础，从而最终跃出自身，将自身湮灭在存在本身的动态分殊之中。这势必需要“先验哲学”走向一种全新的、能够刻画存在本身的动态分殊进程的“存在论”(Ontologie)。

随着“先验哲学”拓展向存在论，先验哲学的方法论势必也要发生根本变化。在近代形而上学传统中，相比于独断论式的“自上而下”，笛卡尔–康德式先验哲学的基本方法就是“自下而上”的“追问”(Nach-fragen)，追问一切意识经验得以成立的可能性条件，换言之，是一种先验反思（transzendentale Reflexion）或先验回溯（transzendentaler Rückgang）：即以概念化反思追问对象的可能性形式条件，追问出“我思”(也就是自我意识）的必然性后将其确立为认识活动的本原（证明自我意识的对象有效性和对象必然性)。

而一个全新的、已经向存在论领域扩展的先验哲学的基本方法就不再仅仅是这样一种“反思—辩护”的模式，而是在以先验回溯达到自我意识，并将自我意识确立为认识活动的本原之后，折返过来，展示本原的发生结构——作为

---

① Wolfgang Cramer, *Die absolute Reflexion. Schriften aus dem Nachlass*, hrsg. v. Konrad Cramer, Frankfurt am Main: Vittorio Klostermann, 2012, S. 28. „Transzendental ist Bewußtsein, sofern es zum Sein an sich transzendiert.“本研究从问题意识到研究进路都受到了沃尔夫冈·克拉默极大的影响，甚至可以说，本研究是沃尔夫冈·克拉默生前未完成的先验哲学构想的一种延续。在此笔者谨向这一伟大的精神致以最崇高的敬意。

最高本原的自我意识究竟是如何奠定一切对象性意识活动的可能性条件的？这就是新先验哲学的方法论区别于康德式先验哲学的至关重要的一点——对“自我意识的历史”（Geschichte des Selbstbewußtseins）[①] 的“先验展示”（transzendentale Darstellung）。

这样一种全新的先验哲学有着以下两个基本步骤：

I）从经验意识中的认识主体出发，先验回溯到作为经验意识终极根据的绝对者——原初的“主体—客体”同一体；

II）将绝对者确立为哲学的本原，并以此展开其内部结构，最终将绝对者落实为作为经验意识承载者的“存在者”（das Seiende）。

就此我们已经可以看到，如此这般全新的先验哲学所处理的问题完全处于经验意识“之前”的领域，这就是“前意识”。

（二）前意识（Vorbewußtsein）/ 原初经验（ursprüngliche Erfahrung）

我们首先将前意识的一般图景呈现如下：

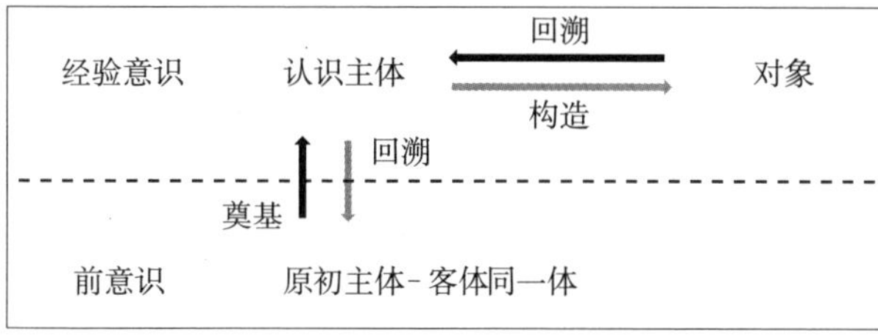

据上图，一种拓展后的新先验哲学会将客体性 / 对象性（Objektivität），也即对象之为（als）对象的根据，从经验意识中的认识主体继续往前推移到了比经验意识更底层的原初“主体—客体”（Ur-Subjekt-Objekt）[②] 同一体之上。

---

① 我们将在第三章专门讲解这个术语的深层意涵。

② 原初“主体—客体”同一体之间始终是一个整体（连字符两端不可拆分），因而这就意味着它与表层经验中的主体与对象存在着本质区别。

正如德国现象学家兰德格雷贝（Ludwig Landgrebe）指出的那样，在我们的意识活动的底层存在着反思手段所无法触及的“深层维度”（Tiefdimension）①，这个深层维度就指的是我们在这里所说的“前意识”或“原初经验”。如此这般的“深层维度”可以从两个方面来理解：第一，前意识是一个为我们的一切主体性表象得以奠基的领域；第二，我们主体性的规定性根据必须要前溯到前意识领域。具体地说，前意识为经验意识中的认知主体与对象之间的“意向性/对象性”联结提供了根据。认知主体与对象之间的对象性联结得以建立的凭据在于潜意识中的原初“主体—客体”同一体内部的“关联”（Korrelation）②先行被建立。按照施奈尔的观点，“关联”意味着一种“质性刻画”（Qualitätsbeschreibung），使得主体对于对象的“内容规定”（Inhaltsbestimmung）成为可能。③

这就要求我们进一步澄清前意识中的原初“主体性”的东西，那个原初“主体—客体”同一体的意涵。

（三）先验主体性（transzendentale Subjektivität）/先验自我（transzendentales Ich）

如前文所言，拓展向存在论的先验哲学要求我们将表层经验中的对象性的终极根据前溯到前意识领域中的原初“主体—客体”同一体之上。而这个同一体内部所能够建立起来的“关联”是所有表层经验意识中的认知主体—客体联结（Erfahrungsgegenstandsbezug）得以成立的可能性条件（先验条件）。但是前意识领域中的这个“关联”就本质而言是不同于表层经验中的意向性/对象性联结，底层的“关联”必须是一个“活动”（Tätigkeit），活动则必然要求一

① Vgl. Ludwig Landgrebe, *Faktizität und Individuation. Studien zu den Grundfragen der Phänomenologie*, Hamburg: Felix Meiner, 1982, S. 73.

② 这里用了“关联”这一术语来刻画一种在前意识中本质上不同于意向性/对象性联结的自我联结模式。

③ Vgl. Alexander Schnell, *Was ist Phänomenologie*? Frankfurt am Main: Vittorio Klostermann, 2019, S. 50-51.

个活动的“承载者”（Träger）——先验自我 / 先验主体性。也即是说，前意识领域中一切思维活动的承载者都是这个先验自我，而先验自我的动态结构体现为这个不断设定自身的原初“主体—客体”同一体。因此，先验自我就是前意识中那个构建“关联”的自我活动（Ich-Tätigkeit）。

（四）观念性（Idealität）/ 实在性（Realität）

如前文的先验哲学的要求，我们绝不可以将前意识中的先验自我仅仅作为先验回溯的静态结果（比如康德的“我思”），当成一个被悬置的最高者。它必须成为真实的本原。这就意味着，我们必须要能够以发生学的方式展示先验自我是如何为经验意识中的认知主体奠基的（见上图）。因此，先验自我必然要能够在原初“主体—客体”同一体内部建立起“关联”，才能使得表层经验中的认知主体与经验对象之间的意向性 / 对象性联结成为可能。这种“关联”的建构过程分为两个层面：

1. 本质性自我联结（wesentliche Selbstbezüglichkeit），即先验自我将自身设定为具备形式同一性的主体，使得意向性 / 对象性联结得以可能。这就叫先验自我的“观念性”（Idealität）；

2. 自我实在化（Selbstrealisierung），即先验自我将自身从质性上设定为那个“是其所是”的东西（das, was ist），为表层经验意识的“内容规定”奠定根据。这就叫先验自我的“实在性”（Realität）。

正如谢林本人所言：“当它（绝对主体——笔者注）作为某物存在着，它是实在（das Reale），而当它理解把握某物之存在，它就是观念（das Ideale）。”[①]很显然，先验自我的观念性与实在性并非处于对立状态之中，它们彼此相辅相成一同建构了原初的前意识自我活动，因而，观念性与实在性之间需要一个更基础的综合概念——一种绝对综合。

---

① ［德］谢林：《近代哲学史》，先刚译，北京大学出版社 2016 年版，第 123 页。

（五）绝对综合（absolute Synthesis）/ 被动综合（passive Synthesis）

这里所说的“综合”，即一种动态的关联机制（Korrelationsbewegung），将前意识中的先验自我的观念性层面与实在性层面统合起来。但由于这种动态关联活动并不能由经验意识中的认知主体所掌握，因而这种活动就其本质而言是被动性（passiv）的。这也意味着，前意识不能直接由意识通过反思的手段还原出来，而前意识中的自我活动模式（被动性）也与经验意识中的自我活动模式（主动性）存在本质区别。但是如何去理解这种作为被动性的原初前意识自我活动呢？兰德格雷贝为我们提供了三重递进的理解维度：

1. 纯粹的被动性，或者说一种“原被动性”（Ur-Passivität），意味着原初前意识自我活动的本质规定：实在性的最初构造只有在经验意识的前溯条件下才是可能的；

2. 主动性的被动性（aktive Passivität），意味着经由先验自我的“关联”活动，经验意识中的认知主体得以将对象的“内容规定”认定为是感性接受性的一个结果（Leistung）；

3. 纯粹的主动性，意味着一种范畴意义上的自发性（kategorische Spontaneität），即经验意识中的认知主体得以将自身也确立为是前意识自我活动构造的结果。

因而我们才可以说，如此这般的“被动性前构造”（passive Vorkonstitution）刻画了表层经验中那些似乎“无规定的”（unbestimmt）对象性在原初经验中的本质结构。如果没有作为被动综合的原初前意识自我活动，那么经验意识的认知主体根本就不可能实现“自身理解”（Sich-Verstehen）。因而，先验主体性实际上刻画了一种发生学意义上的动态“创生进程”（kreativer Prozeß）。① 只有在发生学的意义上我们才得以理解前意识中的先验主体性的地位与作用机制，这就要求我们进一步将现在讨论的这个全新的先验哲学完整地

① Vgl. Ludwig Landgrebe, *Faktizität und Individuation. Studien zu den Grundfragen der Phänomenologie*, Hamburg: Felix Meiner, 1982, S. 72-74.

刻画为一种“先验存在论”。

（六）**先验存在论**（transzendentale Ontologie）[①]

我们首先来拆分一下“先验存在论”的两个组成部分的意涵：

1. 根据前文，“先验”意味着如此这般的先验哲学需要展示原初经验的本质性结构并为之提供“先验阐释”（transzendentale Erläuterung）的可能性；

2.“存在论”则意味着如此这般的先验哲学需要证成经验对象的对象性根据，换言之，为经验意识提供一个终极的实在性根据，才能解释为什么表层经验是“是其所是”（Das, was ist）的；

正是在这两重意义上我们才可以讨论“先验存在论”。一言以蔽之，先验存在论就是研究前意识状态下的先验主体性结构的学说。我们必须首先考察经验意识的对象性根据，然后前溯到前意识中的原初“主体—客体”同一体，并将作为这个同一体结构承载者的先验主体性确立为意识哲学的最高本原；接着我们折返过来，分析先验主体性的被动性前构造，探察出先验主体性的被动发生结构，最终阐明先验主体性何以通过观念性与实在性的原初被动综合为表层经验意识中的认知主体与经验对象之间的意向性 / 对象性联结奠定根据。

20 世纪另一位与沃尔夫冈·克拉默齐名的德国先验哲学家汉斯·瓦格纳（Hans Wagner）在他的力作《哲学与反思》（*Philosophie und Reflexion*）中也试图发展出一套先验存在论体系。瓦格纳这样刻画先验存在论在先验哲学运思活动中作为实在性的终极本原之地位：[②]

① 在本研究的第四章的导引部分，我们将重新深入界定“先验存在论”的复杂意涵。

② 下图由笔者译自瓦格纳本人的构图，原图中还有一条从“存在论的因果联结”至“关于范畴联结的经验”的反思确证连线。参见 Hans Wagner, *Philosophie und Reflexion,* [*Hans Wagner Gesammelte Schriften.* Band 1.] hrsg. v. Bernward Grünewald, Paderborn: Ferdinand Schöningh, 2013, S. 237。

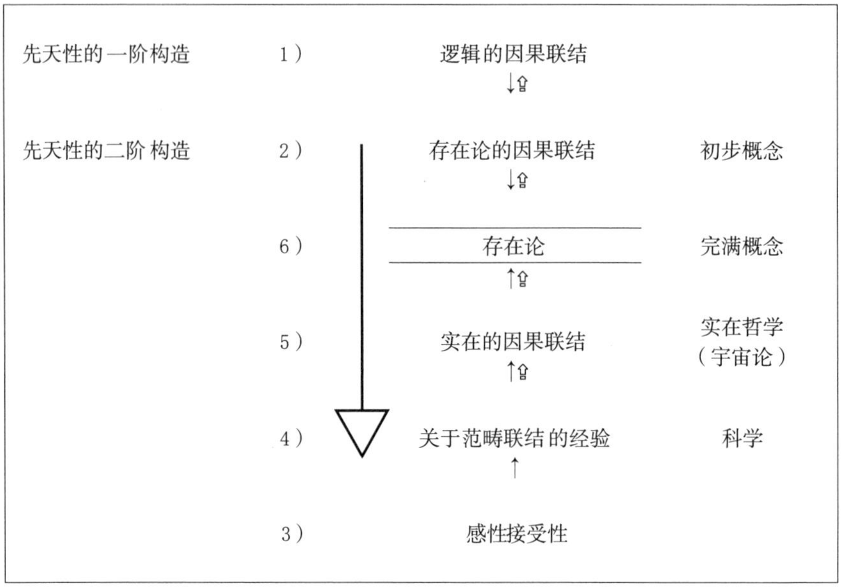

↑：纯粹自身奠基的路径
⇧：经验确证（反思）的路径

由上图可见，瓦格纳将先验哲学的运思区分为两个不同层面："实在哲学"（Realphilosophie）意义上的还原与"存在论"（Ontologie）意义上的还原，这两重还原模式则分别对应了"先天性的一阶构造"（primär-konstitutive Apriorität）与"先天性的二阶构造"（sekundär-konstitutive Apriorität）。瓦格纳这样解释这两重区分的存在论意涵：

> 在第一个还原步骤中，本原概念特定的实在特征完全消失了，也即是说，本原概念承担的为经验对象性（接受性意义上的对象性）提供终极规定性的功能消失了；但这恰恰使得我们能够过渡到第二个还原步骤：从纯粹存在概念（即作为存在者本身的本原概念）向纯粹存在概念的运思源泉——向一切对象认识的绝对根基的过渡。①

① Hans Wagner, *Philosophie und Reflexion,* [*Hans Wagner Gesammelte Schriften.* Band 1.] hrsg. v. Bernward Grünewald, Paderborn: Ferdinand Schöningh, 2013, S. 236. „In diesem ersten Reduktionsschritt geht der spezifische Realcharakter der Prinzipienbegriffe verloren, d. h. deren Funktion,

瓦格纳在这里所表达的观点与笔者前文所述的“先验存在论”的两重意涵完全相同。所谓“先天性的一阶构造”或者“实在哲学”无外乎意味着将一切经验对象性的基础以经验确证（先验回溯）的方式回溯到基础的逻辑结构——形式意义上的因果性，或者说本质性自我联结即先验自我的“观念性”之上；而“先天性的二阶构造”或“存在论”则才真正深入先验自我的终极“实在性”的基底，试图揭示出使得作为一切经验意识承载者的“存在者”(das Seiende)究竟何以能够“是其所是”的前构造。先验存在论必须深入揭示出作为先验自我的“存在者”的前构造，才能够承担起“一切对象认识的绝对根基”这一终极的存在论功用。

四、历史研究导引

在前面的体系化导引中，我们已经花费了相当的篇幅介绍了先验存在论的基本问题、基本概念、基本方法与基本进路。但我们还是忍不住会疑问，这样一种体系与德国古典哲学的关系究竟何在？本研究选取德国古典哲学，特别是谢林前期哲学作为阐释先验存在论的框架，究竟是出于偶然性，还是出于一种更深刻的理论必然性呢？这就要求我们在这里对德国古典哲学，特别是谢林哲学的研究历史作简要的梳理。只有这样，我们才能够领会到德国古典哲学的核心思想与先验存在论之间完全交融的统一性，从而彻底颠覆“从康德到黑格尔”的陈旧研究范式，并挖掘出德国古典哲学，特别是前期谢林哲学发展的真正思想线索。

当代德国唯心论研究的传奇人物亨利希（Dieter Henrich）曾将康德之后德国唯心论哲学的发展比作一场“超新星爆发”(Explosion einer Supernova)，认

Letztbestimmungsmomente für Erfahrungsgegenständlichkeit (rezeptivitätbezogene Gegenständlichkeit) zu sein. Damit aber wird der Übergang zum zweiten Reduktionsschritt möglich: der vom reinen Seinsbegriff (der vom Begriff eines Prinzips *des Seienden* als solchen) zur Entwurfsquelle des reinen Seinsbegriffs, d. h. zum *absoluten* Boden aller Gegenstandserkenntnis. “

为这场思想进程在西方哲学史上只有从苏格拉底到柏拉图再到亚里士多德的古希腊哲学发展史堪与之比肩。① 美国当代德国古典哲学学者平卡德则进一步补充："我们所有人至今都还生活在这场爆发的余烬里。"② 美国学者福斯特（Eckart Förster）则更加不吝溢美之词，将从 1781 年康德第一版《纯粹理性批判》出版到 1806 年黑格尔完成《精神现象学》的这段时间里德国哲学的发展称为"哲学的二十五年"（the Twenty-Five Years of Philosophy）。③ 无论这些研究者持何种立场，都足以说明共同一点：康德之后德国唯心论哲学的发展快速颠覆了康德的体系，并且在极短时间内突破了惊人的理论纵深，触及了可能是整个哲学的边界问题。因此，我们在这里将从五个部分分别综合展现作为先验哲学的德国古典哲学研究与谢林哲学研究的简要历史，为接下来章节的论述做好必要的资源准备。

（一）新康德主义－海德堡学派

现代德语哲学界从 19 世纪末开始重新以先验方式考察意识问题，其中有影响力的代表为新康德主义学者纳托尔普（Paul Natorp）、现象学运动的先驱布伦塔诺与胡塞尔。纳托尔普与布伦塔诺都试图从古代哲学出发重构出一种以意识理论为主线的哲学史解释，并建基于此来完成对意识哲学的基础问题的回应。纳托尔普的理论直接影响到了日后的海德堡学派与图宾根学派，而布伦塔诺则影响了后来的胡塞尔现象学传统与中欧地区的天主教神学—现象学传统（20 世纪早期的慕尼黑学派与布达佩斯学派）。

第二次世界大战结束后，德国哲学家迪特·亨利希在纳托尔普关于意识统

① Dieter Henrich, *Konstellationen. Probleme und Debatten am Ursprung der idealistischen Philosophie (1789-1795)*, Stuttgart: Klett-Cotta, 1991, S. 218.

② 平卡德的这段论述为笔者对平卡德所作的访谈。参见倪逸偲：《访谈德国古典哲学研究专家、美国乔治城大学 T. 平卡德教授》，《文汇报 · 文汇讲堂》2018 年 8 月 15 日。

③ Cf. Eckart, Förster, *The Twenty-Five Years of Philosophy. A Systematic Reconstruction*, trans. Brady Bowman, Cambridge, Massachusetts: Harvard University Press, 2012.

一性问题的思考的基础之上，重新将长期被忽视的康德以后的德国古典哲学传统纳入这一问题的背景范围。通过对康德、费希特、黑格尔等人的意识哲学解读，亨利希提出了两点影响深远的判断：1. 星群（Konstellation）理论。德国古典哲学的发展应当被视为一个有着共同理论追求的松散整体。这也就意味着，对于单个哲学家的理论的考察必须立足于这一“星群”中的对话语境之中。因此，整个德国古典哲学的意识理论应当被视为是一个动态发展的整体；①2. 语义转移模型。德国古典哲学的哲学家们有大量共同使用的概念，但同一个概念的意义会在发展过程中产生迁移。因此，必须要还原出每一个概念的具体语境，这需要语文学与概念史的双重考察，也依赖于对德国古典哲学“星群”的整体考察。②亨利希的这两点判断为后来的德国古典哲学研究奠定了方法论基础。但是从理论本身的角度来看，亨利希有意忽视了谢林的角色，而是着力于从康德－莱茵霍尔德－费希特－黑格尔一线去挖掘潜在的理论资源发展“意识的统一性”理论。仅仅就笔者观察而言，亨利希的这条路径最终迷失于单一的反思性主体视角之中，而忽视了同样至关重要的对象性与实在性问题。

从 20 世纪 70 年代开始，以亨利希工作的海德堡大学哲学系为中心慢慢形成了共同探索唯心论哲学的“海德堡学派”，这使得大规模的理论构建工作成为可能。从 20 世纪 80 年代开始，亨利希启动了所谓的“耶拿规划”（Jena-Projekt），即综合语文学与概念史的视角，对 1781 年至 1800 年的德语先验哲学发展史进行系统地整理。这一项目最终落实为团队成员的若干研究（如 Jürgen Stolzenberg、Manfred Frank、Violetta Waibel、Christian Klotz 等学者的相关专著）。③但是由于团队内部视角的差异与整项研究过度琐碎的编年史风格，亨

① Dieter Henrich, *Konstellationen. Probleme und Debatten am Ursprung der idealistischen Philosophie (1789-1795)*, Stuttgart: Klett-Cotta, 1991.

② Cf. Dieter Henrich, *Between Kant and Hegel. Lectures on German Idealism*, ed. D. S. Pacini, New Heaven: Harvard University Press, 2008.

③ Vgl. Dieter Henrich, *Grundlegung aus dem Ich. Untersuchungen zur Vorgeschichte des Idealismus. Tübingen – Jena (1790-1794)*, 2 Bände, Frankfurt am Main: Suhrkamp, 2004.; Dieter Henrich, *Der Grund im Bewußtsein. Untersuchungen zu Hölderlins Denken (1794-1795)*, Stuttgart: Klett-Cotta,

利希的“耶拿规划”除了提供了巨大的文献资源之外，并没有在哲学方法论上起到更新替代的效果。反而是亨利希本人在 20 世纪 90 年代后期以荷尔德林哲学为中心的一系列研究中真正完成了“二次突破”，成功地将存在论视角引入先验哲学之内，并就此大大拓展了之前被反思理论所限制的理论发展空间。然而，亨利希仍然有意识地拒斥系统考察谢林哲学，使得海德堡学派总体来说囿于主体性概念的主观形式的一面，而时常忽略与主体性结构密切相关的知识及其对象性问题，未能真正切入先验哲学的核心层面。

但是，海德堡学派的第二代与第三代学者，如 Konrad Cramer、Manfred Frank、Christian Klotz、Stefan Lang 等人已经充分意识到了反思模式的局限性，并拓展出了先验哲学的存在论维度。① 尤为可贵的是，他们洞见到先验哲学的存在论维度必须显现为意识—存在本身的动态结构，而这一动态结构直接体现为主体本身的原初行动（Handlung）。这一洞见完全突破了海德堡学派传统的理论范式，并且仍然在发展完善之中。本研究即着力于从这一点介入，并尝试提供基于谢林哲学资源的创见。

2004.; Manfred Frank, *Der unendliche Mangel an Sein. Schellings Hegelkritik und die Anfänge der Marxschen Dialektik*, 2., erweiterte Aufl, München: Suhrkamp, 1992.; Jürgen Stolzenberg, *Fichtes Begriff der intellektuellen Anschauung. Die Entwicklung in den Wissenschaftslehren von 1793/94 bis 1801/02*, Stuttgart: Klett-Cotta, 1982.; Violetta L. Waibel, *Hölderlin und Fichte: 1794-1800,* Paderborn: Ferdinand Schöningh, 2000.; Christian Klotz, *Selbstbewußtsein und praktische Identität. Eine Untersuchung über Fichtes Wissenschaftslehre nova methodo,* Frankfurt am Main: Vittorio Klostermann, 2002.

① Vgl. Konrad Cramer, *Nicht-reine synthetische Urteile a priori. Ein Problem der Transzendentalphilosophie Immanuel Kants*, Heidelberg: Carl Winter, 1985.; Manfred Frank, *Präreflexives Selbstbewusstsein: Vier Vorlesungen*, Stuttgart: Reclam, 2015.; Ders., *Selbstgefühl: Eine historisch-systematische Erkundung*, Frankfurt am Main: Suhrkamp, 2015.; Ders., *»Reduplikative Identität«. Der Schlüssel zu Schellings reifer Philosophie*, Stuttgart-Bad Cannstatt: frommann-holzboog, 2018.; Stefan Lang, *Performatives Selbstbewußtsein.* Paderborn: mentis, 2020.; Ders., *Phänomenales Bewußtsein und Selbstbewußtsein: Idealistische und selbstrepräsentationalistische Interpretationen*, Hamburg: Felix Meiner, 2020.

（二）战后德语新先验哲学

本研究也从已经几乎完全被当下主流哲学界遗忘的战后德语新先验哲学传统中汲取资源。这一传统并不“新”，它是战前在德语哲学界占据支配地位的新康德主义与现象学思潮的直接后继，并对后来的海德堡学派产生了极为重要的理论影响。（沃尔夫冈·克拉默就是亨利希的老师）这里面既包括沃尔夫冈·克拉默，汉斯·瓦格纳等人的独立的形而上学创见，也包括 Walter Schulz、Dieter Jähnig 等人在谢林哲学专门领域内的开拓创举。沃尔夫冈·克拉默立足于费希特–谢林传统，综合了来自现象学的资源，试图从发生学角度刻画作为存在的先验主体性（意识）结构。同时，沃尔夫冈·克拉默非常重视近代哲学中莱布尼茨与斯宾诺莎的理论资源，尤其是单子论（Monadologie）与斯宾诺莎的动态结构理论，并将其引入先验哲学之中，作为发生学意义上的动力学要素。① 汉斯·瓦格纳则关注于主体—对象联结问题中的对象性层面的建构，并创见性地提出，对象性层面的建构仍然是主体性的建构，但是并不来自反思意义上的主体性，而是一种存在论意义上的被动综合。②Walter Schulz 与 Dieter Jähnig 的谢林研究分别侧重于谢林的后期哲学与 1800 年前后的先验哲学，同样强调了谢林哲学的先验哲学问题背景，并坚持谢林哲学的前后期一致性。③ 在具体的哲学阐释层面，这两位谢林研究者的立场则与前两位原创式哲学家的立场遥相呼应，即主张一种存在论式的先验哲学，但同时强调这一存

① Vgl. Wolfgang Cramer, *Grundlegung einer Theorie des Geistes*, 4. Aufl., Frankfurt am Main: Vittorio Klostermann, 1999.; Ders., *Die absolute Reflexion: Schriften aus dem Nachlass*, hrsg. v. Konrad Cramer, Frankfurt am Main: Vittorio Klostermann, 2012.; Ders., *Das Absolute und das Kontingente: Untersuchungen zum Substanzbegriff*, 3., erweiterte Aufl., Frankfurt am Main: Vittorio Klostermann, 2019.

② Vgl. Hans Wagner, *Philosophie und Reflexion*, [*Hans Wagner Gesammelte Schriften*. Band 1.] hrsg. v. Bernward Grünewald, Paderborn: Ferdinand Schöningh, 2013.

③ Vgl. Walter Schulz, *Die Vollendung des Deutschen Idealismus in der Spätphilosophie Schellings*, Pfullingen: Neske, 1975.; Dieter Jähnig, *Schelling: Die Kunst in der Philosophie*, Pfullingen: Neske, 1966.

在论模式的动态结构特征。但值得注意的是，Schulz 本人的形而上学立场与战后德语新先验哲学普遍走向一种“绝对化”的主体性理论非常不同，也许是出于海德格尔现象学的影响，Schulz 非常强调自我作为“在世之在”与“世界场域”（Welt-Horizont）之间的联系。这一研究传统同样非常具备影响力，在后来的谢林与黑格尔研究中有许多追随者。①

正如前文已经明确显示出的那样，本研究直接继承了沃尔夫冈·克拉默与汉斯·瓦格纳这一传统的先验哲学研究脉络，并试图在更完整的哲学史（特别是谢林前期先验哲学）的语境下进一步推进相关问题的讨论。

（三）德法谢林哲学研究传统

目前西方的谢林研究相对集中在德法地区。长久以来，由于黑格尔主义哲学史观与“从康德到黑格尔”的哲学史研究范式的影响，谢林哲学研究很难说得到了足够的重视。20 世纪以前颇值得我们注意的谢林哲学研究便是前文已经提到的 Eduard von Hartmann 对于谢林哲学中的“非意识”层面内容的考察。②随后就是 20 世纪的谢林哲学研究。也许是出于反黑格尔主义的立场的缘故，德法的谢林哲学研究大都集中在谢林的后期哲学之上，并都不谋而合地选择了一种近似于天主教神学背景的理论立场。这就意味着，为了回应黑格尔主义哲学史传统中对于谢林哲学“神秘主义”的批评，这些研究纷纷试图反其道而行之，论述谢林后期哲学中的“潜能阶次”“本原”与“体系”等核心概念具备深厚的古代哲学（特别是柏拉图 – 亚里士多德 – 新柏拉图主义）背景，足以抗衡黑格尔的基于“绝对者”的“哲学科学体系”。③但是在这种解释背

① Vgl. Walter Kasper, *Das Absolute in der Geschichte: Philosophie und Theologie der Geschichte in der Spätphilosophie Schellings,* Freiburg im Breisgau: Herder, 2010.; Tereza Matějčková, *Gibt es eine Welt in Hegels Phänomenologie des Geistes*?, Tübingen: Mohr Siebeck, 2018.

② Vgl. Eduard von Hartmann, *Schellings positive Philosophie als Einheit von Hegel und Schopenhauer,* Berlin: Otto Loewenstein, 1869.; Ders., *Schellings philosophisches System,* Leipzig: Hermann Haacke, 1897.

③ 这种解读方式是当前谢林研究的主流，这里列举一些代表，仅仅作为参照。参见 Thomas Buch-

景下，我们似乎很难拉开谢林后期哲学与黑格尔哲学体系的足够距离，谢林仿佛被“黑格尔化”了。①

尽管非常稀少，但是目前已有的几份前期谢林哲学研究仍为本研究提供了相当大的理论支持。这其中，法国学者 Emmanuel Cattin、Philippe Grosos 与德国学者 Werner Hartkopf、Birgit Sandkaulen 关于早期谢林哲学发展、特别是关于早期谢林先验哲学体系与康德 – 莱茵霍尔德 – 费希特先验哲学体系之间的关系的研究令笔者受益匪浅。② 德国知名学者弗兰克则独树一帜地将早期谢林排除在“先验哲学”传统之外。与 Frank 这一解释作斗争也是本研究的一个重要任务之一。

（四）新思潮：发生现象学与自我表象论

更加值得注意的是，近年来胡塞尔后期手稿相继出版，而晚年胡塞尔关于发生现象学、本能现象学、现象学的边界问题的思考与谢林的先验哲学构想有着巨大的对话空间。近两年来，国际学界陆续出现相关讨论（以德国伍珀塔尔大学哲学系的 Alexsander Schnell 为代表），试图将德国古典哲学与现象学的理

---

heim, *Eins von Allem: Die Selbstbescheidung des Idealismus in Schellings Spätphilosophie,* Hamburg: Felix Meiner, 1992.; Axel Hutter, *Geschichtliche Vernunft: Die Weiterführung der Kantischen Vernunftkritik in der Spätphilosophie Schellings*, Frankfurt am Main: Suhrkamp, 1996.; Gérard Benussan, *Les âges du monde de Schelling. Une traduction de l'absolu*, Paris : Librairie Philosophique J. Vrin, 2015。

① Vgl. Miklós Vető, *Von Kant zu Schelling: Die beiden Wege des Deutschen Idealismus,* Übers. v. Hans-Dieter Gondek, Berlin: Walter de Gruyter, 2019. Vető 完全用后期谢林替换了黑格尔在德国古典哲学发展史中的地位。

② Cf. Emmanuel Cattin, *Transformations de la métaphysique : Commentaires sur la philosophie transcendantale de Schelling*, Paris : Librairie Philosophique J. Vrin, 2001. ; Philippe Grosos, *Système et subjectivité. L'enjeu de la question du système : Fichte, Hegel, Schelling,* Paris : Librairie Philosophique J. Vrin, 1996.; Werner Hartkopf, *Die Dialektik in Schellings Transzendental- und Identitätsphilosophie,* Meisenheim am Glan: Anton Hain, 1975.; Birgit Sandkaulen, *Ausgang vom Unbedingten: Über den Anfang in der Philosophie Schellings,* Göttingen: Vandenhoeck & Ruprecht, 1990.; Manfred Frank, *»Reduplikative Identität«. Der Schlüssel zu Schellings reifer Philosophie,* Stuttgart-Bad Cannstatt: frommann-holzboog, 2018.

论资源整合进同一个理论框架之中，从而更全面地解决先验哲学的基础问题。[①]另外，英美分析哲学传统中新近兴起的“自我表征论”（以法国巴黎高师哲学系的 Uriah Kriegel 为代表）[②]与“现象意向性理论”（以匈牙利中欧大学哲学系的 Katalin Farkas 为代表）等思潮同样非常关注谢林的先验哲学构想中所蕴含的理论资源，并试图打通分析的心灵哲学与先验哲学之间的区隔。本研究正是在这个意义上试图追踪并介入国际学界对这一问题的讨论，并作出自身的贡献。

（五）国内学界的先验哲学与谢林哲学研究

国内学界有着悠久的德国古典哲学的研究传统，其中不乏对于德国古典哲学传统的纵贯跨越式哲学史研究。浙江大学哲学学院倪梁康教授的《自识与反思：近现代哲学的基本问题》[③]与北京大学哲学系刘哲副教授的《黑格尔辩证－思辨的真无限概念：在康德与费希特哲学视域中的黑格尔〈逻辑学〉》[④]便是其中代表。这两位学者都采取了深受海德堡学派影响的理论路径——即以结构化的自我意识概念为核心抓手考察德国古典哲学（乃至近代哲学）的理论进路。另外，陕西师范大学哲学系的庄振华教授在他的研究中则侧重以更为传统的“实体—真理”学说去勾连德国古典哲学的内部演进路线，并以此在德国古典

---

① Cf. Alexander Schnell, *Réflexion et spéculation. L'idéalisme transcendantal chez Fichte et Schelling*, Grenoble : Million, 2009. ; le même, *En deçà du sujet. Du temps dans la philosophie transcendantale allemande*, Paris : Presses Universitaires de France, 2010. ; Ders., *Hinaus: Entwürfe zu einer phänomenologischen Metaphysik und Anthropologie*, Würzburg: Könighausen & Neumann, 2011.; Ders., *Was ist Phänomenologie?* Frankfurt am Main: Vittorio Klostermann, 2019.; Ders., *Seinsschwingungen: Zur Frage nach dem Sein in der transzendentalen Phänomenologie*, Tübingen: Mohr Siebeck, 2020.

② Cf. Uriah Kriegel, *The Varieties of Consciousness*, Oxford: Oxford University Press, 2015.

③ 参见倪梁康：《自识与反思——近现代西方哲学的基本问题》，商务印书馆 2002 年版。

④ 参见刘哲：《黑格尔辩证－思辨的真无限概念：在康德与费希特哲学视域中的黑格尔〈逻辑学〉》，北京大学出版社 2009 年版。

哲学与文艺复兴以降的近代形而上学之间建立起理论联系。①

但是，在汉语的德国古典哲学研究传统中，谢林哲学的研究长期以来并非热点。近年来，随着北京大学哲学系先刚教授主持的“谢林著作集”汉译计划的进展，国内学界对于谢林哲学的关注度显著上升。国内的谢林研究也从单纯的介绍性思想梳理进化为体系性的深入研究。先刚教授的谢林阐释综合了战后德语新先验哲学与图宾根学派的立场，极度重视古代存在论与近代形而上学对于谢林哲学的奠基作用，为汉语谢林哲学研究打开了广阔的哲学史背景，也为侧重于谢林哲学的先验层面的本研究提供了相当的助力与补充。②

复旦大学哲学学院的孙小玲教授与山东大学哲学与社会发展学院的王丁博士在近年来也出版了多部作品，主要从海德格尔后期现象学的背景（特别是海德格尔本人对于谢林 1809 年《自由论文》的解读）出发来处理谢林后期哲学中的一些核心问题，比如恶、自由、时间与无限性等。这些研究为本研究提供了非常重要的理论参照。③

同样值得注意的是，浙江大学哲学学院马迎辉研究员对于现象学与精神分析问题的探索也已经非常前沿，尤其是引入拉康资源阐释胡塞尔后期手稿中的原自我“贰一壹性”（Zwei-Einigkeit）问题以及他对于“前存在”（Vor-Sein）问题的思考，都为本研究的进展提供了非常重要的理论参考。④

除此之外，笔者本人也已经完成了多篇研究谢林前中期哲学的论文，并已搭建出先验存在论的基本理论框架。这些前期的预备工作都为本研究打下了非

① 参见庄振华：《实相与真理——德国古典哲学的世界构想及其源流》，《云南大学学报（社会科学版）》2017 年第 5 期。

② 参见本书“参考文献”部分的谢林中译本信息，以及先刚教授撰写的多部作品。

③ 参见孙小玲：《存在与伦理——海德格尔实践哲学向度的基本论题考察》，人民出版社 2015 年版；王丁：《本原的二重性与统一——论谢林最终的哲学方案》，《云南大学学报（社会科学版）》2019 年第 4 期；王丁：《对自由的诠释作为自由自身的实行——海德格尔、谢林与一种“自由诠释学”的可能》，《哲学动态》2020 年第 3 期；王丁：《存在，历史与自由——谢林晚期哲学的基本问题》，《哲学研究》2020 年第 9 期。

④ 参见本书“参考文献”部分列举的马迎辉的多部作品。

常重要的理论基础。①

本书便试图展示谢林哲学体系极富生命力的一面，并试图结合实力雄厚的汉语现象学研究的相关资源，在跨学科的视野下推进哲学基础理论的研究。

① 参见本书“参考文献”部分列举的笔者近年发表的相关论文。

第一章　批判哲学的分歧

德国学者施托尔岑贝格曾将自我意识理论称为一个“康德之后的哲学问题”（*ein Problem der Philosophie nach Kant*）①，而不是一个“自康德之后的哲学问题”。这足以说明，在我们开始深入探索先验主体性问题之前，必须先行廓清康德的“批判哲学”（Kritizismus）视域下的自我意识理论的地平。我们必须首先理解，自我意识，或者说先验主体性问题对于康德来说究竟意味着什么？为什么这个在康德的《纯粹理性批判》（*Kritik der reinen Vernunft*）中被赋予了“最高本原”（das höchste Prinzip）地位的论题却没有在康德体系内得到足够的澄清，以至于康德之后的先验哲学家们不厌其烦地在这个论题上一遍遍重新耕作？这些都是我们在进入先验哲学，尤其是进入本研究所主张的作为“先验存在论”的先验哲学之前，必须要先回答的预备性问题。无论如何，康德及其批判哲学体系都是一个必须要被面对的起点。

本章节便试图捕捉康德、莱茵霍尔德与早期费希特的“批判哲学”体系内已有的关于自我意识问题的研究，尝试通过分析相关哲学家关于自我意识问题的思考，指出“批判哲学”的框架内关于自我意识与主体性的讨论已经蕴含了一种超越“批判哲学”框架的可能性。在本章节的第一部分，我们将深入康

---

① Vgl. Jürgen Stolzenberg, „Selbstbewußtsein – Ein Problem der Philosophie nach Kant.“ In: *Daimon, Revista de Filosofia*, 1994, No. 9. S. 63-79.

德《纯粹理性批判》B 版“先验演绎”极为复杂的论证细节之内，挖掘出康德那里隐而不显的“主体性本原”；随后在第二部分我们将从这一“主体性本原”的存在论地位与康德“批判哲学”框架难以调和的结构性矛盾出发，深入早期费希特的思想线索，分析早期费希特的基础性自我意识理论是如何继承了康德的问题域又是如何超越了康德的理论框架但却功败垂成的；最后，我们将回到在康德与早期费希特之间承前启后的莱茵霍尔德“基础哲学”之中，结合黑格尔从谢林先验哲学立场出发对莱茵霍尔德做出的堪称残酷的批判，分析康德式的“批判哲学”为何难以跃出对主体性始终片面理解的阴影，并最终呼唤一种全新的先验哲学范式。

这样我们才得以透彻理解，本书所主张的一种作为“先验存在论”的新的先验哲学究竟是在何种意义上彻底超越了康德式“先验哲学”的理论框架的。

第一节　康德的自我意识疑难

自我意识论题，作为《纯粹理性批判》B 版先验演绎乃至整个康德哲学中最困难、最复杂的一部分一直吸引着后来的研究者们。在本节中，笔者意图立足于当代德国唯心论哲学家亨利希对康德哲学的重构论证的内在逻辑，解释这样一种独特的重构论证的方案在何种程度上能直接回应康德哲学中作为核心论题的自我意识疑难。同时，笔者也将试图指出这个方案的理论逻辑具备着复杂的层次与内在张力。基于本节的分析，笔者希望能够揭示出亨利希式重构论证逻辑背后隐藏的当代德国唯心论研究试图挽救主体性理论的终极尝试。

在本节中笔者力图通过三个步骤的论证尝试回应康德先验演绎中的自我意识疑难。第一，笔者将结合亨利希最早方案与英美学界的批评来论证自我意识—范畴关联对一个成功演绎的首要性；第二，笔者将考察康德演绎方法的历史背景并论证基于理智直观式自我意识—范畴关联的分析论证在康德哲学语境中的不可行性；第三，笔者将结合亨利希的后期方案发展一套基于自我—世界法则性关联的演绎，考察其限制与困难，并最终指出这种重构方案与后来德国唯心论核心论题之间的关联。

一、“两步一贯式论证”的结构与困难

康德的批判哲学由两大基础构成：被动接受的感性与主动把握的知性。对这两者分别的功能分析与对它们之间关联的解释基本构成了第一批判的主题。而在文本顺序上紧随于感性论（对感性功能——直观形式的分析）与逻辑论（对知性功能——纯粹知性概念或范畴的介绍）之后的演绎，则毫无疑问处理的是这个主题的第二个层次：这两大基础之间的关联是什么？两个世纪以来，尽管无数康德的后继者与批判者们在演绎的具体方法与结论的有效性上有着无数的争议，但是对于演绎的原初目的的看法却基本一致：通过演绎，康德试图在感性直观与知性范畴之间建立起一个牢固的关联。这个关联不仅使得对象的构造不再来自人类心智对经验的简单读写，而是一个基于经验材料，又由认知主体介入的复杂双向进程；而且，更为重要的是，康德将认知主体的介入做了两个层次的限制：这种介入只能停留于知性层次；这种介入只有经验性的运用。

二战前后的康德研究中普遍存在一种倾向是将 B 版演绎拆分成两个不同的论证。从 16 节到 20 节构成了一个所谓的“客观演绎”，论证纯粹知性概念的经验性运用为什么是可能的。这个演绎结束于 20 节的一个初步结论，“所有感性直观都从属于范畴，这也是感性直观的杂多能够一起来到一个意识之中的条件”①。接着，从 21 节到 26 节构成了“主观演绎”，康德在这里试图论证范畴对直观的联结功能的机制，或者说，纯粹知性概念的经验性运用究

① Vgl. Kant, *KrV*: B143.

竟如何才是可能的。不难发现，这种解释实际上将 B 版演绎变成了这样一种论证：两个子论证同步地从一高一低两端（知性能力与感性能力）开始，于中间结束。在一些康德研究者那里，这个“中间”被理解成是先验想象力；①而对于特别是来自第二次世界大战后英语学界的另一些研究者，比如施特劳森（P. F. Strawson）与盖耶（Paul Guyer）等人而言，第二个论证——也就是所谓的主观演绎实际上是某种近代主体理论的“先验心理主义”（transcendental psychologism）残留，因而根本就不能成立。这种解释路径导致的一大危险后果便是，通过将 20 到 26 节的论证指认为“主观演绎”，批评者们得以将对近代主体主义认知理论的批判移植到康德身上，否定先验演绎的结论，并最终将康德式的自我意识理论解读为某种经验性的自我归属（empirical self-affiliation）。

自 20 世纪 60 年代晚期开始，这种解释路径被以亨利希与杜兴（Klaus Düsing）为代表的德语世界的康德研究者们所颠覆。亨利希在 1969 年发表的著名论文《康德先验演绎的论证结构》中革命性地提出了对 B 版演绎“两步一贯式论证”（two-steps-in-one-proof）的基础重构；随后，在 1976 年的论文《同一性与对象性》中，亨利希建立起一套比较整全的对康德对象性（objectivity）②理论的重构；1981 年，在纪念第一批判问世 200 周年发表的《先验演绎中主体的同一性》中，亨利希补充了 1976 年论文中没有能够充分处理的如何在知性范畴与先验统觉之间建立起交互联结（mutual relation）的问题，而这也将成为本部分的重点；杜兴则于 1983 年发表了题为《自我同一性

---

① Cf. Herman J. de Vleeschauwer, “A Survey of Kantian Philosophy.” In: *The Review of Metaphysics,* 1957, Vol. 11, No. 1.

② 亨利希将对象性（objectivity）与对象（object）区分，对象性意味着将对象归因于某种经验认识（empirical cognition）的过程。对象只有通过杂多的综合活动才能被形成；而对象同时也受到了先验统觉的综合统一性的规定，这意味着表象通过作为综合活动的判断而形成关于对象的知识。在对象性理论中，先验统觉的客观统一性已经不可或缺。参见 Dieter Henrich, *The Unity of Reason: Essays on Kant's* Philosophy, Cambridge, Massachusetts: Harvard University Press, pp. 137-139。

的构造与结构：康德的统觉理论与黑格尔的批判》的论文，在其中第一部分为亨利希式的解释路径，特别是对康德的对象性理论的重构提供了充分的辩护。最终，在 1987 年 4 月斯坦福大学哲学系召开的康德研究会议上，亨利希发表了题为《康德的演绎概念与第一批判的方法论基础》的主题报告，重点仍然聚焦于 1981 年论文所引申出的第一批判中的自我意识的疑难。至此，关于 B 版演绎的两步一贯式论证的框架已经相对完善。下面笔者将综合这些研究者的出色成果，粗略地梳理一下两步一贯式论证的基本架构，并借此指出这样的一个解释路径背后蕴含的方法论困难以及其最终指向的本体论困境。

在 1969 年的论文中，亨利希将 B 版演绎的论证解释为同一个论证的两个关联的步骤：第一个步骤从 15 节到 20 节（21 节是对 20 节的一个补充说明，而不是论证的一部分），第二个步骤从 22 节到 26 节。在第一个步骤中，康德论证了：杂多（Mannigfaltigkeit）只能在纯然感性直观中被给予，而杂多进入感性直观的形式内必须经由一个联结（conjunction）为前提——这里的联结意味着杂多在感性直观中被综合统一。但是经由感性直观完成的杂多的统一并不是由联结本身带来的，而是由一个先天地（a priori）先行于联结概念的统一性所保证的，这个统一性，也就是自我意识的客观统一性（objektive Einheit）。① 在这里，康德使用了一个相当模糊的“自我意识的客观统一性”的术语来描述这种先行于感性直观的统一性。笔者认为，这里实际上指的是先验统觉的客观统一性。也就是说，先验统觉通过这样一个面向对象的先天的统一性穿越时空直观将杂多的诸多表象的联结统一起来。这实际上是一个从自我出发又回指自我的自我指涉（Selbstbezüglichkeit）的过程，而这个过程的完成，则依赖于 16 节开头的那个著名论断，“我思，必然能伴随我的一切表象”②。通过表象过程中我思的伴随（begleiten），杂多的综合统一完成了一个指向性的功能：这

① Vgl. Kant, *KrV*: B131-132.

② Vgl. Kant, *KrV*: B132.

种先天地先行的统一性必然意味着我思与范畴之间的某种关联，这也就是先验统觉的统一性。[①]而因为在这种统一性之中所有直观中被给定的杂多是在一个对象的概念中被把握为统一的，因而这种统一性意味着客观统一性——就是杂多的联结中的综合统一（synthetische Einheit）。经此，纯粹知性概念在感性直观上的运用框架便显明出来：感性直观中所有的统一性是由知性能力给出的。

在 20 节中，康德达到了第一个步骤的结论："所有杂多，只要它是在一个经验性直观（in Einer empirischen Anschauung）内被给定的，它就被判断的逻辑功能之一所规定"[②]。特别要注意的是，康德在这里不寻常地将修饰直观的不定冠词 ein 的首字母大写。亨利希认为，因为德语中不定冠词 ein 与"统一性"（Einheit）有着相同的词根，所以这意味着康德在这里意图强调的是范畴的有效对象必须是已经具备了统一性的直观，或已经具备统一性的直观从属于范畴。亨利希将这个结论解释为，康德的第一个步骤的结论意味着范畴的有效性对象必须在具备统一性的直观内，这样 20 节达到的只是一个限制性的结论，而并没有说明，这样的具备统一性的直观究竟是什么样的直观形式；也绝没有断言，范畴一定能作用于所有具备统一性的直观对象。[③]因而第一个步骤论证完成了范畴的对象必然性。

因而，在 22 节康德不再从统一性出发，而是切换了一个视角，论证了范畴能且仅能运用于经验对象。由于认识过程需要对象来提供思维把握，对象则依赖直观形式提供，而根据感性论部分已经达到的结论，我们作为人类的一切可能的直观形式都是感性的，因而范畴的运用只能限定于感性直观对象上。再

① 在这里，先验统觉所涉及的是一种将仅仅与我相关的表象纳入进我自身的活动。参见刘哲：《黑格尔辩证—思辨的真无限概念：在康德与费希特哲学视域中的黑格尔〈逻辑学〉》，北京大学出版社 2009 年版，第 31 页。

② Vgl. Kant, *KrV*: B143.

③ Dieter Henrich, "The proof-structure of Kant's Transcendental Deduction." In: *The Review of Metaphysics*, 1969, Vol. 22, No. 4, p. 645.

一次根据感性论，单纯的纯直观（时间和空间）并不能提供对象，因而只有包含着时空中的事物的经验性直观才能承担这个任务。在之后的几节里，康德论证了为什么经验性时空直观是具备着统一性的，因而，在26节里康德作出了第二个步骤的结论，即范畴的有效对象只能是经验性直观对象，所以范畴在所有人类的感觉对象中都具有对象有效性①。这样，康德完成了演绎的最终任务，即成功证明了范畴的对象有效性。

依据亨利希1969年的解读，康德在B版演绎中所使用的并非经典逻辑意义上的“演绎”方法，而是由两个松散关联的论证分别从两个方向出发，论证了范畴的对象必然性与有效性立足于直观形式的统一性与直观形式的感性限定性，最终在一个纯粹“我思”的伴随下将两者统一成一个完整的论证。这里的问题便逐步浮现出来：亨利希式的重构似乎已经预设了纯粹我思与知性范畴之间存在着统一性，否则我们就不能在感性直观形式中的杂多的统一性与先验统觉的客观统一性之间建立起同一关系，继而16节中对“我思”必然伴随我的一切表象的规定将失去意义。康德在17节中已经明言“统觉的综合统一性本原是所有知性运用最高本原”②，但问题是，这个康德暗示的统一性是某种批判哲学所竭力回避的神性的理智直观能力吗？如果是，那么为什么不能在康德的基础上发展出一套基于这种理智直观的统一性的分析式论证来完成贯穿认识对象的演绎呢？

这个问题的可能的答案显然已经超出了B版演绎的文本本身，在这里笔者不仅要考虑康德本人对这个问题的考量与相应的语境，还必须要时刻留意，这个问题所指向的那个核心困难：为什么对于那个至关重要的作为认知主体的“我”，康德始终只有碎片式的、不成体系的说明？康德仿佛在有意设下重重矛盾来阻止对这个问题的任何进一步讨论。所以在处理这个核心问题之前，笔者必须先完成一些更为基础的铺垫性工作：在充分理解康德本人对演绎方法的独

---

① Vgl. Kant, *KrV*: B165.

② Vgl. Kant, *KrV*: B136.

特规定的基础上，笔者试图对两种处理认知理论的基本方法——分析方法与综合方法作一个区分，从而使得我们在试图解决关于“我”的核心困难的过程中有个更为清晰与稳固的出发点。

二、演绎、分析与综合

众所周知，在传统的经典逻辑意义上的演绎法遵循着标准的大前提—小前提—推论这一三段论（syllogism）式的推演本原。但是在亨利希对康德B版演绎的重构中，我们无论如何都不能找到这样一种标准三段论式的推演结构。所以我们必须以另一种方式来理解康德的演绎法。

在1981年的论文中，亨利希补充了1969年论文中没有涉及的内容。他认为，先验演绎显然是关于范畴的演绎。而演绎范畴意味着展示作为先验命题（这里指作为知性运用最高本原的先验统觉）谓词的范畴的运用基础；同时，演绎范畴也意味着要寻找知识确证（knowledge claim）与先验命题之间的合法关联。因而演绎实际上不仅仅处理了如何使得范畴具备对象有效性的问题，也必须要同时面对来自上一层级的问题：如何在判断形式和范畴归摄之间寻找一种有效的联结？或者说，在纯粹我思与知性范畴之间应该如何建立一种联结？而这个问题对于范畴的先天性来说是必须被回应的。①

由于演绎需要解决这两个问题，所以判断一个演绎成功与否的标准便不仅仅局限于1969年重构中范畴的对象有效性的满足。在1981年的论文中，亨利希明确地提出了演绎成立的三个标准：1. 对范畴的运用必须是“有意识”（consciously）的；2. 范畴的运用必须与可能经验相联结；3. 自我意识具备着先天确

---

① 事实上，在判断活动与先验统觉之间还存在着更为复杂的联结关系，这对于理解康德的对象性理论至关重要，因为判断活动使得作为自我意识的作用形式的范畴能够发展成完整的概念。但这并非本部分关注的重点。关于这一论题的深入讨论，参见刘哲：《黑格尔辩证—思辨的真无限概念：在康德与费希特哲学视域中的黑格尔〈逻辑学〉》，北京大学出版社2009年版，第40页。

定性（a priori certainty），因而不从属于经验意识，但自我意识只能在经验性运用中得到显明。①

笔者认为，通过第一部分的重构，后两个标准显然是能够被广泛接受的。但是第一个标准则显然极富争议：如果对范畴的运用必须是意识性的，那么这意味着我们必须要在作为统觉的谓词的范畴与作为自我意识的谓词的我思之间建立起足够稳固的同一关系。但就第一批判的文本结构来看，至少截至先验演绎的部分，我们还不能发现任何关于这种同一关系的假设。事实上，在第一部分的重构中，我们已经不难发现：在“两步一贯式论证”的第一个步骤的证明中，感性直观形式中的杂多的综合统一与先验统觉的客观统一性之所以能建立起同一关系，是依赖于我思，也就是对象的综合活动中自我意识的伴随。这里已经默认了在知性范畴与我思之间存在着某种联结关系。但很遗憾的是，至少在演绎的文本范围内，笔者根本不能找到康德本人对此有任何明确的规定。这给我们造成了一种印象：仿佛康德在有意识地回避对这个问题的任何深入讨论。

就笔者有限的阅读范围而言，早在康德的同时代人那里就已经出现了众多对康德“意识性范畴”假设的困惑。康德的追随者之一贝克（Jakob Sigismund Beck）在1792年写给康德的信件中就表达了对康德的论证方法的疑惑。康德在回信中则谨慎地表态了一种不同于第一批判中的演绎方法的可能：

> 我想证明的是，在纯粹理性的辩证论（立足于它的二律背反）中，所有可能经验的对象都被认作是感官的对象，也就是仅仅是显象（Erscheinung），而不是物自身。所以我想通过揭示时间空间的感性形式作为将对象统一在可能经验范围内的条件，来使得演绎能够被理解。但是我想将范畴呈现为概念，从而使得他们能够可能思维所有的对象（无论在何种直观形

① Dieter Henrich, “The Identity of the Subject in the Transcendental Deduction.” In: E. Schaper & W. Vossenkuhl (Ed.), *Reading Kant: New Perspectives on Transcendental Arguments and Critical Philosophy*. Oxford: Basil Blackwell, 1989, pp. 252-254.

式之中）；因而我也想将范畴的规定性延展到感性边界之外，然而这样一种延展不能产生任何认识（Erkenntnis），好了，到此为止吧。①

在贝克本人于1796年撰写的《批判哲学在何种观点上能够被辩护——对康德教授的批判著作的解释性摘要》中，贝克宣称“意识的客观综合统一是一切知性运用的顶点”②。这个表述与康德在B版演绎的17节所做出的“统觉的综合统一性本原是所有知性运用最高本原”③显然不同。贝克以“意识”（Bewußtsein）替换了“统觉”（Apperzeption）。而且，在贝克为康德的B版演绎所做的辩护中，贝克直接以意识的客观综合统一作为起点，以一个下行式的方式试图论证为什么范畴具备对象有效性。在这类论证中（相似的论证在其他受到康德影响的同时代唯心论哲学家，比如莱茵荷尔德与早期费希特那里都能够找到），范畴的意识性是显然的、不需要更多论证的。因而一旦这种自我意识与知性范畴之间的关系被设定为是显然的，那么这样一种先验统觉的统一性就能够被设定为是演绎的出发点，这样一个基于第一本原的推导就构成了一个对演绎的分析式重构。

这种分析方法事实上对大多数人来说并不陌生：自笛卡尔整个近代主体主义认知理论传统基本都恪守这条路线。就连以批判哲学形象面世的康德都概莫能外：在康德的学生、波兰裔语言学家穆龙格乌斯（Krzysztof Celestyn Mrongovius）所整理的康德在1782年至1783年冬季学期的形而上学讲稿中，康德直言不讳地以这种分析方法展开了形而上学讨论。在关于理性心理学的第一部分的讲授中，康德将绝对灵魂设定为理性心理学的先验部分，并且以如下几条先

---

① Kant, *AA*: 11, 314. 贝克的原件已经散佚，但是根据目前整理出版的康德的回信（如文中所示）笔者仍然能够推测出，贝克的问题聚焦于为什么是感性能力而不是知性概念成为了演绎的起点。

② J. S. Beck, *The Standpoint from which Critical Philosophy is to be Judged* (excerpt), trans. George di Giovanni. In: G. Giovanni and H. S. Harris (Ed.), *Between Kant and Hegel: Texts in the Development of Post-Kantian Idealism*, Indianapolis: Hackett, 2000, pp. 139-140.

③ Vgl. Kant, *KrV*: B136.

验概念对这种灵魂进行了规定：

1. 灵魂是一个实体；
2. 灵魂是单纯的；
3. 灵魂是一个单一的实体；
4. 灵魂是一个单一自发的能动者（simpliciter spontanea agens）。①

特别要注意的是，在这里康德对灵魂的规定性与1787年B版第一批判中对灵魂的规定显然有所不同。在第一批判的谬误推理部分中，灵魂被康德定义为"作为思维者的'我'是内感官的一个对象"②。在后面笔者会提到，这种作为内感官对象的思维主体"我"将成为先验认识（transzendentale Erkenntnis）的基本对象，作为现象界的我们不能对其有任何"知识"（Wissen），这种先验认识将仅仅成为一种逻辑统一体的设定③。但是在1782—1783年的讲稿中，康德所规定的这样一个灵魂却不是第一批判中那样受到重重限定的，它是一个具备着自发活动能力的能动者。因而，一个分析式的演绎对于这种灵魂是显然可能的。

至此，笔者至少发现了这样一点，那就是康德本人似乎并不本能地反对一种分析式的解释路径，但是出于种种原因他最终还是没有选择这样一种看上去更合乎逻辑的演绎方式。

事实上早在1969年的重构中，亨利希同样意识到了分析方法对演绎的可能性。他将分析方法明确地定义为：将作为自我意识的统一性作用形式（注：无论主观还是客观）的范畴确定为演绎的第一本原；直观形式的必要性必须首先被辩护，然后再以感性论证明我们究竟拥有何种直观形式。这种设定方案因

① Kant, *AA*: 28, 265.

② Kant, *KrV*: B400.

③ 先验认识由于其独特的地位以及其与自我意识的独特关系，在先验哲学中占有重要位置。但是因为演绎中未曾有过多篇幅涉及先验认识问题，所以本部分将不重点涉及。

为与费希特早期知识学的设定有诸多相似之处，所以亨利希并没有对其作出否定，而只是以康德文本的现成状况舍弃了关于分析方法的讨论。但是康德研究界的诸多研究者，特别是来自英语学界的盖耶（Paul Guyer）、艾里森（Henry Allison）① 与艾美里克斯（Karl Ameriks）都相继提出对亨利希 1969 年重构方案的反对。艾美里克斯特别批评了亨利希对康德的解释是在复制笛卡尔主义的路线，他认为亨利希将先验统觉当作了一个彻底的笛卡尔式的、反思性的概念，将我思的伴随功能解读成了一种持续的、必然的自我把握（self-grasping），而不是康德原文中谨慎的自我指涉（self-reference）。② 换言之，在英美康德学者的视域中，亨利希式重构实际上转换了先验演绎的问题域。在康德的原文中，我们只能看到谨慎的构造对象性理论的尝试，而亨利希的重构则俨然将演绎的论题从对象性理论的构造转移到了认知主体

① 相比于盖耶将康德解释为先验心理主义的极端观点，艾里森的立场显得温和一些。艾里森基本接受了亨利希 1969 年的方案，但他反对将“我思”的伴随作“意识性”的解读。艾里森将演绎的两个步骤解释为从范畴的对象有效性（objective validity）到对象实在性（objective reality）的演绎，对象实在性则意味着本体论意义上感性能力与对象之间的一个有效联结。由于艾里森拒斥对“我思”的伴随作意识性解读，因而他不得不仰赖于紧随演绎之后的“图式论”（schematism）部分的先验想象力（transcendental imagination）来解释对象实在性的可能性。艾里森借助一个非常弱的“曲行性”（discursivity）概念将不同认知能力统一在一起，同时也以曲行性封闭了任何对自我意识论题的构造性分析。这种思路在德国学者赫费（Otfried Höffe）与美国学者皮平（Robert Pippin）的研究中也有所体现。但笔者认为，这种解释存在着严重的困难：由于艾里森封闭了对自我意识的结构分析，我们将难以解释先验想象力与知性、感性能力之间的关联，因而这三者之间的统一性很难被确立起来。对这些路径的分析与对先验想象力的研究大大超出了本部分有限的讨论范围，相关研究参见 Henry E. Allison, *Kant's Transcendental Idealism: An Interpretation and Defense*, New Haven: Yale University Press, 1983, pp. 133-173.; Robert B. Pippin, *Kant's Theory of Form: An Essay on the Critique of Reason*, New Haven: Yale University Press, 1982, pp. 88-119.; Otfried Höffe, *Kant's Critique of Pure Reason: The Foundation of Modern Philosophy*, Den Haag: Springer, 2010, pp. 169-175。

② Karl Ameriks, *Kant and the Fate of Autonomy. Problems in the Appropriation of the Critical Philosophy*, Cambridge: Cambridge University Press, 2010, p. 237.

理论[①]上去。这种转移将导致对康德的解释陷入某种“自大的”笛卡尔主义主体认知理论，而这显然是与康德第一批判的使命背道而驰的。

但笔者认为这种对亨利希的指责并不能成立。就如先前提到的那样，亨利希在1969年的论证中更多地关注于演绎的基础结构，而并非将我思与范畴的关系作为首要主题（事实上，正如笔者在本部分最后将要证明的，对这个问题的主题化（theming）处理本来就不会被康德本人所接受）。而且，来自英美学界的反对意见存在着被推向极端的危险——我们将不得不在守护康德的教条与康德的哲学之间做出一个抉择，因为康德的教条不允许我们对于自我意识有任何“知识”，而这种“知识”对于一个成功的演绎又是不可或缺的。那么结果显而易见，演绎就此失败，整个“感性论”之后的康德哲学将完全崩溃。这显然更加令人难以接受。[②]

在笔者看来，亨利希本人并非不理解来自英语学界的批评的内在逻辑。因而在1976年与1981年的两篇更加全面的论文中，亨利希已经开始着手分析为什么从显明的自我意识出发的分析式演绎是不足以承担起演绎的任务的。也许是因为语言的隔阂，英语学界似乎对亨利希20世纪70年代以后的工作并不熟悉。而在稍后的部分，笔者将试图说明，从1976年的论文开始，亨利希逐步证明了康德通过先验演绎以试图构造对象性理论的尝试中已经预设了认知主体理论的必然性，所以对认知主体理论的研究对于判断演绎究竟成功与否是必需的。而在1981年的论文中，亨利希试图更进一步，以一种“交互定义”而非分析式的推演的方式去重构康德的自我意识—范畴理论，而这足以回避大多数

① 特别要注明的是，尽管在这里笔者不得已使用了“认知主体”这个术语，但这个术语对于康德而言仅仅表示一种关于认知中的“我”的理论。这并非意味着笔者赞同对康德的认知主体理论采用某种智性化的处理；也不意味着笔者在这里暗示着存在任何仅从康德哲学的范围内发展出任何形式的主体性理论的可能性。

② 由于 Norman Kemp Smith 的第一批判英译本与 H. J. Paton 的一系列研究的深远影响，事实上以往的汉语康德学界大多更倾向于接受英美基于经验主义立场的观点。即所谓“先验演绎”仅仅与对象性理论相关，而对自我意识—范畴论题的讨论则属于“形而上学演绎”，后一种演绎方式是不能被康德哲学所接受的。

将重构论证指责为笛卡尔主义复活的批评。所以平心而论，长久以来英语康德学界对亨利希 1969 年方案层出不穷的攻击很难称得上是客观公正的。

在德国唯心论传统中，惯常意义上所谓的“分析方法”往往是费希特式[①]的：认知主体从自我意识的主观统一性出发，单向地与认知对象建立起一个覆盖式的关系。而亨利希与杜兴在 20 世纪 80 年代初期相继发表的两篇论文里分别阐述了康德哲学对这种论证逻辑的拒斥性。杜兴将这种自我意识的主观统一性解读为“统觉的分析统一性”（the analytic unity of apperception）[②]，这种统一性意味着我思在诸多表象中对自身的数目同一性（numerical identity）的确证。杜兴认为康德对这种形式的统一性并不感兴趣，因为这种分析的统一性显然属于某种主体主义理论，而这恰恰是康德在第一批判里极力避免的。而且，仅仅凭单纯的主观统一性，我们不能从自我意识的内在架构中推导出对象的必然性。这也就意味着亨利希所提出的演绎成功的第二个标准无法被满足。

亨利希以更精细的方式指出了从主观统一性出发的分析式演绎的困难。亨利希认为这种解释路径实际上是想揭示出自我意识的内在结构，从而从中演绎出对象的必然性作为范畴的运用条件。在康德关于自我意识的论述中，自我意识具备这样几种形式属性（formal properties）：1. 主体性（subjectivity），即被思维的思维因我思的伴随而成为我的思维，与思维对象无关；2. 统一性，即思维对象被思维主体在自我意识中把握为一个复多；3. 同一性，即在思维中意识到自身的主体保持数目的同一。而所谓基于主观统一性的分析式演绎，实际上就是以主体性作为自我意识的最重要属性来推导范畴的运用条件。笔者认为，如果借用命题逻辑中证明的句法结构，这种论证序列就可以被表述为：

---

① 为了避免误解，这里必须说明“费希特式”的方法指的是基于第一原则的分析式推演的方法。费希特本人的“知识学”有着更为谨慎的立足于理性行动的基础实践自我意识作为支撑，因而能够完成一套截然不同于康德式的分析演绎。

② Klaus Düsing, “Constitution and Structure of Self-Identity: Kant’s Theory of Apperception and Hegel’s Criticism.” In: *Midwest Studies in Philosophy*, 1983, Vol. 8, No. 1, p. 414.

主体性—同一性—统一性

基于这个描述，亨利希给出了对这种演绎的两个反驳：在第一个层面上，基于主观统一性的分析式演绎希望通过主体性思维来将感性直观形式中的杂多的综合统一把握为统觉的主观统一。这也就意味着，因为我思的伴随，杂多的综合统一一定可以成为“我的”统一性。这样一个极强的论证却忽视了一点，因为主体性属性对于对象没有任何要求，那么在杂多的综合统一的“统一性”中就只剩下了一个单一的“我”，而这个“我”与对象没有任何关联。这使得综合与统一之间的交互关系不能维系。最终带来的是，即使我们能够搭起一个跨越现象界的统一性，但是这个统一性的思维对象可能是空洞的。在第二个层面上，由于B版演绎15节的规定，杂多的先验统一性先天地先行于联结本身[①]，所以假如主观统一性的证明成立，那么这种自我意识的主观统一性的内部构造（internal constitution）就不能显明，否则它就不能是先天的规定性（determination a priori）。而这种不能显明的限制又恰恰与主观统一性的要求相抵触。结合这两个角度的批判，无论如何主观统一性都不能被设定为演绎的出发点。

那么立足于自我意识的客观统一性的分析式演绎又如何呢？笔者综合亨利希的分析，将自我意识的客观统一性的“客观”区分出了三个层次的含义：1. 客观的判断能够被证明真假，这意味着判断是否是客观的需要在与对象的关系中被决定；2. 并非所有的判断都需要基于知觉的对象，这就为没有经验内容但是不可或缺的先验自我认识预留了空间；3.“我思”意识中的客观统一性意味着我思的同一性需要在其与思维的内容的关系中来被理解。看起来自我意识的客观统一性的规定与16节中对先验统觉的客观统一性的规定完全相容：客观统一性强调的是我思的同一性以及我思与范畴之间的交互关系必须要在对象中被理解，杜兴就认为这实际上就是一种综合统一。这就意味着当我们从我思开始

① Kant, *KrV*: B131.

演绎时，我们必须优先考虑感性直观形式的必要性，否则对象将失去规定性。

这样的设定看上去似乎很“康德式”而且没有什么明显的问题。但是因为它采取了分析式的方法，所以原先由杂多的综合统一回溯出的先验统觉的客观统一性现在被颠倒；而且颠倒后的出发点又被再进一步地替换为自我意识的客观统一性（这里必须要说明的是，无论基于自我意识的主观统一性还是基于客观统一性的分析式演绎，都默认了自我意识与知性范畴之间的明确的同一关系为前提，而这恰恰是它们共同的关键困难）。这样的设定的论证序列则变成了：

统一性—同一性—主体性

这个论证序列与基于自我意识的主观统一性的分析式演绎的唯一区别在于，这里的自我意识不能先行地显明，而只能在其与对象的关联中显明。事实上，所谓自我意识客观统一性即一种已经预设了被综合了的感性直观中的被给定的杂多，因而在这种推演过程中，范畴仅仅是对感性直观内容有效的。但是这里的问题依然存在，由纯粹自我意识的结构如何推导出思维的自我指涉与对象的构造（即感性直观的给定杂多之间的联结）之间的必然关联呢？根据“客观”的第三个层次的意义，当我们以我思的伴随将杂多的综合统一先行地带进自我意识的客观统一性的时候，我们已经默认了某种先行的逻辑形式（判断）。那么对于客观的含义的第一个层次而言，仿佛我们在判定自我意识与范畴的关联性之前已经预设了一种自我意识（判断的主体）。这样一种无穷倒退的循环显然构成了对客观统一性的规定性的破坏。

综合以上两个反驳，显然无论是从自我意识的分析（主观）统一性还是综合（客观）统一性出发的方案都无法彻底解决在纯粹我思（先验统觉）与知性范畴之间存在的理论循环。因而尽管康德本人不否认这种可能性，但对于康德的概念约束而言，分析的方法并不可取。同时笔者发现，两个分析方法的尝试的失败之问题基本类似：两者在对象性理论（杂多—范畴关联）与认知主体理论（范畴—自我意识关联）上都遇到了困难。而亨利希本人 1969 年的重构论证虽然严格按照康德本人的论证逻辑，采用了综合方法，但仅仅只有对象性的难题被解决。当分析的方法被否定，以综合方法推导我思与范畴之间的关系又不可能（根据康德本人的规定而言）的时候，我们是否还存在别的方式能够建立起一个稳固的认知主体理论呢？根据之前的论述，自我意识的三个能够作为演绎出发点的属性已经被排除了两个（通过对分析统一论证的反驳排除了主体性，通过对综合统一论证的反驳排除了统一性）。唯一剩下的可能选项仅有自我意识的数目同一性。那么，一个基于自我意识的数目同一性的演绎是否能够回应对象性与认知主体的双重困难呢？

在试图通过自我意识的数目同一性解决我思与范畴之间的困难关系之前，笔者先要处理一个预备问题——即认知过程中的“属我性”（Meinigkeit）难题。通过对这个难题的处理，笔者意图揭示我思与范畴之间的复杂关系应当如何被理解；在这个基础之上，笔者最终能够面向本部分的最后目标：一个稳固的认知主体理论对于康德批判哲学是否可能？

三、“属我性”难题与数目同一性演绎

在演绎的16节中，依据那句著名的“我思必然能够伴随我的一切表象”，康德将感性直观形式中的杂多的综合统一与先验统觉的客观统一性相联结。在1969年的论文中，亨利希认为所谓的统觉的统一性的基本定义意味着“属我性”。因为所有表象都在自我意识的客观统一性中被联结，因而它们都是我的表象。这里的属我性意味着一个对表象“使成为意识”的活动。但是通过我思的伴随，康德延展了对属我性的定义：一切能够在自我意识中被联结的表象都是我的表象。这样的拓展是容易被证明的，因为我们的意识能够在表象中经验到这一点。

亨利希则批评了这种延展：在他看来，通过我思的伴随，一切能够在自我意识中被联结的表象还并不是“我的”。这些可被联结的表象只是可能被纳入意识，而根本不是“我的”，仅仅是“与我相关”的。而将与我相关的表象纳入我的意识的过程单凭靠我思的伴随是不够的，这个过程需要先验统觉的介入

才能完成。但是笔者发现，在 1969 年的重构中亨利希还没有意识到自我意识与范畴之间的不确定关系可能导致的困难。但毫无疑问，这两者之间的关联构成了从与我相关性向属我性转换的主题。所以在后来的讨论中，亨利希试图修补这一缺失，通过重建康德的对象性理论，亨利希进一步试图跃出康德的限制来讨论范畴与自我意识之间交互定义（mutual definition）关系的可能样态。这种尝试往往被误读为某种回归近代主体主义认知理论的“先验心理主义”。笔者认为，亨利希的重构的基点并非是自我意识或统觉的内在结构，而是作为自我意识的第三个形式属性的、具备特殊规定性的“数目同一性”。亨利希将成功地以数目同一性在纯粹自我意识与先验统觉之间建立起稳固的联结，而这种联结将使得属我性的难题被克服，同时演绎的核心困难——对象性困难与认知主体困难都将得到克服。①

根据杜兴在 1983 年的论文中的观点②，康德的对象性理论实际上是一种限制：对象之为对象在于它一定是被构造的，对象被构造意味着感性直观的给定杂多在一个综合统一性中被联结。而就如笔者在第一部分已经指出的那样，对象性有一种双重指向的功能——一方面它的综合活动指向了一套规则，这套规则犹如自然法则一般将给定的表象综合为对象，而这套规则实际上就是范畴。特别要注明的是，根据演绎的第一个要求，范畴必须被“意识性”地使用，因而这里的经过综合的对象已经具备了被纳入意识的要素、或者说，它是朝向我

① 在 1976 年的论文《同一性与对象性》中，亨利希已经开始尝试这种重构，但仍然过多地停留于对象性理论、特别是判断形式与范畴之间关系的细节上，对同一性演绎的结构还没有很清晰的表述；直到 1981 年的论文《先验演绎中主体的同一性》中，这个重构的基于自我意识的数目同一性的演绎才以比较简洁清晰的方式出现。参见 Dieter Henrich, *The Unity of Reason. Essays on Kant's Philosophy,* Cambridge, Massachusetts: Harvard University Press, 1994, pp. 160-198. 另见：Dieter Henrich, “The Identity of the Subject in the Transcendental Deduction.” In: E. Schaper & W. Vossenkuhl（Ed.）, *Reading Kant: New Perspectives on Transcendental Arguments and Critical Philosophy*. Oxford: Basil Blackwell, 1989, pp. 261-279。

② 参见 Klaus Düsing, “Constitution and Structure of Self-Identity: Kant's Theory of Apperception and Hegel's Criticism.” In: *Midwest Studies in Philosophy*, 1983, Vol. 8, No. 1, p. 415。

们的意识的；而另一方面它又通过统一性指向了自我意识的统一性，根据第二部分中对分析方法的反驳，我们知道这种统一性意味着对象被思维主体在自我意识中把握为一个复多。这里的双重指向则揭示了范畴与统觉之间的某种平行关系。而 16 节中我思的伴随，则是将这组平行关系的一个统一：我思的伴随意味着将所有思维内容领会为属于同一个主体的。这也就意味着我思的伴随要强调这个双重指向中的自我意识的数目同一性——是这同一个自我意识纳入了被综合对象同时又提供了对象的统一性。只有这样，与我相关性向属我性的转换才真正成为可能。

但仅仅如此还只是解决了范畴的对象有效性的问题，范畴的先天性还不能像统一性那样得到先行于一切表象的保证。亨利希从这里开始将自我意识的数目同一性设定为演绎的基点，很快他将证明：作为判断对象的规则的范畴将成为数目同一性的一个推论。

所谓数目同一性即自我意识，或纯粹我思在不同表象中将自身指认为同一个"我"的能力。但笔者要特别指出的是，相对于洛克的具备从回忆功能中推导出实体性的"我"的自我意识的数目同一性来说，康德版本的数目同一性无疑被削弱了很多。康德否认这种数目同一性是一种时间中的数目同一性，因为那样会预设一个实体性的自我意识的存在。自我意识并非是自发的，而是一个先验的后设意识（meta-consciousness）。它仅仅具备逻辑上的统一性，因而位于时间之外；由于它又是后设的，任何的判断形式和范畴归摄都不能从自我意识中直接推导出来。数目同一性仅仅是要说明，在所有表象中，都只有同一个"自我意识"。

在 1981 年的论证中，亨利希正是从此出发，进行了十个步骤的演绎，确定了自我意识与范畴之间的必然关联。这十个步骤大概可以重组为两个演绎，第一个演绎从第一步到第六步，第二个演绎从第七步到第九步，第十步则是对自我意识的最终限制。

根据康德本人的论证，作为综合过程中的自我意识的我思仅在对象运用中才成为可能，因而我思中的自我意识的数目同一性意味着仅仅在这个思维中保持同一的主体。而根据 16 节的规定，我思能够伴随所有我的表象，但并不是一次伴随我的全体表象，因为全体表象构成了一个总体（totality），而这个总体就是物自身。既然自我意识无法获得对总体的表象，那么又如何才能确定不同思维中的保持同一的主体是同一个呢？亨利希在这里进行了第一步演绎：他以类比的形式指出，自然对于人而言是一个物自身般的总体，但人在与自然的交互关系中仍能获取关于自身同一性的知识，因为人是通过每一个对自然的一部分的事实认知（actual cognition）中获得对自身同一性的知识的。而自然的每个部分都必然相联结，因而通过对这些相联结的部分的事实认知之间的再联结，我们就能断言，在所有对自然的某部分的事实认知中我们都具备自身同一性。同理，由于总体中的表象是彼此联结的，那么自我意识就是从我思每个单独的伴随与总体中其他伴随的关联中获得（acquire）自身的数目同一性的。

在第二个演绎中，亨利希从康德对表象的综合统一性的规定开始，指出表象只有在与其他表象的联结中才能被理解，因而我思伴随着的一个表象的同时必然也联结着一切其他表象。所以所有与物自身关联的表象都被纳入我思。也就是说，我思的同一性立足于表象间的普遍联结，而不是单个的伴随活动。而这种普遍联结是与总体相关的，因而是先天的。而根据 15 节对范畴的定义，什么表象能被纳入普遍联结是由一套杂多的综合规则决定的，这种规则就是范畴。因而范畴可以被视为我思的一个必然的同时也是先天的推论，到这里一个从自我意识到范畴的单向联结已经建立。在接下来的论证中，亨利希补充了范畴对自我意识构成的反向规定：在第一个演绎中我思的对象性运用意味着其接受实体性（substance）的规定，而第二个演绎中诸多伴随之间的联结则是因果性（causality）的规定，而我思与总体之间的关系则是交互性（reciprocity）的规定。

这里出现了第一个困难：因为亨利希并没有交代这三组范畴的选取根据，而新的演绎只保证了自我意识与范畴之间的交互定义关系，所以这三组范畴能够作用于感性对象的理由似乎仍然是独断的。

但笔者认为，这三组范畴在康德体系中是能够得到足够强有力的辩护的。在第一批判的经验类比部分中，康德实际上已经试图修补分析论中备受诟病的四组十二个范畴理论，以完成先验演绎没有彻底完成的任务（将范畴固定在对象性运用上)。在经验类比中他所使用的三组作为经验法则的范畴恰恰就是亨利希重构中所使用的这三组范畴，而这三组作为时间关系[①]的法则的范畴已经足以构成先行于一切经验并使一切经验成为可能的法则。这个巧合让笔者有足够的理由认为，亨利希重构论证中的这三组基本范畴是为了呼应经验类比中这三组范畴作为时间关系，也就是杂多的综合统一的法则的地位。所以基于数目同一性演绎出的范畴仍然是具备着对象必然性与对象有效性的。同时，自我意识只能在与范畴的交互关系中才能发挥作用这一设定，也否定了自我意识对无对象（这里指有内容的表象）的自我认知的可能性，从而进一步确定了自我意识的“后设性”。所以这样的一个独特的演绎的论证序列是：

数目同一性—统一性—主体性—范畴—统一性—数目同一性。

这个论证显然不是分析式的，因为范畴的先天性并不是未经论证直接显明的，而是通过自我意识的数目同一性的演绎获得交互定义的。而且虽然这个演绎被称为“基于自我意识的数目同一性的演绎”，但数目同一性显然不是一个分析式的起点，而是一个“反馈环”(feedback loop)[②]论证结构中的一部分。

---

① 因为时间是感性直观的形式，所以时间中的关系也就是种种经验，换言之就是杂多的综合统一。所以既然时间的模式是持续性（persistence)、接续性（succession）与同时性（simultaneity）三种，那么经验类比无非是要说明，这三组范畴分别作为时间的三种模式的法则向认知主体提供对客观的时间秩序的认识。参见 Kant. *KrV*: B220-224. 艾里森教授对经验类比的出色研究让笔者得以领会亨利希选取这三个范畴的潜在意图。参见 Henry E. Allison, *Kant's Transcendental Idealism: An Interpretation and Defense*, New Haven: Yale University Press, 1983, pp. 230-232。

② 根据亨利希提出的“反馈环”（feedback loop）模型，康德的演绎实际上运用了这样一种论证方法：通过对象性理论，先验统觉的客观统一性得以确证；而一旦这个统一性被确证，它又能反之确保这样一种把握是可能的。这个论证的下端依赖于我们的感官，上端依赖于我们的意识，两端都是可以被直接经验的。因而不是一个循环论证。参见 Dieter Henrich, *Between Kant and Hegel. Lectures on German Idealism,* ed. D. S. Pacini, New Heaven: Harvard University Press, 2008, pp. 43-44; p. 51。

所以这个演绎的论证可以与在基于主观统一性的分析方法的反驳那里我们所提到的，杜兴所认为的那种基于数目同一性的分析式论证区分开来。

通过 1981 年的论证，亨利希几乎是革命性地在自我意识与知性范畴之间建立起了一种稳固的交互关系，这种交互关系在巩固了范畴的先天性与对象有效性的同时也阻止了一种分析式演绎(即从自我意识推导知性范畴）的可能性。这个论证对 B 版演绎的发展基本可以回应诸多从经验主义立场对康德先验演绎提出的批评：通过演绎，我们并非要将形式强加给内容，而是试图在内容中凭借理性发展出自身的形式。

但笔者认为，亨利希在第一步演绎中至少用到了一个至关重要的前设，那就是自我—世界关联的问题。在德国唯心论传统中，外在的世界是具备着如同理性之于自我一般的法则性依据的。仅仅在这种前设下，自然—人与总体—自我意识关系的类比才能成立，而理性的活动—实践也才具备法则性依据。

于是第二个困难立刻出现：自我与世界的关联意味着“我思”必然不是空洞的，而是一个有着对象性运用的意识能力。但是根据康德本人在谬误推理部分的脚注中对我思所做的规定，“我思”的对象性运用似乎存在着特别的限制：

> 而实存（Existenz）在这里并不是一个范畴，它与一个不确定的被给定的对象无关，而是与一个包含着一个概念，而且人们想知道它是否还在这一概念之外被设定的对象有关。在这里一个不确定的知觉仅仅强调了实在的某物，它被给定而且仅仅被给定于一般的思维，因而不是作为显象，也不是作为物自身(一个本体)，而是作为事实上实存的某物，并被“我思”命题暗示实存的某物。①

这里康德以极复杂的态度对我思的对象性运用作出了限制。将对象的实存性剥离的做法强化了康德对自我意识仅仅作为逻辑统一体的“后设意识”的规

① Kant, *KrV*: B422.

定，并阻止了任何对我思与范畴之间关系的进一步讨论。但是这样一来，又与“我思”作为经验性命题的身份①不甚相称（尽管康德极力说明“我思”中包含的“我存在”的推论并非笛卡尔意义上的实存，而是引文中那种逻辑假设的“不确定物”的存在）。这里的自相矛盾实际上表明了康德自身的态度：为了与笛卡尔式主体主义哲学划清界限，康德极力避免任何对认知主体的内部构造的解释，同时阻止任何一种分析式演绎的企图。但是这样就使得“我思”的运用存在着空洞化的危险，从而自我—世界的法则性关联与总体—自我意识的类比就不能成立，整个基于数目同一性的演绎也就只能不了了之。

对纯粹“我思”与知性范畴之间的统一性作主题化的处理本来就不是康德所乐见的。当亨利希基于数目同一性的论证遭遇我思的对象性问题时，亨利希只能选择无视康德的限制而将实体性范畴运用于我思的伴随，只有如此范畴的对象性运用才是“意识的”，否则从范畴到我思的反向联结从一开始就无从建立。这就使得这个演绎担上更严重的从自我意识推导出范畴的主体主义立场之危险。因而艾美里克斯对亨利希式重构论证的“笛卡尔主义”的质疑似乎依旧挥之不去。但笔者认为，也许对康德来说，演绎的困难是不可避免但恰如其分的：这些困难可以阻止我们对超出人类知性的部分做任何拓展，从而守住先验哲学与传统理性心理学之间的界限。

四、小结：主体性理论的全新可能

通过对亨利希整个对康德认知理论的重构论证漫长而复杂的分析与辩护，笔者试图证明的是：我们对康德哲学作出的重构，并非是要捍卫康德哲学的立场本身，而是希图在一个结合了德国唯心论与现代先验哲学的发展的，更加现代与宽广的语境中对理性、自我意识与同一性这些自早期近代以来经久不衰的论题有更深刻的理解。特别是在以亨利希和杜兴为代表的一系列当代德国唯心

---

① Kant, *KrV*: B422.

论哲学家的研究中，我们看到的是他们在当代重建主体性理论的尝试。对康德的重构尽管存在着诸多困难，但是这些重构能够有效避免对康德先验演绎过于经验主义立场的读解与批判。这些重构试图证明康德的批判哲学作为德国唯心论传统的开端，意味着一套截然不同于笛卡尔的新的主体性理论就此诞生。这套主体性理论的方案从康德那里初现端倪，到费希特那里逐步显明，最终在谢林那里被推到极致。

所以，如果仅仅从康德自己的哲学出发，执着于形式化的推证，我们也许永远也难以克服范畴与自我意识之间的复杂关联这一致命难题。而就如本节提及的那样，费希特式的分析论证方法也很难有效回应这个困难。只有在谢林的先验哲学那里，在一个动态的前意识先验自我中，作为自我活动的范畴理论与先验自我意识之间的复杂关联才得到了妥善的安置。所以对这些演绎的重构论证并不意味着这些重构可以彼此独立地成立。它们彼此在方法论上有着不显明的联结并蕴含着同一个最终的指向——那就是先验存在论。

第二节　康德的阴影与费希特的超越

在 1787 年出版的《纯粹理性批判》的第二版的“先验演绎”部分，康德着力考察了知性范畴的运用条件，从而引出了对于唯心论哲学极为重要的自我意识的难题。作为康德哲学问题意识的直接继承者，费希特在他的知识学体系中直接将在康德那里仍然处于后设问题的自我意识论题中心化，试图摆脱康德哲学中过于浓重的传统哲学的阴影，以崭新的方式去处理这一论题。本节将以费希特于耶拿早期写作的《全部知识学的基础》中关于最高本原公式的讨论为中心展开考察，并试图揭示在何种意义上费希特解决了康德遗留的困难并超越了旧的哲学问题域。

一、反思理论的困境与自我意识论题的曲行化

随着近代哲学的重心逐步转向对人类知识何以可能的追问，作为知识奠基的自我意识论题逐步成为欧洲哲学讨论的热点。特别是自笛卡尔将“我思”概念置于自我意识论题的中心位置以来，凭靠纯粹的人类反思而完成对知识，甚至是整个科学的奠基的可能性更对哲学家们产生了致命的诱惑。因而，在前康德的早期近代哲学传统中，以反思的方式对自我意识进行考察几乎成了主流。所谓反思的方式，即作为认知主体的“我”通过“我思”建立起一种独特的自我关联，这种自我关联让认知自我能够通过与自身的关联掌握关于“自我”的知识。对于笛卡尔而言，这种知识就是“自我”的存在。但这里显然有以下三个很明显的困难。

第一，对“自我”的存在的确认固然是关于自我的知识的一种，但这显然与自我意识的内部构造没有什么直接关系。这也就是说，即使我们能够通过笛卡尔式的“我思”获得对自我的客观存在的确认，但使得“我思”这样一种自我关联得以可能的自我意识的内部构造已经被预先地设定好了。如此则通过“我思”获得的关于自我存在的确认并不是奠基性的，我们必须预设一个更基础性的自我来确保自我意识的内部构造，从而生成“我思”。这就进入了一个无限的循环：我们将不得不靠着不断地预设一个又一个的主体来为认知自我提供基础。这显然是徒劳的。

第二，如果我们稍许偏离笛卡尔的思路，将自我意识的内部构造而不是对自我确认的存在作为认知自我通过“我思”能够获得的关于自我的知识的话，似乎避免了第一种情况会导致的困难。但是，按照反思理论的设定，作为自我认知的起点的认知自我是完全空洞且纯粹的。既然认知自我是完全空洞的，它不可能有任何内容，它甚至不能对自己进行反思，因为自己什么都没有。而悖谬的是，根据这条路线的设定，认知自我能够在“我思”中获得关于自我意识的内部构造的知识，那么这种自我认知的对象便成为一个有着具体的内部构造的对象自我。这个有着具体内容的对象自我又是从何而来？这个有着具体内

容的对象自我与空洞的认知自我之间又有着什么样的关系？它们彼此之间是同一的吗？这里的悖谬显然无法被直接克服。

第三，前两个困难都证明了，任何试图从主体化的自我出发，以期通过“我思”的自我关联来实现自我认知的尝试都是徒劳。但我们注意到，在近代哲学传统中还有一支非常重要然而时常被忽视的思路，即试图从对自我的直接经验出发，将“我思”表达为经验的反思，以这种能够被经验到的直接性为凭据获得关于自我的知识。这种思路与之前两者的微妙区别在于，它同时回避了空洞的认知自我与具体的对象自我谁为根本的问题，而是试图代之以一个具备着直接性的知觉自我作为“我思”的把握者。但问题在于，对自我的考察的根本在于对人类知识何以可能的追问，而这种追问必然要以对自我意识之起源性分析为基点。我们需要的是对自我意识的起源的考察，而不是对自我意识的直接明见性。更何况，这种路线上对自我的直接经验与对自我关联的直接经验的两个“经验者”之间还存在着一定的差距。因而，即使是这种路线，还是不能为自我意识论题提供一个很好的基础。①

综上所述，我们可以发现，经过早期近代哲学家们的不断努力，单纯地凭靠反思方式建构出基础自我意识的尝试往往都会产生困难。作为与传统哲学划界的“批判哲学”的开创者的康德自然注意到了这一点。尽管第一批判仍然相当关注知识的可能性问题，但整个关于知识的可能性与必然性的论证则基于一套非常复杂的环形论证系统，而隐藏在这个论证系统背后的仍然是自我意识论题。因而，康德哲学的一大特征便是自我意识论题变成了某种“曲行式”（diskursiv）的要素隐匿在看似经验化的论证之后。在第一批判的 B 版先验演绎的相关章节中，康德通过一系列对范畴的对象性运用的要点的证明（比如范畴的对象有效性与对象必然性），试图界定出知性概念作为唯一可能的人类认

---

① Vgl. Dieter Henrich, *Dies Ich, das viel besagt.* Fichtes Einsicht nachdenken, Frankfurt am Main: Vittorio Klostermann, 2019, S. 7-15. 笔者对于反思理论的批判分类得益于亨利希在其 1966 年发表的划时代的研究《费希特的原初洞见》（*Fichtes ursprüngliche Einsicht*）中的划分，但笔者将依赖于直接性知觉自我的路线视为一条单独的理论路线。

知形式是如何能够将外在的对象纳入自身的。尽管在整个先验演绎部分中我们很容易就能找到康德对于“我思”的引入与独特的界定，但我们仍然很难找到任何能为“我思”进行奠基的基础自我意识的痕迹。而在谬误推理部分中，康德事实上封闭了对基础自我意识的进一步讨论。总的来说，康德在他的第一批判中并没有将自我意识论题置于中心位置。

但是，问题却并没有随着康德的封闭化处理而就此消失：在 B 版先验演绎的第 16 节，康德在论述已经在感性直观中被统一的杂多时已经预设了一个“先天地先行于联结概念的统一性”①以保证感性直观所直观的对象具备着规整化的特征。如康德所言，这个“先天地先行于联结概念的统一性”就是自我意识的客观统一性。然而无论是在这之前还是之后，我们都不能找到康德任何关于自我意识的结构性分析，甚至在整个康德体系中，自我意识论题根本就没有显明过。在康德那里，“我思”被赋予的笛卡尔式意义被大大地削弱，而仅仅是作为一个经验性的命题出现的。②但是感性直观中的对象能够被统一完全仰赖于“我思”的伴随，自我意识仅仅作为一个“后设命题”（meta-proposition）而存在。特别地，如果我们意欲为康德的方案作辩护，我们会发现：如果不对基础自我意识作结构性分析，那么我们就不得不依赖于自我—世界关联来作为知性能力运用的基础（简单地说，就是要诉诸实践哲学）。而这种自我—世界关联则意味着“我思”必然不是空洞的，是一个有着对象性运用的意识能力。（由于自我—世界关联，世界将向“我思”敞开）但根据康德的规定，“我思”的对象性运用被极大地限制了，事实上，除了表述非常模糊的“伴随”之外，“我思”不能承担任何意识功能。这个限制显然与“我思”作为经验性命

---

① Kant, *KrV*: B132. 本节中笔者在引用康德与费希特经典著作时遵照一般学术规范，通常写作通行引用版卷次 + 页码的形式。对于康德的第一批判，以普鲁士科学院版为底本，按照斜体书名缩写 *KrV*+ 版本号 + 页码的形式引用；对于费希特，则以费希特之子伊 – 费希特编辑的费希特著作选集（*Sämmtliche Werke*）为基准，按照斜体书名缩写 *SW* + 卷次 + 页码的形式引用。以下相关文本引用均按此范例。本节所有引文均由笔者自行翻译。

② Kant, *KrV*: B422.

题的身份完全不相称。这里出现的模糊对于康德来说非常致命：因为无论康德愿意与否，自我意识论题上的模糊对一个奠基性的知识理论来说是绝对不能被接受的。

康德对自我意识论题的曲行化处理有特别的原因。康德在第一批判中要面对的主要的对手便是莱布尼茨–沃尔夫的形式化哲学体系。这种以第一本原为基础的、拒斥经验的形式化体系的特征便是自我意识论题的高度中心化。就如笔者之前已经讨论过的三种反思理论的困难，康德的批判哲学正是要摒弃这种旧的体系，因而康德哲学中对自我意识论题的竭力回避并不奇怪。但笔者在此要给出的是对问题的回应，而不是对康德的辩护。康德终究没有能够解决反思理论的困难，他的同时代后继者们几乎是立刻就敏锐地察觉到了这一点。尽管康德的继承者们之间充斥着各类争论，但几乎无一例外的是，在康德那里被遮蔽的自我意识论题，重新被置于中心。只是这次自我意识论题的“再中心化”绝不是莱布尼茨–沃尔夫旧体系的复活，而是为批判哲学的全新奠基。

二、后康德的“继承者战争”与费希特原初洞见的形成

几乎是紧随着1787年康德第一批判的第二版的发表，康德的后继者们就开始了修正、甚至重构康德哲学的努力。这其中最引人瞩目的莫过于莱茵霍尔德（K. Reinhold）的“基础哲学”（Elementarphilosophie）。莱茵霍尔德提出，康德哲学并不能算作严格意义上的批判哲学，因为康德为人类认识寻找到的理据已经超出了一般认知的范围。这其实是说，在康德那里，为经验认识奠基需要有先验认识（transcendental cognition）的支撑，而这种先验认识即自我意识——尽管确确实实是人的理性能力，但却是无法在经验内被规定的。莱茵霍尔德认为，要使康德的批判哲学彻底地“批判化”，必须要厘清先验认识的问题，也就是说，要建立起一套基于自我意识的“元认识论”（meta-epistemology）。只有通过对自我意识的严格界定，我们才能实现对认知能力的奠基，而随

后，康德的第一批判即可承担起自身使命。

需要注意的是，同样是对自我意识论题的中心化处理，莱茵霍尔德的基础哲学与前康德时代的自我意识哲学截然不同：莱茵霍尔德仍将自己的哲学视为康德批判哲学的继承者，这意味着他无意更改康德对于经验认识，也就是一般知识的可能性的细致分析。莱茵霍尔德所强调的是，在哲学中自我意识的统领作用不在于直接规定经验认识与一般知识（这恰恰是前康德时代自我意识哲学的一般特征），而是在于规定对经验认识可能性的认知，也就是规定先验认识。自我意识负责的是处理"关于一般知识的知识"、即以一般知识为对象的知识，而不是一般知识本身。这是以莱茵霍尔德为代表的批判哲学的后继者们与前康德的非批判哲学的根本分野。

作为后学，我们很容易就能发现：单就方法论而言，莱茵霍尔德已经与后来的费希特与黑格尔高度相似。但莱茵霍尔德那里保有了过多的康德元素以至于其理论进入了康德为大胆莽撞者准备好的陷阱之中：在莱茵霍尔德看来，由于知识出现在精神领域，因而毫无疑问地，考虑知识奠基问题的哲学自然应当只在精神领域展开。依据当代德国唯心论学者亨利希（Dieter Henrich）的研究，莱茵霍尔德希冀的是一种"单维度体系"（one-dimensional system）①，这个单一维度的体系能够将所有知识论题拉回到一个平面，并解决其基础疑点。这样的体系需要一个起点，深受康德影响的莱茵霍尔德仍旧选择了"表象"（Vorstellung）作为起点。在他看来，似乎没有什么别的结构比人类的表象能力更具备直接性的了。因而，通过完成对表象结构的分析，我们能够确认：表象结构由于其直接性而是一项基本事实（一般知识）。因而精神领域中的对象就是关于这些基本事实的命题（关于一般知识的知识），这些被莱茵霍尔德称为"意识命题"（Satz des Bewusstseins）的二阶知识，关注于主体、表象与对象之间的关系。亨利希认为，莱茵霍尔德的"意识命题"是在描述："在意识中，主体

① Cf. Dieter Henrich, *Between Kant and Hegel. Lectures on German Idealism*, ed. D. S. Pacini, New Heaven: Harvard University Press, 2008, p. 129.

把表象与主体和对象区别开来，并且把表象与它们两者联结起来。”①

就一般的经验认识来说，莱茵霍尔德的说法似乎没有什么问题。但是我们不应忘记的是，意识命题直接处理的是第二阶的知识，在所有这类知识中，最为关键的应当是关于“我”的知识。问题立刻出现了：在对“我”进行把握时，表象又在哪里呢？（按照“意识命题”，这时的主体与对象都是“我”，但表象不见了）可以说，从一开始莱茵霍尔德将表象结构置于其认识论体系的顶端的做法就彻底偏离了其“基础哲学”的“单维度体系”方法论本来的方向。要实现莱茵霍尔德的目标，我们需要的是对“我”的结构性分析，而不是对表象的结构分析。

在这里更大的一个困难是：在莱茵霍尔德的“意识命题”中，起支配作用的看似是主体、表象与对象之间的关系，但如果仔细思考我们就能很快发现这里似乎又隐隐地出现了一个在背后支配的主体——“意识命题”中行区分表象与主体与对象这一行为的“主体”与被区分的“主体”似乎不是一个主体，同理适用于联结行为。那么，究竟是这种区分或联结的关系是本原性的？还是那个行此般规定的主体才是本原性的？考虑到康德那里未显明的自我意识的困难，莱茵霍尔德出现这样的困境似乎已经不足为奇了。

莱茵霍尔德的体系的方法论目标与其实际操作之间的差距很快就被细心的批评者们所洞见：1792 年，一篇匿名写作的文章《埃奈西德穆，或论耶拿的莱茵霍尔德教授基础哲学之奠基、暨基于怀疑论的辩护批驳理性批判的夸大其词》（以下简称为“埃”文）开始在德语哲学圈内广泛地流传。这篇据信是怀疑论哲学家舒尔策（G. Schulze）所作的长文对莱茵霍尔德以至于康德的批判哲学提出了尖锐的批评。舒尔策质疑康德与莱茵霍尔德的哲学究竟在何种意义上完成了自身的使命。舒尔策认为，康德与莱茵霍尔德的批判哲学在从“意识事实”（Faktum des Bewusstseins）到对这些事实的必然性知识之间的延伸并不

---

① Cf. Dieter Henrich, *Between Kant and Hegel. Lectures on German Idealism*, ed. D. S. Pacini, New Heaven: Harvard University Press, 2008, p. 131.

合法。虽然这个批判显然带有很强的休谟色彩，但舒尔策仍然揭示出了康德－莱茵霍尔德体系的致命缺陷：如果没有对“我”的细致的结构分析并将自我意识真正地置于中心地位，我们将很难完成为一般知识，或者用舒尔策的话来说，为“知觉”（Wahrnehmung）来奠基的任务。①

作为康德亲自提携起来的后辈，同时也亲身经历了18世纪80年代关于康德哲学的激烈论争的费希特，在哲学上自然而然地受到了来自康德与莱茵霍尔德的双重影响：费希特既继承了康德哲学拒斥传统形而上学的基本精神，也接受了莱茵霍尔德的基本洞见，那就是康德的批判哲学并不彻底。在费希特看来，康德对自我意识论题的曲行化处理尽管确实不彻底，但有其必然原因。因为自我意识论题过于复杂。自我意识以自身为对象，反思又是当时所知的唯一一种能够把握自身为对象的手段，因而，仅仅凭靠莱茵霍尔德的做法，将康德设定下的自我意识显明仍然无法凭借其自身建立起自身的根基，甚至都无法完成“显明自身”这一使命。在不分析“我”的结构的前提下试图从别的方向去建立自我意识的基础性只会回到第一部分中笔者已经提到过的那种无穷主体预设的死路中去。

从一开始，费希特就明确地洞见到了，无论是康德还是莱茵霍尔德都没有能够很好地解决知识的奠基性问题。对于康德而言，知识的确立仰赖于感性直观（一阶认知），而莱茵霍尔德则坚持这种感性直观需要一种更高级的直观形式（二阶认知）保证才能成立。费希特综合了这两种观点。

在各个版本的《知识学》手稿中，费希特几乎都使用了“理智直观”（Intellektuelle Anschauung）这一早已被康德抛弃了的术语来描述他自己对基础自我意识的规定。这个因康德的批判而在哲学史上声名狼藉的术语在前康德时代的含义无须赘言：笔者在对第一种反思理论的界定中已经详细地揭示了其基本内涵。但特别要注意的是，费希特对“理智直观”的界定与他之前所有这个术

① Cf. Dieter Henrich, *Between Kant and Hegel. Lectures on German Idealism*, ed. D. S. Pacini, New Heaven: Harvard University Press, 2008, pp. 105-135.

语的使用者都大不相同：没有充分意识到费希特对于“理智直观”的特殊规定是后世绝大多数对费希特的误解之根源（甚至包括康德、黑格尔在内），特别是 1794—1795 版《知识学》中不甚完备的表述严重地加深了这种误解，当然这也跟费希特在这一版知识学中没有能彻底明确自我意识论题的根本路向有很大关系。因而，为了理解费希特的视角，我们必须要理解费希特问题域的形成，这就要回顾其早期作品中的洞见。

费希特对自我意识论题的真正的思考开始于 1793 年至 1794 年受邀为当时德语哲学圈内的重要刊物《文汇报》（*Allgemeine Literaturzeitung*）写作的一篇关于“埃”文的书评。在这篇题为《评“埃奈西德穆”》的著名评论中，费希特在拒斥舒尔策的怀疑论的同时，维护了康德和莱茵霍尔德的唯心论哲学的基本立场。但是在细节上，费希特已经与康德与莱茵霍尔德拉开了足够的距离，也正是在这篇评论中，我们看到了未来的“知识学”基本方法的雏形。

尽管在这篇书评中，费希特维护了批判哲学的基本立场，但在诸多论证细节上，他看到了舒尔策对莱茵霍尔德的批判的正确性：莱茵霍尔德的“意识命题”是模糊的。就如笔者之前已经论证过的，“意识命题”不足以揭示清楚主体的复杂层次以及主体与表象、对象之间的复杂关联。因而“意识命题”并非如同莱茵霍尔德所希冀的那般，是最高等级的知识。不同于舒尔策退回到“意识事实”的做法，费希特认为，莱茵霍尔德的基本方法之洞见是正确的：我们不能像舒尔策一样对于从主体到对象之间的认知链条视而不见，我们绝不能将自己的精神视为是物自身。我们需要做的是沿着莱茵霍尔德的路线继续深入，但由于康德哲学的限制，凭借传统的康德哲学的方法已经无法再深入，因而我们需要转而采取不同的方法。费希特这样在文中评论莱茵霍尔德试图从表象结构中发展出自我意识理论的做法：

> 但显然，表象的活动与意识的活动就其自身来说都是同一个综合，这种综合能够区分并且关联。事实上，这种综合是最高级的综合，是其他所

> 有可能综合的基础。但这里出现了问题，而且是非常现实的问题：如何才能将心灵的活动回溯到一个聚拢的活动（即综合——笔者注）那里去呢？如果没有正题与反题，综合又如何能够被思维呢？①

费希特认为，莱茵霍尔德在“意识命题”中对主体、表象和对象之间关系进行分析时没有能够拉开“区分”和“联结”之间的层次。莱茵霍尔德的命题原意是要表达：意识命题具备着将人类精神多个不同方面联系起来的能力。费希特认为这种联系就是综合——这也是康德哲学一直在讨论的问题。费希特认为，综合必然地预设着一种对立，康德与莱茵霍尔德试图将综合活动作为自我意识论题的基础的做法是不可取的。因为综合之前的对立并没有得到界定。费希特把莱茵霍尔德那里的“区分”提到了更高的等级上，“区分”意味着“自我”设定正题与反题，而正题与反题的综合过程与对综合的思维都先于这个综合本身。表象能力于逻辑上在综合之后，综合后的主体才能通过表象完成与对象间的联结。显然，在这里，费希特已经拉开了最原初的自我与表象意义上的主体之间的层次：正题与反题先于任何综合——这是莱茵霍尔德从未达到的原初洞见。②我们不难发现，费希特创造性地第一次引入了对立分析这一最基本的唯心论方法，辩证法的方法也第一次出现在了基础理论之中。那么下面需要做的，就是沿着费希特的思路去探究那个最原初的自我的结构：它是如何设定正题与反题？又是如何与进一步的认知相协调的？

---

① Fichte, *SW*: I, 7.; Cf. Dieter Henrich, *Between Kant and Hegel. Lectures on German Idealism*, ed. D. S. Pacini, New Heaven: Harvard University Press, 2008, p. 140.

② Cf. Dieter Henrich, *Between Kant and Hegel. Lectures on German Idealism*, ed. D. S. Pacini, New Heaven: Harvard University Press, 2008, p. 284. 亨利希于 1972 年提出的费希特的洞见至关重要，但在他 1966 年关于费希特原初洞见的专门论文中却没有明确提及这一点。这在一定程度上影响了亨利希对费希特知识学第一原则的解释力度。

三、费希特 1794—1795 版《知识学》中的基础性自我意识理论

1794 年，费希特开始写作他最重要的哲学著作《知识学》。由于关于不同版本知识学的复杂历史之介绍几乎可以单独成书，因而在本节中，笔者将重点考察最初的 1794—1795 版《知识学》中费希特关于自我意识最高本原的洞见及其局限。

在 1797 年为 1795 年版本《知识学》写作的第二版导言中，费希特试图澄清知识学的方案与康德哲学之间的继承关系。由于历史上康德本人对于费希特方法的拒斥态度，费希特不得不以更曲折的方式表达这种问题域的继承。在之前一部分中笔者已经提到，长期以来对费希特知识学，特别是 1794—1795 版本的《知识学》规定。而在 1794—1795 版本《知识学》的正文中，我们确实很容易将费希特式“理智直观”与前康德时代的先验实在论的独断说法相混淆。因而，在写于 1797 年的 1794—1795 版《知识学》的第二版导言的第 6 节中，费希特这样为自己辩白：

> 在康德那里，理智直观就是一个幽灵，当我们试图思维它的时候，它就从我们的把握中消失了，它甚至连一个合适的名字也没有。然而知识学中提到的理智直观，并不指向实存，而是指向活动，尽管康德那里从未提及这一点（也许除了曾以纯粹统觉之名提到以外）。①

对于费希特而言，康德的直观一定是感性的，因而直观必然地直接与经验物相关联。但费希特明确指出，所谓的理智直观指向的是本原行动（Tathandlung），意味着其必然地会与自我的活动相关，因而，理智直观就是康德意义上的先验统觉。费希特在这里的辩白表明了两点：1. 按照康德的设定，先验统觉是作为自我意识的最高法则存在的，因而相应的，费希特这里的理智直观

① Fichte, *SW*: I, 472.

也就是自我活动的法则。那么分析理智直观的结构，就是在分析自我的结构；2. 费希特之所以要重新使用理智直观这一古老的名称，隐晦地流露出这样一种目的：在费希特看来，在康德那里，直观与概念之间的分野应当在自我中以实在的方式统一起来。只有这样，才能克服康德那里出现的先验统觉、感性直观与知性概念之间关系难以调和的困难。

在这里我们会非常容易地发现，实践哲学的维度第一次在费希特哲学中被引进了。诚然，费希特自己也在辩白之后补充，康德第一批判中的先验统觉与第二批判中的定言律令是同一个东西，但康德没有能够解释清楚这其中的关联。只有在知识学中，这两者才能被作为理智直观统一起来。①

费希特在这里所做的断言直接导出了长久以来对费希特的经典解释路径：费希特对自我的结构分析依赖于自我的活动，而这个活动必然得是伦理性的；因而，基础自我意识实际上是实践自我意识，费希特实际上是在以实践自我意识为哲学奠基。在这种经典的对费希特的解释中，著名的1794—1795版《知识学》第一公式："自我无条件且绝对地设定自身。"② 被理解为是在伦理化的实践活动中确立理论与实践自我的同一性，从而完成对实践自我意识的奠基。

这样一种解释路径得到了自黑格尔至当代许多后康德专家的支持，从而使得费希特在哲学史上的形象几乎就此被定格。也正是在这种理解下，费希特被界定为一个试图以某种模糊的本原行动来为纯粹实践自我意识奠基的哲学家。因而在本节的剩余部分中，笔者将主要考察两位著名的当代后康德唯心论学者艾美里克斯（Karl Ameriks）与施托尔岑贝格（Jürgen Stolzenberg）对这个方案的总体阐述，并借助当代著名费希特学者措勒（Günter Zöller）的重构模型以给出对这种方案的总体批评，论证这样一种以实践自我意识奠基的解释方案为什么对费希特而言是不满足的。

艾美里克斯将自莱茵霍尔德至费希特对自我意识论题的再中心化处理方案

① Vgl. Fichte, *SW*: I, 473.

② Fichte, *SW*: I, 98.

整体理解为一种“通往唯心论的短程论证”（short arguments to Idealism）。艾美里克斯指出，所谓“短程论证”指的是这一系列再中心化方案尽管深度不同，但总的来说都是试图对单纯的康德式表象以及表象中涉及的被动性（Passivität）或活动（Tätigkeit）等一般性要素进行反思，将知识的可能性限制在知性—感性范围内，从而排除任何来自物自身的规定的可能性。① 进一步地，艾美里克斯将费希特在1794—1795版《知识学》的方案认为是一种“激进的实践哲学优先性”（radical primacy of practical philosophy）的尝试。在他看来，费希特将实践自我意识置于奠基位置的哲学动机主要来自对物自身难题的回应：一方面，在舒尔策式怀疑论的攻击下，莱茵霍尔德式意识命题仍然受制于物自身的规定性；另一方面，能够直接触及自我意识论题的短程论证方法仍然需要被保留。因而，费希特寄希望于奠基性的实践自我意识来作为短程论证的最终目标。通过这种“实践哲学优先性”的激进化处理方式，费希特可以避免像莱茵霍尔德那样陷入对表象结构的复杂困难的分析中去，而可以严格地凭靠一种非心理主义的、非意识性的、基于实践理性的一般本原的方式去重新考察“自我”。② 艾美里克斯认为，费希特的方法最后导出的只能是空洞的“纯粹实践自我意识”，这种实践哲学之于康德的版本没有明显的优势。

为了应对艾美里克斯对费希特的批评，我们不妨回顾一下上一部分中我们回顾过的莱茵霍尔德对康德的发展：笔者已经论证过，康德封闭了对于“二阶认知”，即关于一般知识的可能性与必然性的讨论，而莱茵霍尔德则试图论证这一点，尽管并不成功。莱茵霍尔德试图从精神领域发展出一套“单维度体系”来覆盖二阶认知，但反思理论必然导致的主体无限循环的问题阻止了他的深入。可以说，莱茵霍尔德一头撞进了康德挖好的陷阱中。尽管康德确实封闭了对二阶认知的讨论，但不代表他没有思考这个难题：事实上，康德已经开始尝

① Karl Ameriks, *Kant and the Fate of Autonomy: Problems in the Appropriation of the Critical Philosophy*, Cambridge: Cambridge University Press, 2010, p. 163.

② Karl Ameriks, *Kant and the Fate of Autonomy: Problems in the Appropriation of the Critical Philosophy*, Cambridge: Cambridge University Press, 2010, p. 178.

试改换伦理化的方式去解决这个困难。康德在他的第二批判中就试图去揭示，不同于认识论中的自我意识，在道德领域自我意识是直接显明的，因而道德哲学的任务就是去除覆盖在道德自我意识上的尘埃。根据这一点，我们得出了一条非常重要的结论：伦理化的方案得到的自我意识与莱茵霍尔德试图发展出的自我意识一样，都是“二阶认知”。

然而笔者在第二部分结尾已经提醒过，费希特已经察觉到了传统哲学手段至多延伸到二阶认知的层面，并不能究极这个难题。而在《评“埃奈西德穆”》中对于“对立必然先于综合”的论断更是明确地暗示了：费希特绝不会满足于二阶认知，他已经看到了隐藏于二阶认知之下的更深层次的因素，因而必须继续挖掘。也就是说，自我意识论题要想从自身建立起根据，必须要深入到“三阶认知”的层面。这种“三阶认知”大概可以这样直观地理解：既然莱茵霍尔德的“基础哲学”被称为是“元认识论”，那么费希特的知识学实际上要处理的是“元—元认识论”（meta-meta-epistemology）。① 伦理化的要素对于费希特而言还是停留在“元认识论”的层面上，仅仅是二阶的，并不足以作为奠基。这也就是为什么从 1796 年开始，费希特将伦理学体系单独从知识学里抽离出来另行论述，而后期版本的知识学则越来越纯粹地关注自我的结构。因而，笔者认为艾美里克斯对费希特的批判没有注意到 1794 年以前费希特对自己哲学方案的整体规划，在很大程度上将费希特置于康德的语境内考察，因而出现了相当的误读。

相较于艾美里克斯略显粗糙而武断的评述，施托尔岑贝格对实践自我意识在费希特哲学中的奠基性的论证则显得更加细致而有同情的意味。因而笔者将花上一些篇幅来更认真细致地对待施托尔岑贝格的方案。

---

① 措勒在他关于费希特的研究中对费希特知识学的整体方案有一个类似的表述：他将其称为“关于哲学知识的元哲学”（meta-philosophy of philosophical knowledge）。所谓的“哲学知识”即是关于对象性知识（objective knowledge）的知识。参见 Günter Zöller, *Fichte's Transcendental Philosophy. The Original Duplicity of Intelligence and Will*, Cambridge: Cambridge University Press, 1998, p. 12。

施托尔岑贝格在总体上将从莱茵霍尔德到费希特的后康德批判哲学理解为一种书写自我意识的历史的尝试。这种尝试可以被追溯到与青年康德同时代的法国哲学家孔迪亚克（E. Condillac）。孔迪亚克试图借助严格的一致性演绎推理系统将人类的各项认知官能奠基于一个能够被直接视为"简单知觉"（simple perception）的第一本原上。从而基于这个本原构建的体系就能在展现人类观念到具体的认知官能的同时建立起一门关于经验的科学。施托尔岑贝格认为，孔迪亚克的方案中有一项核心要素，那就是作为整个体系的基石同时也是顶点的第一本原是具备实在性的，因而是"知觉"；同时又是必须且仅能通过人类的反思来获得的。根据施托尔岑贝格的理论，这个核心要素被后来的莱茵霍尔德与费希特批判性地继承了。而费希特哲学的革命性正在于，费希特认定第一本原绝对不能仅仅是经验性的，而应当既是实在的，又是先天的。因而，这种第一本原只能是对自我的认知形式及自我存在的事实的直接知识。而如此这般的自我必然是"努力"（Streben）的，只有如此作为第一本原的自我才能既是实在奠基性的，又是逻辑可展开的。施托尔岑贝格总结出，这样一种"努力"的自我，必然是与世界相关的实践自我。而作为对这种自我的把握，第一本原只能是实践自我意识。①

施托尔岑贝格为这个强势的判断给出了严格的证明。他尤其批判了那些试图依靠 1794—1795 版《知识学》第一公式将费希特的最高本原作纯形而上学解读的做法。施托尔岑贝格指出，自我绝对设定的第一公式仅仅能提供一个形式上的实在性证明，而并不能为这个形式的实在性（formal reality）提供具体的内容。因而，施托尔岑贝格从两个角度展开了他的证明：第一，他试图证明为什么第一公式应当被理解为一个纯形式的实在性证明；第二，一个外在于第一公式的内容添加过程是如何实现，并且如何必然地导向实践自

① 关于施托尔岑柏格对费希特知识学方案的总体判断，参见 Jürgen Stolzenberg, „Selbstbewußtsein – Ein Problem der Philosophie nach Kant." In: *Daimon, Revista de Filosofia*, 1994, No. 9, S. 63-79。

我意识的。①

首先，在第一个证明中，施托尔岑贝格指出，作为绝对设定法则的第一公式“A是A”的形式化表述必然地能从逻辑上通向“我是我”以及“我存在”的实在性表述。他首先将“A是A”从一个定言命题还原为一个假言命题“如果A存在，那么A存在”(依据费希特本意，我们将这个假言命题中的这样一种逻辑关系称为X)。接着，根据费希特的规定，经验意识中人类的精神活动都以判断的形式体现，而X既是绝对的又是直接的经验事实，这意味着，一方面，经验意识中的那个作为判断主体的“我”必然能够直接意识到判断的活动与判断的内容，因而作为绝对设定法则的同时也必然是经验判断的法则的X，必然地与正在展开判断活动的“自我”相关；另一方面，X本身的绝对性与无条件性又必然地导出，X只有在作为认知主体的“自我”之中才能得到确证。所以，X必然地“在自我之中”，或者说，“被自我设定”。② 在这个基础之上，我们回到X本身，因为X本身仅仅刻画一种必然的逻辑关系，因而它只有在与逻辑公式中的“一个A”关联起来的时候才有可能。因而“这某一个A”也就通过X而被我设定了。我们可以得出第一步的结论：“如果A在自我中被设定，那么它就被设定，或者说，它存在。”③

但特别要注意的是，费希特在这个第一步的结论中取消了不定的“这某一个A”的存在在自我之中的限制。这是因为A的存在是通过X实现的，而X本身的绝对性则保证了A的存在是独立于在自我之中这个限制的。换句话说，既然“在自我之中”意味着被我判断（更宽泛地说，被我思考），那么A的存在的独立性就意味着无论如何在自我之中——依据X的规定，都会存在着一个A，而且依据X，这个A满足“A是A”或者“如果A存在，那么A

---

① 关于施托尔岑柏格这两个详细的证明，参见 Jürgen Stolzenberg, „Fichtes Satz ,Ich bin ‘. Argumentanalytische Überlegungen zu Paragraph 1 der *Grundlage der gesamten Wissenschaftslehre* von 1794/95. “ In: Fichte-Studien, Bd. 6, 1994, S. 1-34。

② Vgl. Fichte, *SW*: I, 93.

③ Vgl. Fichte, *SW*: I, 94.

存在”。这也就是说，自我通过以 X 为最高法则的判断必然地会在自身之中设定出一个具备自我同一性的事物，我们从而得出了第一个证明的第二步结论：“这个被绝对设定的 X 可以被表达为（ausdrücken）‘我 = 我’；‘我是我’。”① 为了理解看似有跳跃的第二步的结论，施托尔岑贝格论证说，这里的“表达”意味着一种交互规定性：一方面，根据费希特的哲学规划，第一公式需要满足实在性，因而 X 需要在自我中找到合适的内容；另一方面，由于 X 必然地确定了自我之中始终有某物的自我同一性与其存在，那么在自我之中有且只有“自我”满足这一条件，“我是我”或者“我存在”是自我之中 X 唯一可能的内容。因而，X 可以被表述为“我是我”或“我存在”。至此，施托尔岑贝格认为费希特已经完成了第一个证明。

然而，基于对第一公式的语法 / 语义分析的第一个证明仅仅论证了知识学的最高本原必然是有内容的，但是这个内容是如何被确定的，又是如何必然地导向了实践自我意识的，费希特并没有论证。施托尔岑贝格正确地理解了第一公式中蕴含的一组对立：根据“我是我”，作为设定者的绝对自我（absolutes Ich）与被无条件地、绝对地设定了的理智 / 有限自我（Intelligenz）之间存在着对立。显然是受限制的、受规定的理智 / 有限自我如何能够被一个据宣称是绝对的自我绝对地、无条件地设定呢？施托尔岑贝格诉诸的方案是利用 1794—1795 版《知识学》第五节中费希特对于“非我”的引介。在第五节中，无限且无条件的绝对自我同时设定了有限且有条件的“理智”与“非我”。根据费希特，这两个设定过程都是纯形式的。而“非我”与“理智”之间的交互规定关系则被理解为一种“因果性”，即理智自我想要给自己设定多少活动，就得有多少等量的活动的“非我”被设定。② 而与具备着设定性的“理智”不同，“非我”一定是被动的与接受性的。因而“非我”中被设定的活动一定只能来自“绝对自我”。这样，经过“非我”的中介，我们就成功地建立起了从

① Vgl. Fichte, *SW*: I, 94.

② Fichte, *SW*: I, 250.

“绝对自我”到“理智”之间的关系。同时，有人也许会问，为什么“绝对自我”能够同时设定“非我”的形式与内容？施托尔岑贝格的答复是：因为“绝对自我”被理解为一个“努力”的自我，“努力”意味着自我与世界的必然关联，而设定“非我”就意味着自我选取了一部分世界的内容，这在这组必然关联下显然是可行的。这样，施托尔岑贝格完成了他的第二步证明：只有奠基性的实践自我意识才能消除第一公式中的语义困难，因而费希特知识学的最高本原被奠基为“努力”的实践自我意识。

但这样的方案真的就无懈可击了吗？首先，我们要注意到，1794—1795版《知识学》的写作过程并不连贯，费希特在写完前三节的九个月后才开始写作第五节。因而与其把第五节视作知识学的关键节点，不如将其视为是一门依附于知识学的新伦理学体系的导论（事实上费希特后来也这么做了）①。既然如此，施托尔岑贝格方案依凭第五节来为第一节中关于第一公式的讨论奠基，是否会出现一些论证上的偏移呢？

其次，我们暂且忽略文本学的问题，只关注施托尔岑贝格的第一个证明。通过对第一公式的形式分析，施托尔岑贝格成功地将费希特的“A是A”从纯形式的命题转换为了有内容的“我是我”或者“我存在”。但就如施托尔岑贝格本人指出的那样，这个转换仰赖于X本身所意味的同一个命题的两个条件之间的必然联结，而这个绝对的联结则是在我们的反思之前的。因而，第一公式中暗示着一种绝对的“前反思性”（Präreflexibilität）②，这种前反思性需要得到进一步的澄清，只有这样，绝对自我与理智自我之间的对立才能得到真正解决。而显然的，根据施托尔岑贝格第二步的证明，这种“前反思性”并未被“努

① Dieter Henrich, *Between Kant and Hegel. Lectures on German Idealism*, ed. D. S. Pacini, New Heaven: Harvard University Press, 2008, p. 208.

② 细心的读者很容易发现，施托尔岑柏格指出的“前反思性”实际上就是笔者反复强调的“三阶认知”。参见 Jürgen Stolzenberg, „Fichtes Begriff des praktischen Selbstbewußtseins.“ In: W. Hogrebe (hrsg.), *Fichtes Wissenschaftslehre 1794.* Philosophische Resonanzen, Frankfurt am Main: Suhrkamp, 1995。

力”的实践自我意识消除。

措勒在他关于1794—1795版《知识学》关于“绝对自我”与“理智”之间关系的论证中就明确指出，正如施托尔岑贝格方案中的“前反思性”所暗示的那样，费希特在早期版本的知识学中所诉求的本原行动应当被视为一种“原认知与原实践的内涵”(proto-cognitive as well as proto-practical connotation)。① 实践自我意识相对于所谓的理论自我意识并没有优先级，它们是自我意识在同一个层次上的两个面相。无论是康德意义上的实践自我意识还是莱茵霍尔德意义上的理论自我意识都只是二阶的，而费希特式的自我意识已经具备了一种更高层级的内涵。在1794—1795版《知识学》的第四部分，费希特已经明确地阐述了对于奠基性实践自我意识的拒斥：

> 自我如同被非我规定那般设定自身，这种绝对的生成能力（ein absolutes Produktions-Vermögen）从而能够被综合地导出并证明。但我们应当事先注意到，在我们的知识学的实践部分中的这种生成力需要被回溯到一个更高级的来源那里去。②

在措勒看来，施托尔岑贝格式的解释方案中对于“非我”在消除“绝对自我”与“理智”之间的对立的重要性的强调是正确的，但是施托尔岑贝格不应过分夸大“非我”的作用。由于“绝对自我”完全只是自我设定，没有任何实际内容，因而从“绝对自我”到有实际内容的“理智”的设定过程不是直接的，而需要经过进一步的规定或者中介的间接步骤（*detour*）。而这种规定又是特殊的，因为从“绝对自我”到“理智”的过渡中的规定必然是某种自我规定。只有在这时，“非我”才作为这个自我规定的构成性要素被引进。非我是作为一种自我之内的对立被设定的，因而并不是无条件的，同时“非我”也不是外

---

① Cf. Günter Zöller, *Fichte's Transcendental Philosophy. The Original Duplicity of Intelligence and Will*, Cambridge: Cambridge University Press, 1998, p. 51.

② Fichte, *SW*: I, 218.

在的物。毋宁说，“非我”只是从“绝对自我”到“理智”的曲折路程中的某种“触发”（Anstoß）机制。因为“非我”由“绝对自我”设定，所以经由自我规定的“触发”过程中，“理智”必然地重新经历了“绝对自我”，从而实际上完成了一次重回自身（retrieval）的设定。因而，经过“非我”的自我规定，“绝对自我”实际上是在“如同设定着自身”（als sich selbst setzend）一般设定了“理智”。① 在措勒看来，正是这种重回自身的设定使得费希特真正意义上突破了传统反思理论的框架。因为重回自身意味着对一种更高层级的设定能力的回溯。而且这种回溯并非单纯的倒退，而是经由“非我”的“触发”开启自动设定谓格（autopredicative）的进程，从而使自我向世界展开。然而特别的，如同语义所暗示的，“努力”必然地意味着非回溯性的向前展开，因而重回自身必然地在逻辑上优先于“努力”。② 所以作为“努力”的实践自我意识并不是奠基性的。

至此，笔者证明了为什么 1794—1795 版《知识学》中奠基性的实践自我意识并不能满足费希特的哲学规划。但就如措勒的证明中所显示的，在 1794—1795 版《知识学》中费希特并未详细解释通过“重回自身”与“如同设定着自身”所揭示的对三阶认知能力的回溯是如何具体实现的。而且由于哲学计划的不成熟，1794—1795 版《知识学》对第一本原的讨论在文本组织上受到了太多伦理学考量的干扰。只有随着 1796 年新版知识学与专门讨论实践问题的《伦理学体系》的出现，伦理学要素被整体地移出了对第一本原的讨论，我们才得以在一个更清晰的框架下进一步讨论费希特对于自我的终极洞见。

---

① Vgl. Fichte, *SW*: I, 250. 略显讽刺的一点是，措勒用以反驳奠基性自我意识的引文恰恰出自施托尔岑柏格用以证明奠基性实践自我意识的 1794—1795 版《知识学》第五节。

② Cf. Günter Zöller, *Fichte's Transcendental Philosophy. The Original Duplicity of Intelligence and Will*, Cambridge: Cambridge University Press, 1998, p. 54.

第三节 基础哲学的主体性阴影

莱茵霍尔德的“基础哲学”（*Elementarphilosophie*）在康德之后的德国唯心论的发展史中有着承前启后的关键地位，费希特与谢林的早期先验哲学构想均受到了莱茵霍尔德哲学的极大影响。考虑到费希特与谢林本人都没有太多直接检讨莱茵霍尔德的哲学立场，笔者选取了一个更加合适的基础：即以黑格尔在 1801 年从费希特－谢林先验哲学的立场出发的莱茵霍尔德批评为中心，尝试分析黑格尔的早期莱茵霍尔德批评所体现出的康德之后的基础性自我意识理论与基础存在论这两条先验哲学发展路径的分野。本部分将黑格尔的早期莱茵霍尔德批评区分为两个层面：第一，莱茵霍尔德的基础哲学的基础性困难，包括基础主体性构想的片面性与原初意识的意向性结构的无穷后退问题；第二，基础哲学的动力学机制的困难，即表象能力理论的复杂性。在分析黑格尔在这两个层次上展开的对莱茵霍尔德的批评的基础之上，我们将回到莱茵霍尔德的文本本身，并通过重构莱茵霍尔德的“表象能力”（Vorstellungsvermögen）理论的复杂层次，来展现一种有别于黑格尔批评，并且能够综合先验哲学的两条路径的基础主体性理论的可能性。

黑格尔在 1801 年发表的作品《费希特与谢林哲学体系的差异》（*Differenz des Fichte'schen und Schelling'schen Systems der Philosophie*）的主题并不是去批评莱茵霍尔德的基础哲学，而是在谢林正在形成的“同一性哲学”（Identitätsphilosophie）的框架下去批评费希特于 1794—1795 年完成的《全部知识学的基础》（*Grundlage der gesamten Wissenschaftslehre*）中体现的一些关于先验哲学的基本构想。总的来说，黑格尔指责费希特的知识学体系仅仅是建基于一种片面的主体性之上，而忽略了基础的“绝对同一性”（absolute Identität）中“实在性”（Realität）一侧的必要建构。因此，费希特的哲学体系缺乏实在性根据（Realgrund），将主体性本原与现实世界割裂开来，事实上切断了从主体性进入现实世界的通道，最终陷入自我内部的无尽纠缠之中。相比之下，谢林哲学更加关注从存在论（Ontologie）的意义上建构哲学的本原（Prinzip），从一开始就建立起先验哲学的原初实在性根据。因此，谢林的同一性哲学比费希特的知识学体系的根基更加稳固，更适合作为先验哲学的真正开端。

姑且不论黑格尔对费希特的批评是否公正，黑格尔对费希特的批评指出了 18 世纪 90 年代后期德语先验哲学发展进程中出现的一个至关重要的现象：康德之后的先验哲学分殊出了两条平行路径：一种着力于探讨知识的可能性根据，并进而回溯到主体性结构本身的基础性自我意识理论，代表是费希特在 1800 年以前的若干版本的知识学体系；另一种也着力于探讨知识的可能性根据，但进而转向了使得人类知识最终成为可能的哲学本原，并尝试在这种本原中建立起观念性与实在性的原初同一体的同一性哲学，代表是谢林关于先验唯心论的若干构想（包括谢林 1796 至 1799 年的若干自然哲学构想）。而这两条路径的起点，又恰恰都是莱茵霍尔德的基础哲学。① 因而，无论是在先验哲学的这两条路径之间扬此抑彼，还是试图去挖掘先验哲学的一些本质性特征从而去整合这两条路径（正如黑格尔在 1807 年以后所做的那样），都必须要正视莱茵霍尔德哲学的地位。这也就是为什么，在《差异》的结尾，黑格尔会在分别陈述了他所理解的费希特与谢林哲学的立场并将两者比较评论之后，专门将最后一个章节的标题定为“论莱茵霍尔德的观点与哲学”（*Über Reinholds Ansicht und Philosophie*）。下面，笔者即将关注于这一章节中黑格尔对莱茵霍尔德批评。通过分析黑格尔对莱茵霍尔德的两个层次的批评，笔者意在指出，黑格尔在相当程度上将对费希特并不公正的批评继续移植到了莱茵霍尔德身上，并以一种相对片面的方式误读了莱茵霍尔德哲学中至关重要的“表象能力”（Vor-

---

① 相比于费希特，谢林的哲学来源更为复杂。按照当代德国唯心论哲学家弗兰克的相关研究，谢林早期思想的来源至少有如下三个方面：莱茵霍尔德的基础哲学、康德哲学、图宾根柏拉图学派。参见 Manfred Frank, »*Reduplikative Identität*«. *Der Schlüssel zu Schellings reifer Philosophie*, Stuttgart-Bad Cannstatt: frommann-holzboog, 2018。除了 Frank 提到的三个方面之外，当时的德语作家雅各比所主张的斯宾诺莎哲学也对青年谢林产生了非常深远的影响。

stellungsvermögen）理论。最后，在回到莱茵霍尔德的文本基础上，笔者试图指出，尽管并不完美，但是莱茵霍尔德代表了一种整合以上所述的先验哲学分殊出的两条平行路径的努力。费希特哲学体系与谢林哲学体系之间绝非互斥的关系，相反，他们享有共同的根基，而这也正是先验哲学之为先验哲学的本质性特征。

一、"基础哲学"的基础性困难

黑格尔在《差异》的最后一章开头从谢林1800年的《先验唯心论体系》的导论中提出的先验哲学之基本立场出发，对莱茵霍尔德的基础哲学中的基本立场提出了非常尖锐的批评：

> 只有在哲学的一个必然的基础科学（Grundwissenschaft）之中，在先验唯心论之中，主体论才会是第一位的；而不是像莱茵霍尔德错误认为的那样，（主体化）是整个哲学的第一位的东西，这种纯粹的主体化不是先验唯心论的本原，毋宁说，本原其实是一个主体性的主体—客体（subjektives Subjekt-Objekt）。①

黑格尔的批评可以被拆分为以下三个部分：

1. 谢林的先验哲学仅仅在以先验方式考察知识可能性问题时才会以主体性本原为准，但并不意味着所有情况都是如此，主体性本原因而也不是整个哲学

① G. W. F. Hegel, *Jenaer Schriften. 1801-1807, hrsg. v. E. Moldenhauer u. K. M. Michel, G. W. F. Hegel Werke 2*, Frankfurt am Main: Suhrkamp, 1986, S. 117. „daß nur in der einen notwendigen Grundwissenschaft der Philosophie, im transzendentalen Idealismus, das Subjektive das Erste sei, nicht, wie in Reinhold die Sache unmittelbar sich verkehrt stellt, das Erste der ganzen Philosophie, noch als rein Subjektives auch nur Prinzip des transzendentalen Idealismus, sondern als subjektives Subjekt-Objekt."

的本原；

2. 谢林认为先验哲学的本原不是一个单纯的主体性的东西，而是一个从主体的角度呈现出来的主体—客体，或者说，主体—客体同一体；

3. 莱茵霍尔德错误地认为主体性本原是整个哲学的本原，主体化就是先验哲学的本原。

可见，黑格尔在《差异》中仍未能拉开自己与谢林的先验哲学方案之间足够的距离，并将对费希特的“片面的主体性”（einseitige Subjektivität）的批评移植到了莱茵霍尔德身上。承接了对费希特的批判，黑格尔也认为莱茵霍尔德实际上代表了一种“纯粹主体性”（reine Subjektivität）的哲学立场。黑格尔指出，莱茵霍尔德（与费希特）从一开始就把单纯的主体化确立为最高本原，并希望由此出发建立起一个推证式（demonstrativ）的体系，以主体性本原为根基，用观念性的方式去为一切外在的实在性奠基。但在黑格尔看来，这种哲学体系的建构模式存在着致命的困难：1. 用内在的观念性方式去论证外在的实在性的根据，事实上已经制造了认知主体与外在世界之间的分裂。尽管我们既有的主体—客体的认知模式已经预设了这一种分裂，但莱茵霍尔德的主体哲学不仅没有消弭并克服这种分裂，反而是将其接受下来并将其内化到了基础性的层面上。这种原初的分裂状态会使得我们的深层意识结构陷入不稳定的状态中，因而是绝对不能被接受的。2. 即便是被莱茵霍尔德建立为整个哲学本原的主体性本原，实际上是一个完全空洞的东西。因为有一个本原性的主体化就会有一个本原性的客体化，也即是说，原初的观念性一定对应着原初的实在性。而在莱茵霍尔德的设定中，原初的实在性是被完全忽略、遮蔽甚至完全不被承认的东西。那么，一个完全空疏的主体性本原，又何以开启自身与外在世界的联系呢？事实上，这个主体性本原陷入了一种完全孤立、封闭的状态中。黑格尔在随后的文本中毫不留情地批驳了莱茵霍尔德的这种立场：

> 对莱茵霍尔德而言，哲学的本质性任务、论题、与本原就是通过分析与分裂去论证认知的实在性。反而是把在主体与对象的同一性中扬弃这种

分裂作为最高使命的思辨（Spekulation）却变得没有任何意义。因此莱茵霍尔德根本就不会注意到，一个哲学体系的本质层面就在于思辨。①

黑格尔在反对莱茵霍尔德的立场时多次使用的“思辨”（Spekulation）这一术语很值得我们注意。与日常语言中我们将“思辨”当作一种完全内在化的主体思维活动完全不同，黑格尔的思辨具备着存在论意义上的本原指向。思辨意味着在先验唯心论的开端处就能意识到先验唯心论的界限：先验唯心论的本原不是一个单纯的主体化，而是一个主体—客体同一体。但是在先验唯心论这一特定的视角下，如此这般的主体—客体同一体被呈现为主体性的主体—客体同一体。通过这样的辨析，思辨实现了双重确认：本原意义上的绝对同一性并非主体与对象的静态对峙，而是一种动态的交错演化进程；为了在先验哲学的开端意义上将这一本原呈现出来，我们只能选择主体性的方式，但我们必须时刻明白这种方式仅仅是一种有限的呈现。基于对先验哲学的本原动态结构的体认，黑格尔实际上开始拉开了与1800年的谢林的距离，凭借“思辨”这一术语蕴涵的强大的概念解析与重组的能力，黑格尔从一开始就摆脱了所谓“反思理论”的窠臼，并开始尝试以一种主体性的有限方式去展现一种动态的存在论本原。

黑格尔不无同情地指出，作为先验哲学的重要开创者，莱茵霍尔德并非没有意识到本原问题中的复杂层次，但莱茵霍尔德的观察视角被固定在了主体性的层面上，他使用的概念工具也是完全静态的拆解（即所谓“分析”），这样导致的结果是，一个实际上动态的本原永远不能被刻画出来。最终莱茵霍尔德只

---

① G. W. F. Hegel, *Jenaer Schriften. 1801-1807, hrsg. v. E. Moldenhauer u. K. M. Michel, G. W. F. Hegel Werke 2*, Frankfurt am Main: Suhrkamp, 1986, S. 118-119.„Wenn es nach Reinhold das wesentlichste Geschäfte, Thema und Prinzip der Philosophie ist, die Realität der Erkenntnis durch Analysis, d. h. durch Trennen zu begründen, so hat die Spekulation, deren höchste Aufgabe ist, die Trennung in der Identität des Subjekts und Objekts aufzuheben, freilich gar keine Bedeutung, und die wesentlichste Seite eines philosophischen Systems, Spekulation zu sein, kann alsdann nicht in Betracht kommen. “

能抱残守缺，以一个片面的主体性本原来宣称全部哲学的基础，并最终对被忽略的至关重要的实在性内容视而不见。黑格尔指出，莱茵霍尔德的主体性本原甚至都不能真正地去处理认知材料，莱茵霍尔德认知理论不仅从根基上是空疏的，它甚至都不会有任何真实的运用的可能：

> 在莱茵霍尔德关于思维的运用的论题中，思维成了一种无尽重复(unendliche Widerholbarkeit)，A 在 A 之中被 A 设定为 A。但矛盾的是，A 在实际上的运用中是被设定为 B 的。但莱茵霍尔德既没有意识到也不承认这一矛盾。因此，思维的运用与它的材料只是安安静静地靠在一起待着，而思维作为一种抽象统一体与认知的能力就应该完全是形式性的，而整个论证就都应该变成了有问题的与假设性的，直到人们在有问题的与假设性的东西的向前推进中一头撞上真相（das Wahre）之上的原真相（das Urwahre），并通过这种原真相撞上真相。①

黑格尔指责的重点在于，莱茵霍尔德事实上意识到了即便是一种所谓的本原性的主体性本原也只能通过同一性的方式被建立起来，不过在莱茵霍尔德那里，这种同一性仅仅是一种逻辑形式的同一性。但是，这种凭靠纯然逻辑形式建立起来的同一性就其本质而言实际上只是一种不断的自我重复，如果不能在实在性层面有所作为，那么基于这种形式同一性原理建立起来的主

---

① G. W. F. Hegel, *Jenaer Schriften. 1801-1807, hrsg. v. E. Moldenhauer u. K. M. Michel, G. W. F. Hegel Werke* 2, Frankfurt am Main: Suhrkamp, 1986, S. 123. „Im Reinholdischen Thema, der Anwendung des Denkens, wird das Denken als die unendliche Wiederholbarkeit des A als A in A und durch A zwar auch antinomisch, indem A in der Anwendung der Tat nach als B gesetzt wird. Aber diese Antinomie ist ganz bewußtlos und unanerkannt vorhanden, denn das Denken, seine Anwendung und sein Stoff stehen friedlich nebeneinander. Darum ist das Denken als Vermögen der abstrakten Einheit sowie die Erkenntnis bloß formal, und die ganze Begründung soll nur problematisch und hypothetisch sein, bis man mit der Zeit im Fortgang des Problematischen und Hypothetischen auf das Urwahre am Wahren und auf das Wahre durchs Urwahre stößt. "

体性本原就会毫无作用，甚至都不能应对现实世界中真真实实地出现在“A”面前的那个身为他者的“B”，而只能佯装忽视其存在，并以“A”的副本覆盖之。

但是，黑格尔对莱茵霍尔德基础哲学的动力学机制（Dynamik）的这套批判事实上并无太多新意。我们会发现实际上无论是对莱茵霍尔德，还是对费希特，甚至是对后来的谢林，黑格尔都沿用了这一基于“形式同一性”的批判模式。笔者认为，与其说黑格尔这套批判模式击中了同一性理论的要害，不如说黑格尔长期误读了或者低估了同一性理论的丰富内涵。无论是莱茵霍尔德、费希特还是谢林，在使用同一性概念都不仅仅重视同一性所强调的“=”的要素，他们在使用同一性作为一种基础概念时一定会搭配“作为”（als）这一介词一起运用。比如，在黑格尔对莱茵霍尔德的批评中提到的“A 在 A 之中被 A 设定为 A”实际上也可以被表述为“A 作为 A 在 A 之中被 A 设定”。当莱茵霍尔德强调“A 作为 A”时，被设定出来的那个“作为 A 的 A”实际上已经与开端处的单纯的、空疏的“A”拉开了距离，这蕴含在基础的绝对同一性之中的微妙差异恰恰就是从内在的同一性走向外在的差异性（Differenz）的关键。无独有偶，1801 年以后的谢林中期哲学理论中扮演核心角色的“潜能阶次”（Potenz）理论，就是从“作为”这一术语开始其演化过程的。① 黑格尔实际上忽略了这一点，从而对本原意义上的同一性的动力机制产生了误判。尽管黑格尔本人的“思辨”以及随后的“辩证法”（Dialektik）这些理论工具都有着强大的效果，但是黑格尔并不能在同一性概念本身中找到出离其中的动力学机制，因而在黑格尔后来的哲学中，他逐步放弃了基础性的绝对同一性概念，并走向了一个完全不同的存在论意义上的本原建构。

通过分析黑格尔在《差异》最后一章中对莱茵霍尔德基础哲学的本原性构想提出的批评，我们可以很容易发现，黑格尔的批评实际上混淆了莱茵霍尔德

---

① 对 als 这一术语在谢林中期哲学的中担任的核心角色的相应论述可以参见 Manfred Frank, »*Reduplikative Identität*«. *Der Schlüssel zu Schellings reifer Philosophie*, Stuttgart-Bad Cannstatt: frommann-holzboog, 2018, S. 143-153。

的基础哲学与费希特的知识学。与费希特不同，莱茵霍尔德非常明确地强调主体性本原的本原地位。尽管这个断言使莱茵霍尔德表面上更容易成为黑格尔攻击的目标，但是一旦主体性本原被拔高到本原性地位，作为批评者的黑格尔就必须从本原意义上将莱茵霍尔德的本原解构。但是黑格尔实际上完成的只是从并不完整的他自己理解版本的谢林先验哲学的基本立场出发，并结合了自己的思辨概念作为理论抓手，去对莱茵霍尔德的基础哲学设定做了一次替代的尝试。但是莱茵霍尔德本身对于其基础哲学的设定的另一个非常重要的侧面——表象能力理论实际上几乎被彻底忽视了，而后者恰恰在莱茵霍尔德的基础哲学中扮演一个核心的动力学机制的角色。因此，在下一部分中，笔者将尝试结合黑格尔对表象能力理论的外在批评与莱茵霍尔德本人的相关基础陈述，来分析表象能力理论内部的复杂结构与困难。

二、基础哲学的动力机制困难：表象能力可以挽救主体性吗？

让我们来看一下莱茵霍尔德在他 1789 年发表的主要作品《论纠正迄今为止哲学家的错误理解》(*Beiträge zur Berichtigung bisheriger Mißverständnisse der Philosophen*) 中自己对于表象理论的界定。① 总的来说，莱茵霍尔德将表象活动（Vorstellen）界定为一种原初意向性活动（ursprünglich intentionaler Akt)。表象活动包含了两个层面：表象着的东西与被表象的东西。表象着的东西即是“作为主体的主体”(Subjekt als Subjekt)。根据前文对于“作为”(als)这一介词之作用的分析，“作为主体的主体”即是在说，通过表象活动，主体不再是一个空疏的孤立的主体，而是一个活动着的主体，一个尝试着去把对象与主体相联结的主体，而且主体还要尝试着通过表象活动的这一联结，在主体与对象之间建立起内在的统一性（innerliche Einheit）；相似地，被表象的东西

① K. L. Reinhold, *Beiträge zur Berichtigung bisheriger Mißverständnisse der Philosophen. Erster Band, das Fundament der Elementarphilosophie betreffend*, hrsg. v. Faustino Fabbianelli. Hamburg: Felix Meiner, 2003, S. 57-60.

被界定为“作为对象的对象”（Gegenstand als Gegenstand）。莱茵霍尔德继承了康德以来的基于先验哲学的认知理论的核心要素，即我们的认知对象并不是本来就是认知对象的，它们是从单纯的材料“成为”（werden）对象的。这一“成为”的过程至关重要，因为这是一个表象活动赋予认知材料以可被表象的形式（vorstellbare Form）的过程，这意味着表象活动是一个双向的联结，同时联结了认知中的主体与对象；而从存在论的角度而言，表象活动又是一个深深植根于主体性之中的能力，也即是说，表象活动作为一种活动，是基于一个更基础的“表象能力”（Vorstellungsvermögen）之上的。所谓表象能力，就是一种完全自发的，能够行规定的自我活动（spontan bestimmende Selbsttätigkeit）。因此，莱茵霍尔德的基础主体性理论并不如黑格尔在第一部分中所批判的那样是个完全静态的体系，割裂了认知主体与对象之间的关系；相反的是，莱茵霍尔德从一开始就强调了基础主体性之中的活动要素，正是通过主体的活动，主客之间的距离才得以消弭与克服。实际上，我们可以看到后来的费希特不仅在1794—1795年的《知识学》的写作风格上模仿了莱茵霍尔德，在一些基本立场上，费希特也是与莱茵霍尔德一脉相承的。

黑格尔同样注意到了莱茵霍尔德的关键性的“表象”（Vorstellung）与“表象活动”（Vorstellen）概念。但是，延续了对莱茵霍尔德基础哲学的基本设定的批评，黑格尔继续抨击莱茵霍尔德的表象概念与其相关的思维概念都只是片面的、单纯主体性的，因而也是无力建立起主体与对象之间的真正的联结的。

在《差异》中，黑格尔这样刻画莱茵霍尔德的“表象”与“表象活动”概念：

> 就理论而言，作为表象的内在条件与本质组成部分的表象活动包含了以下内容：
>
> a. 表象的材料，由接受性给定的东西，它的形式是杂多；
>
> b. 表象的形式，由自发性生成的东西，它的形式是统一体；
>
> 就逻辑学而言，
>
> a. 思维，活动，与他们的基础特征统一体；

b. 质料，它的特征是杂多；

c. 两者之间的联结在理论与逻辑学中叫作表象活动，就是莱茵霍尔德一直叫作思维运用的东西。形式与材料，思维与质料都是以同样的方式关联于自身而存在的。①

黑格尔从“理论”（Theorie）与“逻辑学”（Logik）这两个层面去表述莱茵霍尔德的表象理论。我们可以在此简单地将这里的区分理解为“认识论”（Erkenntnistheorie）角度与“存在论”（Ontologie）角度之间的区分。总的来说，这两个角度都是在从主体性的层面刻画表象活动的结构与内容。黑格尔的界定实际上分为两个层次：1. 表象是思维，是思的活动，是完全自发性的（spontan）。作为一种活动，表象就是要建立起主体与对象之间的联结，而这种联结的形式是统一性，也即是说，经过表象，主体与对象不仅被联结起来，还要被把握为一个整全的单一体（Eins）；2. 表象的质料是由认知主体的接受性（Rezeptivität）被给定的杂多。基于这样的解读，黑格尔抨击莱茵霍尔德将表象完全归因为一种主体的能力，而这种主体的能力是无力去覆盖质料内容的：

莱茵霍尔德以根本性的偏见与恶习沿袭了所有近代哲学中的根本错误，那就是把思维当作一种单纯主体性的活动。他还试着，当然仅仅是试着，从思维的全部主体性与对象性中抽离出来……这里的思维本质上并不

① G. W. F. Hegel, *Jenaer Schriften. 1801-1807, hrsg. v. E. Moldenhauer u. K. M. Michel, G. W. F. Hegel Werke 2*, Frankfurt am Main: Suhrkamp, 1986, S. 132. „Nach der Theorie gehört zum Vorstellen als innere Bedingung, wesentlicher Bestandteil der Vorstellung a. ein Stoff der Vorstellung, das der Rezeptivität Gegebene, dessen Form die Mannigfaltigkeit ist; b. eine Form der Vorstellung, das durch die Spontaneität Hervorgebrachte, dessen Form die Einheit ist. In der Logik, a. ein Denken, eine Tätigkeit, deren Grundcharakter Einheit, b. eine Materie, deren Charakter Mannigfaltigkeit ist; c. das Beziehen beider aufeinander heißt in der Theorie und in der Logik Vorstellen, nur daß Reinhold immer Anwendung des Denkens sagt. Form und Stoff, Denken und Materie sind in beiden gleicherweise für sich selbst bestehend.“

是那个主体与对象的同一体，那样的思维才会被刻画为理性的活动，而只有那同时是主体与对象的思维才能被从一切主体性与对象性中抽离出来；而现在对象只是一个被思维设定的质料，因而思维也无非就是一个主体化。①

黑格尔指出，莱茵霍尔德的表象，或者实际上就是思维，并不建立在主体与对象的同一性之上，而是建立在一个认知主体与一个被遮蔽的对象之间的隔绝之上。黑格尔认为莱茵霍尔德在这里陷入了康德哲学传统的泥沼之中，莱茵霍尔德的表象活动所表象到的那个对象，实际上只是主体幻觉的一个投射，这个投射出来的仅仅是一个主体想象出来的对象性的形式，并不能真正对应、覆盖、整合真实的质料内容。这种坚持主客对立的认知模式其实是一种深层模式上的二元论（Dualismus），而从根源上他们就注定不能完成建立起主体与对象之间的真正联结这一使命。

但是，正如本部分一开头笔者所强调的，莱茵霍尔德的表象理论的核心不在于去"设定对象"，而是表象本身是主体的一个自发性的原初活动。这就意味着基础主体性理论第一次具备了原初意义上的活动内涵。作为原初的自发活动，必然不是单纯的形式性的，而是同时包含了形式与内容的建构的。而莱茵霍尔德所强调的表象活动在主体与对象之间所建立的联结，也并不如黑格尔所批评的那样是一个单向的认知主体对对象的覆盖，而是一个双向的沟通机制，

① G. W. F. Hegel, *Jenaer Schriften. 1801-1807, hrsg. v. E. Moldenhauer u. K. M. Michel, G. W. F. Hegel Werke 2*, Frankfurt am Main: Suhrkamp, 1986, S. 130-131. „… so setzt Reinhold den Grundfehler aller neueren Philosophie in das Grundvorurteil und böse Angewöhnung, daß man das Denken für eine bloß subjektive Tätigkeit nehme, und ersucht, nur zum Versuch, vorderhand einmal von aller Subjektivität und Objektivität desselben zu abstrahieren… Das Denken ist hier wesentlich nicht die Identität des Subjekts und Objekts, wodurch es als die Tätigkeit der Vernunft charakterisiert und damit zugleich von aller Subjektivität und Objektivität nur dadurch abstrahiert wird, daß es beides zugleich ist, sondern das Objekt ist eine fürs Denken postulierte Materie und dadurch das Denken nichts anderes als ein subjektives. "

使得认知主体与对象能够被整合进一个更高级的统一体——基础主体性之中。这一活动事实上就是一种原综合活动（Ursynthesis），而这恰恰是先验哲学方法论的核心节点所在。因而，黑格尔对莱茵霍尔德的批评无论如何都是有失偏颇的。

事实上，一旦我们将视野从表象理论拓宽到整个莱茵霍尔德基础哲学，我们就会发现莱茵霍尔德的真实理论动机所在。他在1790年写作的《基础哲学的诸主要环节的新展示》（*Neue Darstellung der Hauptelemente der Elementarphilosophie*）一文中就明确提出了基础哲学的核心论题“意识命题”（Satz des Bewußtseins）：

在意识中表象经由主体与主体和对象相区分并与两者相联结。①

“意识命题”切中了意识问题的四个核心要素：1.所有意识活动都是在认知主体的场域内进行的；2.意识活动预设了认知主体与对象之间的区分；3.意识活动的本质在于以表象联结的方式将认知主体与对象关联起来；4.经过意识活动，主体与对象最终能够统一在一个更本原的主体性之中。

根据上文分析，我们可以发现，正是第四个要点可以帮助莱茵霍尔德回击黑格尔的批评。在意识命题中两次出现的“主体”并不完全是同一个主体：那个与对象经由表象活动相联结的主体是一个认知着的主体，或者说“作为主体的主体”，是本原意义上的主体的“副本”（用谢林的术语来说，属于“第二潜能阶次”）；而真正本原意义上的，生成了表象能力的主体则是那个“经由主体”（durch das Subjekt）的主体，这才是莱茵霍尔德真正想确立为本原的基础主体性。因此，莱茵霍尔德实际上已经看到了，先验哲学的两条发展路径之间并不

① K. L. Reinhold, *Beiträge zur Berichtigung bisheriger Mißverständnisse der Philosophen. Erster Band, das Fundament der Elementarphilosophie betreffend,* hrsg. v. Faustino Fabbianelli. Hamburg: Felix Meiner, 2003, S. 113. „Im Bewußtsein wird die Vorstellung durch das Subjekt vom Subjekt und Objekt unterschieden und auf beide bezogen. “

是互斥的关系，而是需要互相扶持并补充，彼此共同推进的关系。存在论的视角可以帮助认识论的视角跳出二元对立的窠臼，认识论的视角则可以防止存在论的视角堕入独断论的迷梦。先验哲学“作为”先验哲学，也正在于它整合了（或者说超越了）传统哲学中的存在论层面与认知理论层面，以最根本的方式重建了哲学的本原，从而为一切人类知识奠基。而这也正是康德之后的先验哲学超越了康德哲学立场的核心所在。

第二章　自我意识的历史

在今天（尤其是德语学界）的德国唯心论哲学研究里，“自我意识的历史”（*Geschichte des Selbstbewußtseins*）这一术语往往被用来刻画康德之后（特别是18世纪90年代）德国唯心论哲学的发展历程，特别地集中在莱茵霍尔德、费希特、荷尔德林、谢林以及诺瓦利斯、迈蒙、施莱尔马赫等人对康德的“自我意识”学说的继承、批判与发展之上。[①] 这个术语并非来自研究者们的创造，而恰恰来自康德之后的德国唯心论哲学家们的“自我意识”。

根据德国学者克莱斯格斯（Ulrich Claesges）的考证，早在1794年出版的《论知识学的概念》（Über den Begriff der Wissenschaftslehre）中，费希特就已经提出了类似的说法：

> 我们不是人类精神的立法者，而是人类精神的史学史家（Historiographen）；我们当然也不是报刊作者，而是实际的历史书写者

① 这类研究的一个典例可以参考施托尔岑贝格的论文《自我意识：康德之后的一个哲学问题》与《自我意识的历史：莱茵霍尔德－费希特－谢林》（Vgl. Jürgen Stolzenberg, „Selbstbewußtsein – Ein Problem der Philosophie nach Kant.“ In: *Daimon, Revista de Filosofia*, 1994, No. 9, S. 63-79.; Ders., „Geschichte des Selbstbewußtseins. Reinhold – Fichte – Schelling“. In: K. Ameriks und J. Stolzenberg (hrsg.), *Internationales Jahrbuch des Deutschen Idealismus, Band 1: Konzepte der Rationalität im Deutschen Idealismus,* Berlin: Walter de Gruyter, 2002, S. 93-113）。

(Geschichtsschreiber)。①

克莱斯格斯引用费希特这段记述，是为了颠覆由德国哲学史学家克罗纳(Richard Kroner)于1921年提出并统治德国学界长达半世纪的“从康德到黑格尔”(Von Kant bis Hegel)的德国唯心论哲学研究范式。克莱斯格斯明确地指出：“自我意识的历史就是先验哲学。”②通过费希特与谢林(以及其他许多唯心论哲学家)的先验哲学体系去研究“自我意识的历史”，就意味着采取一种体系发展史(systematische Entwicklungsgeschichte)的视角去考察人类精神(主体性)的形成过程。因而，“自我意识的历史”实际上是先验哲学的一种体系化研究(systematische Untersuchung)，费希特与谢林(以及其他许多唯心论哲学家)的哲学体系绝不应仅仅被视为“从康德到黑格尔”的某一个等待着被“扬弃”的特定发展阶段，而应当因其对自我意识与主体性理论的新阐发而被重新审视：费希特与谢林事实上开辟出了一条完全不同于康德版本的“先验哲学”(批判哲学)的先验哲学路径。

就笔者有限的阅读而言，第一个明确地直接使用了这个术语的哲学家还是谢林本人。在1800年出版的《先验唯心论体系》(*System des transzendentalen Idealismus*)的“前言”(Vorrede)部分，谢林这样阐释他对于哲学(先验唯心论体系)的理解：

> 此外，笔者意图尝试去彻彻底底地展示唯心论的方法，就是将哲学的所有部分是其所是般的呈现出来，换言之，当作那个不断前进的自我意识

① Fichte, *SW*: I, 77. „Wir sind nicht Gesetzgeber des menschlichen Geistes, sondern seine Historiographen; freilich nicht Zeitungschreiber, sondern pragmatische Geschichtsschreiber.“; Vgl. Ulrich Claesges, Geschichte des Selbstbewusstseins. *Der Ursprung des spekulativen Problems in Fichtes Wissenschaftslehre von 1794-95,* Den Haag: Martinus Nijhoff, 1974, S. 2.

② Vgl. Ulrich Claesges, *Geschichte des Selbstbewusstseins. Der Ursprung des spekulativen Problems in Fichtes Wissenschaftslehre von 1794-95*, Den Haag: Martinus Nijhoff, 1974, S. 12. „Geschichte des Selbstbewußtseins ist Transzendentalphilosophie.“

的历史……①

随后谢林进一步地详细阐释“自我意识的历史”的意涵：

……一种诸多直观的层层递进，由此自我得以将自身提升为更高级的潜能阶次中的意识……②

谢林对“自我意识的历史”的理解恰恰与德语中“历史”（Geschichte）这个词的词源学构成不谋而合：历史就是已经发生的事件（Geschehnis）的层层累积（schichten）。③“自我意识的历史”说的无非是主体性逐步形成不断丰富自身，从前意识中晦暗不明的先验自我一步步落实为经验意识中的认知主体的发展进程。而这恰恰构成了自康德《纯粹理性批判》以来的先验哲学的核心问题。研究“自我意识的历史”，无非是要去研究先验自我是如何“落实自身”（sich realisieren）并成为经验中的“存在者”（das Seiende）或那个“是其所是”（das, was ist）的东西的。而本研究所试图呈现的，也正是德国古典哲学语境下对这一主题的体系化研究。

同时，本研究也试图关注“历史”一词的本来含义所传达出哲学史层面的立场：“自我意识的历史”意在强调突破“从康德到黑格尔”的哲学史研究范式的成见，紧紧围绕自我意识与主体性问题，勾连出一条贯穿整个德国唯心论哲学发展历史的线索，通过呈现费希特、荷尔德林与谢林等人对这个问题的不

---

① F. W. J. Schelling, *System des transzendentalen Idealismus*, hrsg. v. H. D. Brandt u. P. Müller, Hamburg: Felix Meiner, 2000, S. 5. „Das Mittel übrigens, wodurch der Verfasser seinen Zweck, den Idealismus in der ganzen Ausdehnung darzustellen, zu erreichen versucht hat, ist, daß alle Teile der Philosophie als *das, was sie ist*, nämlich als *fortgehende Geschichte des Selbstbewußtseins*… vorgetragen hat. “

② Ibid. „…eine Stufenfolge von Anschauungen ist, durch welche das Ich bis zum Bewußtsein in der höchsten Potenz sich erhebt… “

③ 笔者对此的理解完全来自先刚教授的提醒，特此致谢。

断发展演进的思考，持续深入主体性问题的深层，挖掘并展现出主体性理论的存在论根基，并反过来提供一条与“从康德到黑格尔”大不一样的哲学史研究线索。

正如前文所言，由于黑格尔主义哲学史书写方式的影响，在康德的《纯粹理性批判》出版之后的18世纪90年代，以费希特、荷尔德林与谢林为代表的先验哲学家们关于先验哲学基本立场的交锋以及关于先验唯心论作为一种严格的哲学科学构想的争论往往被彻底淹没在黑格尔以后的哲学争论里，而在哲学史中难觅踪影。这些体系交锋对于先验唯心论哲学体系在19世纪初走向成熟的重要预备作用也往往难以得到重视。本章节即意在重构在1794年至1798年间费希特、荷尔德林与谢林共有的先验哲学构想。本章节的第一部分着重于揭示费希特1794—1795版《知识学》中绝对自我理论的结构性困难；第二部分则着力于早期荷尔德林对费希特的批评以及对先验哲学最高本原的绝对存在的论述，指出荷尔德林试图纠正早期费希特的先验哲学，并从早期费希特的立场出发走向了“先验存在论”；最后，本章第三部分会试图重构费希特在耶拿后期发展出的改进版本的理智直观（自我意识结构）学说，并将其视为对荷尔德林批评的回应。通过严格的历史—体系文本分析，本章意在展示出早期费希特与荷尔德林基本的先验哲学立场之间的内在同构性，并揭示先验哲学的核心立场：将思维—存在统一体建立为哲学的最高本原，为意识实在性奠定终极根据。

第一节 重审费希特的基础性自我意识理论的困难（1794—1795）

费希特于1794—1795年发表的《全部知识学的基础》(以下简称《知识学》)一直被视为德国唯心论运动中的里程碑。在莱茵霍尔德的影响下，费希特的理论兴趣着重于寻找我们的意识事实（Faktum des Bewußtseins）的绝对根基。①

费希特的问题意识来自当时的怀疑论哲学家舒尔策（G. Schulze）对康德以及莱茵霍尔德（K. Reinhold）的批判哲学的质疑：以莱茵霍尔德为代表的一批康德哲学的拥趸对康德批判哲学中完全限制于感性材料范围内的“知识”结构并不满意，从而试图去寻找某种更为直接的“原理”（Grundsatz）。莱茵霍尔德将“原理”进一步界定为“意识命题”（Satz des Bewußtseins），即在表象中，主体与客体能够被区分；同时，通过表象，主体能够将主体与客体联结起来。舒尔策则质疑莱茵霍尔德的方案并不直接。因为通过“意识事实”的表述，当主体与客体在表象中被区分与联结时，那个作为活动者而不是活动对象的主体已经被先在地预设了。②

在1793—1794年间写作的针对舒尔策的反驳中，费希特坚决捍卫了莱茵霍尔德的理论洞见，即知识必然有直接性的基础，这种直接性将同时为我们的知识乃至整个哲学奠基。但费希特仍然部分认同舒尔策对于莱茵霍尔德方案论证细节的批评，即意识事实不应当是一个同一的、单维度的平面的结构，而应当在综合活动之前已经存在区分。在发表于1794—1795年的首部（也是费希特生前唯一一部）专门理论哲学著作《知识学》中，费希特将这一洞见进一步发展为一套自我设定的意识理论。

费希特在《知识学》的前三节中发展出了一套形式自洽的意识命题体系。费希特的推证过程由如下四个步骤组成。

1. 费希特从不容置疑的绝对同一性命题“A=A”出发，将其从直言形式

① 莱茵霍尔德从康德的体系出发，试图进一步寻找在康德那里缺位的意识活动的最终根基。莱茵霍尔德将他的相关理论表述为“意识命题”（Satz des Bewußtseins），即“在意识中表象经由主体与主体和对象相区分并与两者相联结。”莱茵霍尔德这一基于“表象能力”（Vorstellungsvermögen）的命题对费希特与谢林影响深远。参见 K. L. Reinhold, *Beiträge zur Berichtigung bisheriger Mißverständnisse der Philosophen. Erster Band, das Fundament der Elementarphilosophie betreffend*, hrsg. v. Faustino Fabbianelli. Hamburg: Felix Meiner, 2003, S. 113。

② Cf. Günter Zöller, *Fichte's Transcendental Philosophy. The Original Duplicity of Intelligence and Will, Cambridge*: Cambridge University Press, 1998, p. 46.

转化为假言形式“如果A存在，那么A存在”；这个假言命题中的逻辑关联被表述为逻辑联结X，由于同一性命题本身是绝对且无条件的，因而逻辑联结X也是绝对且无条件的，即命题（判断）的绝对形式。

2. 所有经验意识中的人类心灵活动都只能通过判断的形式被表述出来，因而作为判断的绝对形式的逻辑联结X不仅是绝对的，更是事实性的；此外，逻辑联结X的无条件属性与事实属性都只能在认知主体“自我”的范围内被确认。逻辑联结X由此被带入到“自我”之中，而因为逻辑联结X本身是一个绝对的关联，因而“逻辑联结X是被绝对设定的”这一表述就可以被等价转换为“逻辑联结X是由‘自我’设定的”。

3. 逻辑联结X本身指涉了绝对同一性，因而绝对同一性“A=A”就是被“自我”设定的。此处的同一性命题中的逻辑算子A的语义含义是“具备同一性的某物”，而由于命题本身在“自我”之中，因而“A”的语义内容也限制在“自我”之中，此时的“自我”之中仅有的语义内容便是“自我”本身；

4. 所以，绝对同一性便被转述为“我是我”（Ich bin Ich）或者其相应的假言形式“如果我存在，那么我存在”。进一步说，考虑到逻辑联结X不仅是绝对的，更是事实性的，因而命题“我是我”也具备着相应的事实性。而在认知主体中能够被找到的唯一的事实性便只有“我存在”（Ich bin），就此，费希特论证了我们的意识的实在性根据。①

按照费希特的论证，我们可以通过分析对“A = A”这一基本逻辑同一律命题的思考过程，得出“我是我”以及“我存在”（Ich bin），从而确定了主体性本原，即所谓“绝对自我”（absolutes Ich）。这一思考过程被费希特命名为“设定”（setzen），即无须更多辩护与解释便直接确定知识的基础之过程。② 费希特同时指出，设定过程本身可以被理解为一种“活动”（Tätigkeit），一种对自我的原初活动的量的刻画：

① Fichte, *SW*: I, 93-94.

② Cf. Günter Zöller, *Fichte's Transcendental Philosophy. The Original Duplicity of Intelligence and Will*, Cambridge: Cambridge University Press, 1998, pp. 45-46.

> 因而经由自我自身对自我的设定是设定自身的纯粹活动（reine Tätigkeit）……自我存在（Das Ich ist），自我凭借其单纯的存在（bloßes Seyn）设定其自身的存在。①

原理“我存在”联结了一个不容置疑的，为我们的知识提供了不可动摇的基础的事实性（Sachhaltigkeit）。费希特在《知识学》的前三节所达成的只是一个绝对事实性，但事实性与实在性（Realität）之间的张力仍然没有被消除。事实性是一种模态状态，仅仅承认存在的可能性；而实在性则意味着一种“已然存在”（Gewesen-sein）。没有实在性的事实性就是完全空洞且无法蕴含任何内容的。目前我们能够掌握的只有一个具备同一性的主体，一个没有任何对应的对象的孤立的主体，因而甚至都不能被称为是一个认知主体。如此这般的一个封闭的主体根本不能去把握对象世界。我们需要的是一个动态结构，能够将这个主体向外部世界开放。但仅仅凭靠自我设定建构起直接的主体性本原仍然是空疏的，远不足以回应舒尔策的疑难。费希特必须要同步地建立起一套直接的对象性基础（Grundlage der Objektivität），才能解释为什么主体对于对象的操作活动也是直接的。

正如前文所言，将主体朝着世界开放的动力学机制（Dynamik）立足于思维的活动（Tätigkeit）；因此，活动无论如何都不应该只在一种片面的实践哲学的层面上被把握。相反地，这种奠基性的思维的活动就是一种原初的“本原行动”（die ursprüngliche Tathandlung）。只有当主体“自我”有了逻辑意义上的对象，如此这般的动态结构才是可能的，但是对象又如何才能被引入这个体系之中呢？必须要通过一座桥梁或者是一块跳板才能使得对象性的思维活动成为可能。这就引入了《知识学》中最困难也是最有争议的概念：“非我”（Nicht-Ich）。

类似于第 1 节中的论证，在第 2 节中费希特通过分析对于“-A ≠ A”这

---

① Fichte, *SW*: I, 96.

一基本逻辑矛盾律命题的思考，引入了“非我”的概念。非我经由自我对立设定（entgegensetzen）而产生，因而非我实际上仅仅只是一种负值的活动。费希特这样界定非我的任务：

> 但现在自我只能而且必须将一个 X 安置于表象的对象之中，在其中这个 X 是以一个将要表象者（ein Vorzustellendes）而不是以表象者（das Vorstellende）的身份被发现的。①

很明显，非我使得对知识的可能对象的建构成为可能。费希特大胆而明确地指出，对象之为对象只在于它是可表象的，而对象的表象只是一个 X，即纯粹的活动，或者更明确地说，是由自我设定出并安置于对象内的非我。经由非我的存在，我们可以发现并建构起对象的概念。也就是说，自我概念如果要避免变得空疏，那么只能通过在设定自身（生成活动）的同时，在对象那里同步设定非我（生成负值活动）才能保证自我概念的内容（即对象世界）是可能的。这里无论如何要强调的是，活动概念只是一种模态的可能性，当自我实际地开始把握对象世界时，绝对设定活动的活动与对立设定活动的负值活动会相互抵消，从而形成现实的知识。

虽然“非我”概念早在《知识学》的前三节就已经被引入，但是前三节中对它的讨论并不充分。根据费希特的论证，自我作为认知主体必须要与一个能够与认知主体本身相区分的对象相联结。然而，作为绝对者与纯粹主体性的行规定的自我，或者可以等价表述为自我意识的本质，并不必然地就包含这样一种对象性的联结。在作为绝对者与无条件者的本原自我与认知对象之间还有一个被规定的、有限的、有条件的自我，要想解释如此这般被规定的、有限的、有条件的自我能够与多种多样的对象之间的联结何以可能，必须还要进一步发展一个主体性的动力学机制。

---

① Fichte, *SW*: I, 105.

根据批判哲学的基本立场，对象本身是不能独立出现的，而是一定要被主体构造出来的。因此，对象以及其与认知主体之间的联结，都需要被纯粹的主体性——绝对自我建构出来，而这正是非我概念被引入的原因所在：绝对自我必须要包含一个能够与自身相区分的某物的概念，但这个概念又不能来自外部世界（否则绝对自我就不再是绝对的），因此这个概念只能通过绝对自我的一种特殊的活动——“对立设定活动”而被建立起来。① 同时，有限自我与非我之间的联结也被绝对自我建构为一种“活动的因果关系”（Kausal-Verhältnis der Tätigkeit）。②

然而，《知识学》前三节中的非我概念仍然缺乏进一步的规定性。③ 通过“对立设定”，原初绝对自我已经将自身切割成了两个不同的部分：有限自我与非我。但是在前三节中，除了一个非常困难的“因果关系”概念之外，我们并不能找到任何费希特曾尝试构建自我的统一体（Einheit）的文本证据。而这恰恰构成了《知识学》第 5 节的主题。正如费希特在《知识学》第 5 节开头所说的：

> 自我将自身设定为规定着非我的东西……因为自我也是行表象的自我、或者说是一种理智，所以如此这般的自我仍然等同于一种服从必然法则的表象能力；但也正因此，这样的自我绝不等同于那个完全被自身设定的绝对自我。④

① Vgl. Fichte, *SW*: I, 104.

② Vgl. Fichte, *SW*: I, 142.

③ 先刚教授在他最新的一份研究中认为，费希特在其哲学的起步阶段并没有建立起关于“绝对自我”的学说。他认为，费希特的“绝对自我”仅仅是为了将自我作为哲学的最高原则落实下来的权宜产物，而在《知识学》中，费希特并没有揭示出绝对自我与有限自我的真正区分。笔者基本同意先刚教授的判断，但笔者在如下的论证中要指出，费希特的“绝对自我”与“相对自我”的区分，正是使得自我能够成为实在性的最终根据的前提条件。尽管费希特在《知识学》中的“绝对自我”理论存在着严重的困难，但这一基本设定是必须要保留的。参见先刚：《试析早期谢林与费希特“绝对自我”观的差异》，《云南大学学报（社会科学版）》2019 年第 4 期。

④ Fichte, *SW*: I, 248.

《知识学》的第 5 节的标题“实践科学的基础”[①] 颇值得玩味，但将这个标题解读为一种“实践哲学的优先性”则完全就是一种误读。[②] 根据德国学者亨利希的一项历史研究，《知识学》的第 5 节是在 1794 年前三节发表九个月后的 1795 年才完成的。[③] 因此，与其说第 5 节是前三节的延续，不如说第 5 节更像是一个追寻自我意识的根基的全新哲学规划。根据上述引文，《知识学》第 5 节致力于将自我意识的两个层面与三个部分的复杂结构（即行规定的绝对自我在一个层面，被规定的有限自我与被对立设定的非我在另一个层面）塑造为一个单一体（Eins）。在第 5 节中，费希特重新在自我的自我现实化（Selbstverwirklichung）语境下考察了“非我”的概念。费希特将在实际认知中受限制的、有限的自我称为“理智”（Intelligenz）。理智并不同于第 1 节中的绝对自我，理智需要意指外在的对象，因而受制于“非我”的规定，因为只有“非我”才使得对象成为可能：

> 作为理智的自我，与那被设定好的阻碍（postulierter Anstoß）所赋予的非我，处于因果关系（Kausal-Verhältnisse）中。[④]

费希特再进一步重新解释了“活动的因果关系”的交互规定性：

> ……因果关系就在于，通过在一个方面上活动的限制，或者通过在一个方面上一定量的受动（Leiden），一个与被扬弃的活动等量的活动，依据交互规定的法则，会被设定到对立于它被设定的东西里去。[⑤]

---

① Fichte, *SW*: I, 247.

② 一个典型的误读案例可以参见 Karl Ameriks, *Kant and the Fate of Autonomy: Problems in the Appropriation of the Critical Philosophy, Cambridge*: Cambridge University Press, 2010, p. 163。

③ Cf. Dieter Henrich, *Between Kant and Hegel. Lectures on German Idealism*, ed. D. S. Pacini, New Heaven: Harvard University Press, 2008, p. 208.

④ Fichte, *SW*: I, 250.

⑤ Ibid.

所谓因果关系，即是对我们先前讨论过的正负值活动相抵消的过程，即现实的知识的形成过程。因果关系则确保了绝对自我与非我所包含的活动永远是等量可抵消的，从而使得现实的认知始终可能。因而，实际上“非我”概念所扮演的角色，是一个使得空疏的绝对主体性本原得以落实到现实世界中去的间接步骤（Umweg）。德国费希特学者谢弗（Rainer Schäfer）就指出了这点：

> 实践自我行中介的例示（vermittelnde Instanz）在两种互斥的活动指向（Tätigkeitsrichtung）——“进入自身”（in sich gehend）与“走出自身”（außer sich gehend）中——得到显明。①

非我只是从绝对自我到理智自我的曲折路程中的某种“阻碍—触发”（Anstoß）②机制。因为非我由绝对自我所对立设定，所以经由自我规定的“触发”过程中，理智自我必然地重新经历了绝对自我，从而实际上完成了一次自反式设定。因而，经过“非我”的自我规定，绝对自我与实际的理智之间的鸿沟得以打通，自我与世界的联结也得以建立，知识也从而得以现实化：

> 只要自我被设定，所有的实在性（Realität）就都被设定；在自我之中一切就应当被设定；自我应当绝对的独立，而一切则应当依存于它。③

费希特此处所说的活动的因果关系强调了一种活动本身的“量化平衡”：在有限自我将要开始对外在世界的设定活动之前，必须要有等量的否定性的活动被设定在非我之内。考虑到非我是纯然被动性与接受性的，因此非我之内被

① Rainer Schäfer, *Johann Gottlieb Fichtes ›Grundlage der gesamten Wissenschaftslehre‹ von 1794*, Darmstadt: Wissenschaftliche Buchgesellschaft, 2006, S. 194.

② Anstoß 同时具有阻碍与触发的含义，费希特有意在这个双重含义上使用这个词来刻画非我对于活动的否定性作用机制。

③ Fichte, *SW*: I, 261.

设定的否定性的活动只能来自于绝对自我。以下就是刻画这种动态结构的一种方式。

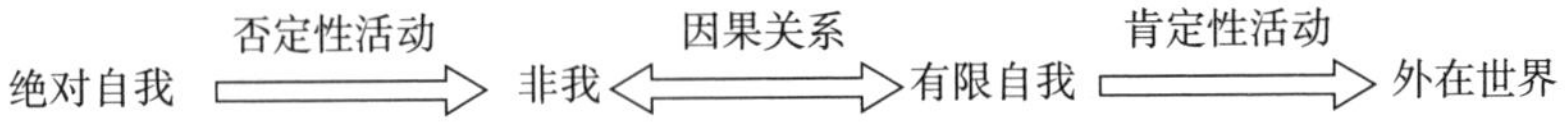

费希特将这种活动从绝对自我朝向外在世界的转移过程刻画为绝对自我的“努力”（Streben）。[1] 自我的“努力”是主体性的基本倾向与能力，是上图所示的动态结构的动力之源，在《知识学》第 5 节的哲学规划中占据核心位置。由于否定性活动总是对立于被设定在有限自我之中的肯定性活动，被绝对自我对立设定在非我之中，活动的平衡才能始终被维持住，而这个过程中没有任何外在的规定性被引入。但是在非我之内被设定的“否定性活动”到底意味着什么呢？或者说，这一活动本身究竟何以可能？德国学者克洛茨（Christian Klotz）指出，这种否定性活动是自我取消其自我设定活动所受到的限制的前提条件，并且在自我与外在的实在性之间建立起联结（肯定性活动）。[2]

如同前文所说，非我的功能实际上是自我与世界之间的一个“间接路径”（*detour*），费希特在《知识学》第 4 节将其表述为“阻碍—触发”（Anstoß）。因此，正如德国费希特学者施托尔岑贝格（Jürgen Stolzenberg）所指出的，只有当绝对自我被理解为一个努力的自我，也即是说在自我与世界之间建立起必然的联结时，使得自我抓住世界的非我的中介作用才是可能的。[3] 因此，一个努力的实践自我意识被费希特在《知识学》中奠定为最高本原，表达了一种非

---

① 费希特的“努力”（Streben）概念与斯宾诺莎在《伦理学》中使用的用来勾连人类精神与绝对实体的“努力”（*conatus*）概念是完全一致的。这一点可以展开相当的理论空间，笔者将另行撰文探讨。

② Vgl. Christian Klotz, *Selbstbewußtsein und praktische Identität. Eine Untersuchung über Fichtes Wissenschaftslehre nova methodo,* Frankfurt am Main: Vittorio Klostermann, 2002, S. 65-92.

③ Vgl. Jürgen Stolzenberg, „Fichtes Begriff des praktischen Selbstbewußtseins.“ In: W. Hogrebe (hrsg.), *Fichtes Wissenschaftslehre 1794. Philosophische Resonanzen,* Frankfurt am Main: Suhrkamp, 1995, S. 93-95.

对象性的（nicht-gegenständlich）、述行性的（performativ）① 自我意识与对象性的自我意识之间的统一性。由绝对自我—非我—理智的复杂架构所要凸显的恰恰是一种灵活的模态可能性，使得自我能够把内在的直接性转换为面向世界的开放性，并能充分调用活动的潜能来拓展对于外在世界的认识。这样，《知识学》前三节中的困难最终才得以解决。

如上文所示，费希特对我们意识即思维活动之根基的追寻最终落在了基础性实践自我意识理论之上。如此这般的基础性实践自我意识不仅能够回应怀疑论的挑战，也能够建立起人类知识的根基。康德以来的批判哲学的目标似乎就此实现。但正如克洛茨所指出的，费希特实践自我意识理论的实在性根据是很脆弱的，因为费希特的自我概念并不具备任何康德哲学意义上作为单纯接受性的感性层面。自我意识的实践活动（努力）仍然是主体性的。

而一旦我们将前文并未处理的《知识学》第 4 节给出的另一种模式的主体性理论与上文已经讨论的第 5 节中的“原实践自我意识”相比较时，问题就变得更加复杂起来：

> 如果没有自我的无限性——如果没有自我的一个绝对的、走向无限制的与无法被限制的东西的生成能力，表象的可能性就根本不会得到解释。②

从这段引文我们可以很清晰地看出，费希特在这里将自我意识的根基回溯到“自我的无限性”或“绝对生成能力”之上，而不是一个实践的、述行性

① “述行性的”刻画了一种自我意识的结构模式，在这种模式下主体试图以一种现实活动的方式去构造对象，因而如此这般的主体与对象之间的关系并不是认知意义上的“对象性的”。笔者对这一术语的理解得益于德国哈勒大学哲学系高级讲师斯特凡·朗（PD. Dr. Stefan Lang），特此感谢。关于朗对费希特自我意识理论的述行性解读，参见 Stefan Lang, „Fichtes Programm einer Geschichte performativen Selbstbewusstseins.“ In: C. Danz u. J. Stolzenberg (hrsg.), *System der Vernunft – Kant und der deutsche Idealismus*, Hamburg: Felix Meiner, 2011。

② Fichte, *SW*: I, 218.

的主体性之上。德国学者君特·措勒（Günter Zöller）在他关于费希特《知识学》的研究中就指出，绝对生成能力同时有着“原初认知与原初实践的意涵”。（Zöller 1998, 51）而更值得注意的是，“阻碍—触发”活动在启动了一个“努力”进程的同时也启动了一个回溯（in-sich-Zurückgehen）进程。每当否定性活动被对立设定在非我中，发起肯定性设定活动的有限自我同时也要经历一个回溯到绝对性规定自我的进程。只有在绝对性规定（生成性）自我的层面上，自我意识的统一性才能够被实现，也即是说，所有朝向外部世界的努力总是同时伴随着一个回溯到绝对主体性的活动。

然而，这种激进的阅读策略仍然存在着风险：即便是自我回溯进程也不能给基础性自我意识带来实在性。费希特在纯粹思维活动中消除来自外界的实在性这一点上是极度严格的，而这不可避免地导致主体性被“形式化”了。费希特在《知识学》中从未明确阐述观念性与实在性的原初统一性。缺乏原初统一性作为自我意识的前提，基础性自我意识就始终被割裂在理论哲学与实践哲学两个领域。这一冲突只能通过构建观念性与实在性的原初统一性才能被消除。①

如上文所言，费希特对1795年版本的《知识学》中出现的问题极不满意，特别是随着1796年费希特开始着手写作单独的《以知识学为本原的伦理学体系》之后，重新修改甚至是重写原先版本的《知识学》就成为费希特的首要任务。在费希特看来，这个新版本的《知识学》应当消除1795年版本中的含糊，建立起更严格的自我意识论题体系。在随后的内容中，我们将首先考察同时代的唯心论哲学家荷尔德林与谢林对早期费希特立场的批评以及他们各自从费希特体系中各自发展出的“先验存在论”思想；最后我们会回到费希特，着力分析耶拿后期的费希特是如何实现对自我意识论题的结构性突破的。

① “观念性”（Idealität）与“实在性”（Realität）是德国唯心论传统中的一组核心概念。观念性即一种概念化的把握能力，或者用莱茵霍尔德的术语来表达，是一种“表象能力”（Vorstellungsvermögen）；而实在性则用来刻画被观念性把握的东西，即一种单纯的“存在着的东西”（das Seiende），或者说，那个“是其所是之物”（das, was ist）。

第二节　荷尔德林的费希特批评（1795）

作为谢林与黑格尔在图宾根新教神学院的同窗好友，荷尔德林是图宾根“三杰”中第一个接触到费希特自我意识理论并将其传播给谢林与黑格尔的。因此，如果我们想要好好理解早期谢林先验哲学的理论背景，我们就必须首先理解荷尔德林对费希特自我意识理论的批评与阐发。尽管笔者不像某些学者（比如亨利希与魏贝尔）那样强调甚至夸大荷尔德林在早期德国唯心论哲学发展中的作用（事实上，荷尔德林的影响仅仅体现在黑格尔与谢林这两位好友身上），但笔者仍然认为，考察荷尔德林的费希特批评作为早期谢林哲学的“预备导论”，仍然具有非常重要的理论意义。

本部分试图从荷尔德林于1795年写就的两份早期文本《耶拿信件》与《判断与存在》（*Urtheil und Seyn*）出发，重构荷尔德林对费希特的批评。重构论证将主要分为三步：首先，通过对荷尔德林《耶拿信件》中的论证进行严格的文本分析，笔者试图指出，尽管荷尔德林将费希特的“绝对自我”等同于斯宾诺莎意义上的实体的理解并不准确，但这种理解确确实实地揭示出了费希特理论的基础设定中的一些核心困难；接下来，笔者将试图为费希特在《全部知识学的基础》中的立场做出辩护，并指出，在《知识学》的第1节中其实同步存在着两套彼此平行的主体性模式，即一种“类主体—客体统一体”模式，以及一种“绝对主体性”模式；接着，笔者将进一步指出，荷尔德林对费希特的批评仅对第一种模式有效，但费希特的第二种主体性模式却可以回避荷尔德林的攻击。事实上，费希特与荷尔德林都试图在哲学理论的最基础层面上规避独断论的风险：费希特拒绝从实体化的角度去理解自我意识，而是诉诸一种基于“活动”（Tätigkeit）概念的绝对主体性来为理论奠基；荷尔德林则深耕于自我意识的结构问题，并将其拓展为一种存在论化的结构性存在（Seyn）。最后，笔者将专注于荷尔德林在《判断与存在》一文中的绝对存在理论。荷尔德林以截然不同于费希特的方式将自我意识的结构刻画为一种“无间”（distanzlos）

的本原统一体，而这种统一体又建基于主体与对象之间存在论意义上或是实在意义上的分隔。荷尔德林所揭示出的这种自我意识的动态模式是与费希特所主张的基于存在的静态结构的自我意识模式完全不同的。因此，荷尔德林事实上从原初实在性的层面去解读自我意识的结构，而这为我们理解早期德国古典哲学对自我意识问题的思考提供了一个全新的维度。

一、荷尔德林在《耶拿书信》中对费希特绝对自我理论的批评

从文本学的角度来说，荷尔德林的早期费希特批评散见于各个孤立的文本而不成体系。目前有据可查的第一份相关文本是荷尔德林于 1795 年 1 月 26 日从耶拿写给黑格尔的一封信件。写下这封信时荷尔德林刚刚参加完费希特在耶拿刚刚发布的《知识学》的系列讲座。在这封信中，荷尔德林将《知识学》第 1 节中的绝对自我理论理解为一种斯宾诺莎式的实体学说，并因此将费希特的哲学立场定性为独断论式的。显然，荷尔德林的批评太过极端，而这与对费希特先验哲学的常规解读更是大相径庭。因此，本节的首要任务便是澄清荷尔德林在此的基本立场与其论证策略。只有这样，我们才能够比较并评判，荷尔德林的批评是否成立。

《耶拿信件》中的费希特批评见于如下段落：

> 他（费希特）想要在理论中挣脱意识的事实。他的许多陈述都表达了这一点，相较于迄今为止的形而上学家们试图挣脱世界的实存的立场而言，费希特的立场无疑更进一步。他的绝对自我（等于斯宾诺莎的实体）包含了全部的实在性。①

---

① Hölderlin, *SW*: 6, 1, 154-156. 本文中所引用的荷尔德林文本基于大斯图加特版《荷尔德林著作集》(*Stuttgarter Hölderlin-Ausgabe*)，著作集名称斜体缩写 SW 后依次附上卷次、册次、页码。如无特别说明，引文均由笔者翻译。Vgl. F. Hölderlin, *Sämtliche Werke. Grosse Stuttgarter Ausgabe,* hrsg. v. Friedrich Beissner, 8 Bde, Stuttgart: W. Kohlhammer, 1946ff.

这段引文清晰地展示出，根据荷尔德林的理解，费希特先验哲学的理论目的在于超越莱茵霍尔德式的“意识事实”（*Factum des Bewußtseins*）的边界，并去寻找“一切人类知识的绝对首要的、绝对无条件的原理。”① 一个值得注意的历史事实是，荷尔德林在写作这封书信的时候还不可能阅读到直至 1795 年秋天才出版的《全部知识学的基础》的第 5 节。那么，荷尔德林在写作这封信的时候还不了解费希特在《知识学》第 5 节中发展出的基础性实践自我意识理论，因此，当荷尔德林在批评费希特《知识学》第 1 节中的“绝对自我”概念的时候，他没有任何将问题引向实践自我意识的意图。②

但是，荷尔德林马上就补充道，相较于早期近代的形而上学家们探寻世界的基本本质或实体的努力而言，费希特的哲学野心“无疑更进一步”（*auffallender transcendent*）。荷尔德林意在强调：费希特的哲学方案是早期近代形而上学的一个发展变体，更确切地说，就是斯宾诺莎实体理论的发展变体。荷尔德林将费希特的“绝对自我”理解为斯宾诺莎的实体，“包含了全部的实在性”。那么，荷尔德林在这里所说的“实在性”又意味着什么呢？为此我们必须先行做出考察。

在康德以后的早期德国唯心论哲学发展中，不同哲学家对于“实在性”概念的理解都不可避免地受到康德本人用法的影响。在《纯粹理性批判》中，康德这样定义“实在性”：

> 实在性在纯粹知性概念中是和一般感受相应的东西；因而这种东西的概念自在地本身表明某种（时间中的）存在。③

---

① Fichte, *SW*: I, 91.

② 德国学者魏贝尔（Violetta Waibel）在她关于荷尔德林与费希特思想关系的研究中指出了这一非常重要的历史事实。参见 Violetta L. Waibel, *Hölderlin und Fichte. 1794-1800*, Paderborn: Ferdinand Schöningh, 2000, S. 20-26。

③ Kant, *KrV*: B182.

康德对“实在性”的定义包含了三个维度的意涵：“事实性”(Sachhaltigkeit)、“现实性”（Wirklichkeit）与“存在”（Seyn）。① 作为“事实性”，实在性始终是出现于感受中的“某物”（Etwas），换言之，一种受到经验限制的实存；作为“现实性”，实在性始终是当下在场的，因此是能被以认知方式把握到的；最后，作为“存在”，实在性是肯定性的（positiv），换言之，我们不能在一个否定性的意义上（比如“虚无”）讨论实在性。因此，当荷尔德林指出费希特的绝对自我“包含了一切实在性”的时候，他是在说，绝对自我完全是外斥一切事物的：在绝对自我之外根本什么都没有！至此，我们把握到了荷尔德林的批评中最重要的理论前提：

> 绝对自我就是一切，在绝对自我之外什么都没有……自我（没有）任何对象，否则自我之中就不会有全部的实在性。②

荷尔德林借此试图建立起绝对自我之内的“无区分性”（Unverschieden-barkeit)。荷尔德林使用“对象”(Objekt）这一表述本身就已经预设了主体与对象之间先在的区分。由于绝对自我已经包含了全部的实在性，而绝对自我之外又什么都没有，因此“内”与“外”的界限已经不复存在。那个被费希特设定为用来挣脱“意识事实”的绝对自我，现在也不可能有任何对象了。进一步说，超越于意识事实的绝对自我只能成为一种不同于普通意识的“自我意识”(Selbstbewußtsein)。按照同样的论证逻辑，如此这般的自我意识仅仅是绝对的先验主体性的一个“文字表达”，因而同样是空洞的且不能拥有任何对象。这里的自我意识甚至都没有任何内在结构，否则绝对的先验主体性就会失去它的事实性维度，从而不再能“包含一切实在性”。荷尔德林如此解释这里的难点：

---

① 这三个维度的区分首见于魏贝尔的研究，参见 Violetta L. Waibel, *Hölderlin und Fichte. 1794-1800*, Paderborn: Ferdinand Schöningh, 2000, S. 33。

② Hölderlin, *SW*: 6, 1, 155.

> 一个没有对象的意识是不可被设想的，当我本身就是对象的时候，我就必然地受到了限制，但我又绝不能仅仅存在于时间之中，因为如果那样我就不再是绝对的。①

意识只有在关联于一个对象的时候才是可能的，因为意识始终是对象性的，换言之，意识始终是关于不同于我的“某物”的意识。这种对象性联结要求意识必须具备一种“主体—客体”的模式。而一旦我们在荷尔德林所说的自我意识上也应用这种“主体—客体”模式的话，就会出现一个结构性困难。一方面，一种对象性的自我意识必须首先要拥有一个对象，这就意味着必须要在先验主体性之内先行预设好主体与对象之间的区分。这样一来，自我意识的两个层面就都变成有限的且是受到限制的，这与绝对自我作为无限性（Unendlichkeit）与总体性（Totalität）的地位相矛盾；另一方面，如同荷尔德林所指认的那样，绝对自我等同于斯宾诺莎的实体，而如此这般的包含了全部实在性的绝对自我是根本不能拥有任何对象的，也不能在其中预先设定任何对象性联结（区分）。这样一来，绝对自我就变成了一个完全空洞且荒谬的存在：它被要求包含全部的实在性，但它甚至不能抓住任何一个具体的实在东西。一言以蔽之，如此这般的绝对自我是不能证成（rechtfertigen）自我意识的。②正如荷尔德林所言：

> 因此，绝对自我之中没有任何可被设想到的意识，我作为绝对自我是没有任何意识的。因为我没有任何意识，因为我（对我自己来说）什么都

① Hölderlin, *SW*: 6, 1, 155.

② 亨利希在他里程碑式的研究中将荷尔德林的自我意识理论的论证重构为九个连贯步骤。在本部分，笔者采取了一种不同的重构方案，更加遵照荷尔德林本人的写作顺序所体现出的思路。但无论如何，笔者对这一问题的基本判断与亨利希是一致的：这里的绝对自我根本不能证成自我意识。参见 Dieter Henrich, *Der Grund im Bewußtsein. Untersuchungen zu Hölderlins Denken（1794-1795）*, Stuttgart: Klett-Cotta, 2004, S. 384-385。

不是，绝对自我因此（对我自己来说）什么都不是。①

一个值得注意的文本学事实：荷尔德林在这封书信中从来没有直接使用过“自我意识”（Selbstbewußtsein）这个字眼。那么随之而来的问题就是：我们在这里使用“自我意识”作为核心概念来重构荷尔德林的论证是否是合法的呢？答案必然是肯定的。因为在这里我们根本没有发展出任何自我意识理论！上文中反复出现的“自我意识”可以被弱化理解为一种单纯的自我联系（Selbstverhältnis），上述引文中的“对我自己来说”（für mich）已经暗示了这种自我联系。而批判哲学的一个基本信条就是，意识必须要能够生成知识，无论这个意识是基于对象性联结的还是基于自我联系的。这样一来，论证至今的初步结论就非常清晰明了：费希特的绝对自我并没有能够证成自我意识，因为甚至是作为“一个更弱版本的自我意识”的自我关系都不能在绝对自我之中被建立起来。当荷尔德林将费希特的绝对自我指认为斯宾诺莎的实体的时候，绝对自我就已经封闭了自身，不能设定任何内在于抑或外在于自身的联结。因此，绝对自我是一个孤立的“单子”，它不能承担起为一切知识奠基的功能。正如亨利希所言：

没有意识，我就无法关联于我自身。如果不以意识为前提，就不可能有任何关于我的知识。关于我的知识是与我关联的知识，因此就是一种特殊的意识，一种自我意识。②

以上便是对荷尔德林在《耶拿书信》里的论证策略的一个简要重构。荷尔德林通过将费希特的绝对自我解读为斯宾诺莎式的实体，批评费希特的绝对自我理论是空洞且自相矛盾的。但是，荷尔德林的批评从最开始就不是那么中其

① Hölderlin, *SW*: 6, 1, 155.

② Dieter Henrich, *Der Grund im Bewußtsein. Untersuchungen zu Hölderlins Denken (1794-1795)*, Stuttgart: Klett-Cotta, 2004, S. 385.

肯綮，因为费希特本人“显而易见地”(*auffallend*) 注意到了与斯宾诺莎的教条保持足够的距离。在《知识学》第 1 节的结尾，费希特这样陈述他与斯宾诺莎的区别：

> 在上述意义上超越了我们的命题而走远了的是斯宾诺莎。他并不否认经验意识的统一性，但他从根本上否认纯粹意识。在他看来，一个经验主体的一整个表象序列与那样一个纯粹主体的关系，就如同一个单一的表象与一个表象序列的关系一样。在他看来，自我（他称之为他的自我，或我称之为我的自我的那个东西）并不在绝对意义上存在着，不是因为自我存在，而是因为别的东西存在。——斯宾诺莎认为，自我诚然对于自我而言就是（那样一个）自我，但他这样问道：自我之外的东西又会是什么样的呢？如此这般一个“自我之外”的东西也同样地是一个自我，而被设定的自我（比如，我的自我）与所有可能被设定的自我都不过是这样一个自我的样态而已。斯宾诺莎区分了纯粹意识与经验意识。他将前者，即纯粹意识，定为上帝，这上帝永远意识不到自己，因为纯粹意识永远达不到意识；将后者，即经验意识，定位上帝的特殊样态。……我们在知识学里会再次遇到他的最高统一体；但不是作为某种存在着的东西，而是作为我们应当实现但不能够实现的东西。①

费希特认为，斯宾诺莎在绝对自我与经验自我之间做出了一个关键性区分，用斯宾诺莎自己的相应术语来说，区分为实体与样态。这一区分马上就带来了问题：当我们在讨论自我意识，或者说，一种意识到我自身的精神状态时，究竟谁才是这一精神状态的承载者呢？仍然是经验自我吗？还是说，是一个甚至异在于“我”的纯粹的主体？由于在纯粹意识（绝对自我）中没有任何被给定的对象，答案恐怕只能是前者，即经验自我才是自我意识的精神状态的

---

① Fichte, *SW*: I, 101.

承载者。这样一来，实体就成了“在我之外”的东西，而实体与样态的关系也变成了一种异在的关系。因此，费希特在这里对斯宾诺莎的批评和上文所述的荷尔德林对费希特的批评实际上是如出一辙的。①

费希特试图克服绝对自我与经验自我之间的裂隙的努力立足于一种“活动”（Tätigkeit），或者说一种“主体能动性”（subjective agency）之上。当他在批评斯宾诺莎时说到我们“应当实现”，他实际上是在诉求一种特定的“本原行动”（Tathandlung），而这正是他在《知识学》的第 1 节中反复强调的核心论点。在那里，本原行动“位于一切意识的根基并且独自使得一切意识成为可能”②。费希特因而得以建构起另一套主体性理论：以“活动”建立起主体性内部的自我联结结构，这完全可以抵御荷尔德林对“绝对自我”的批评。我们在下一节即将专门详细阐释费希特这一全新的作为自我联结的自我意识的动态结构。

二、费希特《知识学》第 1 节中的两种主体性模式

与前文中荷尔德林对于费希特的批评相呼应，费希特在《知识学》第 1 节中发展出了两套彼此平行的主体性理论模式：一种是一种准—主体—客体模式，伴随着基于绝对自我与它的事实性表达“我存在”（*Ich bin*）；另一种是一种绝对的主体性模式，基于“自关联存在”（*Für-sich-Sein*）以及它的相应表达“我是我”（Ich bin Ich）。本部分的任务在于检视这两种方案并论证：第一种方式仍然会陷于荷尔德林的批评，但另一种则可以揭露出一种本原性自我意识的可能性路径。

---

① 魏贝尔认为，早期费希特与荷尔德林的哲学立场非常相似。例如，两位哲学家都主张一种基础性实践自我意识理论作为解决绝对自我的可设想性与事实性维度之间的冲突的方式。但是，笔者的观点与魏贝尔完全相反：即便费希特与荷尔德林在反对独断论形而上学的立场上是一致的，但他们的哲学方案完全是互相平行的，而他们各自的基础主体性理论之间存在着本质上的结构差异。参见 Violetta L. Waibel, *Hölderlin und Fichte. 1794-1800*, Paderborn: Ferdinand Schöningh, 2000, S. 39-45。

② Fichte, *SW*: I, 91.

费希特的第一种主体性模式开始于那个似乎是自明的同一性“A = A”，这个同一性随后会被追溯到基础性命题（Grundsatz）“我存在”。但是《知识学》第 1 节开头所展示出的，从“A = A”经过“我是我”向“我存在”转变的运动绝不能被理解为一种简单的符号化代换，而必须被理解为一种“准—对象化”设定活动。[①] 而后一种阅读策略则侧重强调，由于绝对自我中没有任何被给定的对象，所以必须要在绝对自我的最初环节中整合进一种直接设定本质或者实在性的活动。否则，绝对自我就不会有任何可能对象因而就是空洞的，正如德国费希特研究专家克洛茨（Christian Klotz）说道：“对于费希特来说，同一性本原意味着一种在意识之中被设定为存在着的或者可能的对象的‘本质性’的概念”。[②]

在这种阅读策略下，“我存在”必须被联结于一种设定本质或实在性的活动。随之而来的问题便是：如此这般的活动的结构究竟是什么样的？费希特本人恰巧提供了答案，正好省去了我们重构的麻烦：

> 自我由自身所作的设定因此就是它自己的纯粹活动。——自我设定自我，而且是凭着这个单纯的经由自身设定而存在的；反过来说，自我存在着，而且凭着它的单纯存在，它得以设定它的存在。——它同时既是行动者，又是行动的产物；既是正在活动着的东西，又是被活动生成的东西；行动（Handlung）与事实（Tat）完全就是同一个东西，因此“我存在”

---

① 德国费希特研究专家施托尔岑贝格发展出了一套试图将“我存在”直接导向一种基础性实践自我意识的论证。但是，这一论证在费希特《知识学》的前 4 节中不能找到任何进一步的文本证据。施托尔岑贝格的论证要能成立，必须要从其他思想语境中进一步引入更多的理论资源（例如，主体际性理论），而 1794 年的费希特哲学并不包含新的理论资源。参见 Jürgen Stolzenberg, „Fichtes Begriff des praktischen Selbstbewußtseins.“ In: W. Hogrebe (hrsg.), *Fichtes Wissenschaftslehre 1794. Philosophische Resonanzen,* Frankfurt am Main: Suhrkamp, 1995, S. 86-88。

② Christian Klotz, “Fichte’s Explanation of the Dynamic Structure of Consciousness in the 1794-95 *Wissenschaftslehre*.” In: Günter Zöller (ed.), *The Cambridge Companion to Fichte*, Cambridge: Cambridge University Press, 2016, p. 69.

是本原行动的表达；也是从整个知识学中必然得出的唯一可能的表达。[①]

费希特在这段引文中的核心论点在于“自我通过它的单纯存在而设定它的存在”，这意味着设定实在性的活动是一种存在论宣称。正如绝对自我同时是“活动着的东西与活动的产物”所意指的那般，这种存在论宣称只有通过一种更进一步的自我构造才是可能的。但这里又出现了进一步的问题：

首先，每一个设定活动都是个体化的，因而是受限制的，那么无论是活动着的东西还是活动的产物都应该是个体化的而且是受限制的。因此，如果绝对自我试着去统握一切实在性，它事实上能把握到的只有一个个单一的实在性，而不能同时去统握一切实在性。这就导致了作为一切实在性的总体性的存在不能被设定。这里又出现了荷尔德林的批评：绝对自我没能构造出它自己的事实性内容。

其次，费希特混淆了在表象活动之前的“准—对象化”设定活动与以表象为载体的对象化设定活动。存在绝不能被当作是自我的对象（任何意义上的都不行!），因此，即便我们可以说存在某种意义上是被构造出来的，但这种存在的内部结构必须是严格地区分于任何一种对象化构造的。因此，经由设定实在性活动被构造出来的无非是绝对自我的一个被限制的“实际存在”（Daseyn），而根本不能满足上文所提出的存在论宣称。在表象活动之前的“准—对象化”设定活动是在本质上不同于任何一种表象化的设定活动的。前者要求一种全新的结构，而这种结构必然不是对象性的。

与第一种相反，费希特的第二种主体性模式建基于命题“我是我”（*Ich bin Ich*）。表面上看，在这个命题中我们能够发现的除了一种单纯的同一性的逻辑形式，还有一种自我联结的结构，即所谓的“自关联存在”（*Für-sich-Sein*）。正如亨利希恰如其分地指出的那样：

在《知识学》的第 1 节中，费希特想要揭示出，这一节所表达出的那

① Fichte, *SW*: I, 96.

个统一体并不是主体与对象的统一体。它毋宁说是一种存在的统一体，就是我的统一体，它的存在不能被进一步推证。存在伴随着一个无对象的因而是绝对的活动，这个活动同时联结了存在自身，知晓自身，将自身领会为存在，并且在活动的存在中理解自身。①

正如亨利希指出的，这种自我关联的结构根本不是一种单纯的形式同一性，而是设定活动（Setzen）与存在（Seyn）之间的同一性。设定活动自身就是一个自我联结，因此就是结构化的存在。所以，作为结构化的存在的设定活动就已经是存在本身，因为存在只有通过生成自己的结构才会成为可能。如此这般的自我联结的结构必须是在一个拓扑的意义上自我关联，而不能是在对象性的意义上自我关联。

在建立起存在的结构化特征之后，下一步的论证便是：作为绝对主体性的存在究竟如何可能？存在必须要成为绝对主体性。因为只有这样，存在才可以具备自身确定性，才能够生成知识。费希特的尝试如下：

我们现在阐发的本原行动可以用如下公式予以直接表述：我绝对地存在，换言之，我存在是绝对的，正因为我存在；而绝对地就是如我所是；两者都与自我相关联。②

“我是我”的原理被进一步拓展出两个层面：

1）我绝对地存在着，因为我存在。（Ich bin schlechthin, weil ich bin.）

这里的连词“因为”（weil）意指了一种知识的纯粹确定性，因为绝对主

① Dieter Henrich, *Der Grund im Bewußtsein. Untersuchungen zu Hölderlins Denken (1794-1795)*, Stuttgart: Klett-Cotta, 2004, S. 42.

② Fichte, *SW*: I, 98.

体性只“建基于它自身”(在它的存在之中)，因而是独立于任何其他规定性的。因此，“关于我的知识”成为了可能，“建基于自身”则转化为“自身关联”。

2）我绝对地就是如我所是。(Ich bin schlechthin, was ich bin)

这里的连词“如”(was) 意指了一种纯粹的活动，这种活动建立起了自身关联。这种设定活动本身就是结构化了的绝对主体性，而这种结构化本身就成为了存在。

现在第二种主体性模式已经被完全展示出来了。这一模式以存在为核心，以自我联结为基本结构，显然是可以抵御荷尔德林的批评的。

尽管我们帮助费希特摆脱了荷尔德林的批评，但一个更加难缠的（柏拉图语境下的）巴门尼德式的幽灵突然接踵而至。第二种主体性模式所揭示出来的存在似乎是一个不可更易的存在，内部没有任何可把握的本质性区分。自我联结则被限制在内在层面上，成了一种单纯的“回溯自身的活动”(in-sich-zurückgehende Tätigkeit)。因此，只有能够生成的知识才有其确定性，但是，唯一能够由之生成的知识只有一个关于我自己的知识，别无其他。即便存在已经具备诸多结构化的特征，但这些特征在存在的最初结构化之后就滞留于静态而僵止不动。设定活动的动态进程并不能真的延续下去。

这恰恰正是荷尔德林开始他自己的哲学建构的地方：这个巴门尼德式的困难只有通过对绝对主体性的彻底的“存在论化”才能被解决。而这需要在基础设定层面上引入更多的思维活动。这正是本节最后一部分所关注的内容。

三、荷尔德林的绝对存在：主体—客体的无间统一体

正如上一部分已经谈到的，即便费希特的《知识学》第 1 节中已经包含了一种潜在的绝对主体性理论，荷尔德林仍然不会满意。从荷尔德林的角度来看，费希特缺乏勇气去将主体性理论彻底“存在论化”。绝对主体性的基本设

定必须要被调整以适应于它们的形而上学地位。荷尔德林就此开始了他自己的哲学建构。①

根据亨利希的历史考证，荷尔德林写作这一文稿的具体时间应该是 1795 年 4 月初，也就是写给黑格尔的《耶拿信件》的两个多月后。② 在这份文稿中，荷尔德林试着发展出他自己版本的主体性理论，虽然显然也受到了费希特《知识学》的影响。这份文稿被分为三个独立自然段，每段各有一个独立主题：存在、判断与模态（可能性与现实性）。在三段中荷尔德林分别陈述了他对于主体性的结构、动力机制与应用可能的观点。

本部分的论证重点在于将荷尔德林的主体性理论理解为一种先验存在论。在康德与批判哲学之后谈论“存在论”，意味着这种存在论不会再像前批判时期的独断论形而上学（包括在古代哲学与中世纪哲学传统中）那样直接关注自然实体及它们之间的关系；相反，有了早期近代以来的意识理论作为基础，先验存在论专注于从认识论的语境下去挖掘存在内部的结构特征。

荷尔德林这样开始他关于“存在”的讨论：

> 存在——表达了主体与对象的关联。
>
> 在存在中，主体与对象是绝对地而不是部分地被统一在一起，如果那个应当被分割的东西的本质不被破坏，那么任何分割都不能进行。因此在理智直观的情况下，根本无法谈论一个绝对存在。③

---

① 荷尔德林的方案集中见于他在 1795 年写下的手稿《判断与存在》。但是值得注意的是，这份手稿原件本身没有任何标题，目前通行的斯图加特版《荷尔德林全集》的编者为这一份手稿取名为“判断与存在”。但是，迄今荷尔德林研究界对此仍有争议，比如，慕尼黑版《荷尔德林著作集》的编者就提出，这份手稿更适合被命名为“存在、判断与模态”（*Seyn, Urtheil, Modalität*）。参见慕尼黑版《荷尔德林著作集》第二卷：F. Hölderlin. *Sämtliche Werke und Briefe.* Band II, hrsg. v. Michael Knaupp, München: Carl Hanser Verlag, 1992, S. 49。

② Dieter Henrich, *Der Grund im Bewußtsein. Untersuchungen zu Hölderlins Denken*（*1794-1795*）, Stuttgart: Klett-Cotta, 2004, S. 40.

③ Hölderlin, *SW*: 4, 1, 216.

存在是主体与对象的统一体。但是，即便这个统一体是一个整体，但其中主体与对象之间的本质性差异并没有被消除。主体与对象被它们之间的一道纽带联系在一起，但两者仍然能够互相区分。同时，这两者间的纽带又是同构性的。这就意味着，主体内具备的特征在对象那里都有对应，而且它们两者是如此紧密地被联结在一起，以至于在它们之间没有任何间隙（Distanz）。主体与对象的统一体是一个封闭的整体，但却没有内部的同一化的同质性。①这种存在的统一体因而成了一种独特的“无间”统一体（distanzlose Einheit）。②

特别要强调的是，无间统一体绝不可以被等同于同一性（Identität）。对于荷尔德林来说，同一性建基于一种已然发生的分割（Theilung）之上，同一性的范例就是自我意识（Selbstbewußtsein）：

> 但是这个存在一定不能被与同一体相混淆。当我说：我是我，主体（我）与对象（我）并没有被统一起来，如果那个应当被分割的东西的本质不被破坏，那么任何分割都不能进行。与之相反的是，自我只有通过我与我的分割才是可能的。我又怎么才能说：自我！而没有自我意识呢？但自我意识又如何才是可能的呢？因为自我对立于自身设定了我自身，把我从我自身中分割开来。但是不考虑这个分割的话，我又将在被对立设定了的我里面的我认作是同一个我。但又如何是同一个我呢？我能够也必须要这样问：从另一个角度来说自我被对立设定于它自身。因此同一体不是对象与主体的绝对会发生的统一，因而同一体不等同于绝对存在。③

---

① “同构性”与“同质性”的区别在于，同构性仅仅要求结构上的严格对应，但不要求本质上的关联；同质性则恰恰相反。

② “无间统一体”这一术语来自亨利希，但亨利希并没有赋予其存在论地位。参见 Dieter Henrich, *Der Grund im Bewußtsein. Untersuchungen zu Hölderlins Denken*（*1794-1795*）, Stuttgart: Klett-Cotta, 2004, S. 43。

③ Hölderlin, *SW*: 4, 1, 216-217.

由于费希特的影响，荷尔德林也使用了原理“我是我”作为自我意识的形式表达。但无论我们在这里应用哪一种费希特式的主体性理论模式（如前文已经讨论的），作为主体的自我与作为对象的自我之间已然存在的区分决不能被就这样忽视或搪塞过去。荷尔德林坚持，“主体—客体”结构仍然适用于自我意识。与费希特完全相反，荷尔德林不认为自我意识有什么不同于一般意识的结构，因为从存在论设定的角度来说，意识的结构必须是普遍性的。因此，自我意识是一个使得“主体—客体”的无间统一体内部的分割成为现实的动态进程，用荷尔德林的术语来说，这叫作“判断”（*Urtheil*）：

> 判断在最高以及最严格的意义上就是在理智直观之中以最紧密的方式被统一起来的主体与对象之间的原初分割（Ur-Theilung），这一分割首先使得对象与主体成为可能，因此是原初分割。在分割的概念中已经包含了主体与对象之间的交互关系的概念，以及预设了一个整体，在其之中主体与对象仅仅是部分。①

荷尔德林通过对术语“判断”的词源学考察（很讽刺的是，根据当代德语词源学研究的成果，荷尔德林的这种考察完全是个望文生义的误读），将判断解读为主体与对象之间的原初分割。但荷尔德林并不是在鼓吹一种基础性的二元论，相反，原初分割仅仅在主体—客体的无间统一体这一存在论设定下才是可能的。判断活动因此是一个在主体—客体的无间统一体内“拉开距离”（distanzieren）的首要步骤，然后再去建立起主体与对象之间的交互联结。原理“我是我”与自我意识之所以能够被讨论，都基于这一原初分割活动，荷尔德林甚至将自我意识称为“原初分割概念的最合适的范例”。荷尔德林将自我意识称为判断的“范例”而不是一种独一无二的判断，已经意指着基础性自我意识与一般对象性意识之间没有任何本质性差异，这与费希特《知识学》中的立场大

① Hölderlin, *SW*: 4, 1, 216.

相径庭。

就此我们完成了对荷尔德林绝对主体性（存在）理论的重构。绝对主体性被荷尔德林解读为主体—客体的无间统一体，这一统一体是我们所有意识活动的存在论基础。这一“无间联结—拉开距离—交互联结”的意识动态模式具备着普遍性。最重要的是，荷尔德林的绝对主体性理论可以为克服康德、莱茵霍尔德与费希特式自我意识的结构性困难指明另一条出路。

四、小结：“绝对精神之月”

1795年4月，对德国唯心论哲学的发展来说具备着极为不寻常的意义。在这个月，不仅荷尔德林完成了他的名篇《判断与存在》，他在图宾根新教神学院的同窗好友谢林也出版了他的先锋性作品《论自我作为哲学的本原》（*Vom Ich als Princip der Philosophie*）。年仅20岁的图宾根新教神学院学生谢林在这份作品中同样也提出了一种彻底“存在论化”的绝对自我理论。荷尔德林与谢林在同月完成的这两部作品可以被共同视为是康德之后先验哲学发展的最重要转折点。从此，先验哲学的基本问题从探求人类知识的终极确定性转向了探求哲学或者说一种“有意识的生活”（das bewußte Leben）①的最高本原。

正如本部分前两节的论证已经展示出的那样，早期德国唯心论哲学家如莱茵霍尔德与早期费希特所鼓吹的那样一种基于反思模式的意识理论不可避免地会陷入死胡同里。拯救意识理论的唯一可能在于将一种自我意识的结构转化为存在本身的存在论结构。这正是荷尔德林与早期谢林的理论兴趣的核心所在。就此，德国唯心论开始走上另一条截然不同的路线——探求意识终极实在性的先验存在论。

① Vgl. Dieter Henrich, *Der Grund im Bewußtsein. Untersuchungen zu Hölderlins Denken*（*1794-1795*）, Stuttgart: Klett-Cotta, 2004, S. 504.

第三节　费希特的理智直观学说（1797—1798）

本章节的第一部分已经论证了，费希特在1794—1795年的《知识学》中并没有能成功解决最高本原与述行性实践自我意识之间的冲突。《知识学》第1节中实现的绝对同一体是纯然形式化的，因而并不能生成它自己的原初实在性。从绝对自我到有限自我（世界之中的理性存在者）的活动的传递性机制本身也有缺陷：一方面，作为两者之间的中介的非我仅仅被绝对自我从形式上设定；从另一方面来说，非我又确确实实从外界“借入”了实在性，这就与非我只被绝对自我设定相冲突。笔者认为，1794—1795《知识学》中的这一困难也许可以被归因于康德、莱茵霍尔德、青年费希特等人所主张的批判哲学的方法论的一些固有缺陷：为了避免先验实在论，这些哲学家们在构造哲学的基础实在性概念时往往犹疑不决。这也就意味着，必须要在批判哲学的方法论上再掀起一场革命。而在谢林与荷尔德林的影响下，从1796年开始，费希特开始构想一种全新的知识学方案①，并且全面扬弃了他在1794—1795年的旧方案。②

---

① 不幸的是，费希特耶拿后期的《新方法的知识学》的原始手稿已经散佚，我们今天能够看到的《新方法的知识学》有两个版本：哈勒（Halle）本和克劳瑟（Krause）本，都是根据费希特当年授课时的学生笔记整理而成。根据考证，哈勒本的记录时间应当是1796—1797年冬季学期，克劳瑟本则记录于1798—1799年冬季学期。由于年份不同，两份笔记也都互相包含了对方所没有的内容（这也反映出了费希特在对知识学手稿作持续不断的修改）。参见J. G. Fichte, *Wissenschaftslehre nova methodo. Kollegnachschrift K. Chr. Fr. Krause 1798/99*, hrsg. v. Erich Fuchs, Hamburg: Felix Meiner, 1994. Fichte, *GA*: IV, 2。

② 根据德国学者魏贝尔（Violetta Waibel）的研究，耶拿后期（1796—1798）费希特哲学的转折更多受到了荷尔德林的费希特批判的影响，而不是谢林的。但是，根据德国唯心论语文学家劳特（Reinhard Lauth）的一份更加细致的历史研究，整个1790年代后期，费希特的“知识学”规划与谢林基于自己的“同一性”概念的唯心论哲学规划始终处于互相影响之中。相应的研究参见Violetta L. Waibel, *Hölderlin und Fichte. 1794-1800*, Paderborn: Ferdinand Schöningh, 2000. 以及Reinhard Lauth, *Die Entstehung von Schellings Identitätsphilosophie in der Auseinandersetzung mit Fichtes Wissenschaftslehre*（*1795-1801*）, Freiburg/München: Karl Alber, 1975, S. 9-57。

费希特在耶拿后期的哲学发展的转折点在于1797年的《知识学的一个新展示的尝试》(*Versuch einer neuen Darstellung der Wissenschaftslehre*)，同年，费希特还发表了《知识学第二导论》(*Zweite Einleitung in die Wissenschaftslehre*)。在这两份文本中，费希特将先验哲学的一个全新立足点建立在理智直观概念与转向自身的活动之上。这一新版本的自我意识理论整合了1794—1795《知识学》第4节中的内容与荷尔德林和谢林的批评意见中所体现出的洞见。

《尝试》的第一章的标题便叫作“所有意识都以我们自身的直接意识为条件”(Alles Bewusstseyn ist bedingt durch das unmittelbare Bewusstseyn unserer selbst.)①。费希特在这里第一次明确提出意识结构是多维度的。在费希特的宽泛定义中，一般的意识概念意味着一个将我们自身的思维投向关于其他某物的思维的意向性行动(intentionale Handlung)。②换句话说，意识作为意向性活动也是“内含式”的，因为它必须要始终能够向世界开放自身并将自身与世界联结起来。而意向性活动又与单纯的意向性联结不同，因为一个活动始终能够被回溯到一个活动着的主体，即费希特在本章标题中所说的“我们自身的直接意识”。

但这种特定的意识又是何以能够被理解的呢？我们自身的直接意识有着两个层面的涵义：第一，直接意识就是关于思维活动的意识；第二，直接意识就是关于思维活动的意识与对自己产生如此这般的意识活动的直接觉知的统一体，换句话说，这个统一体就是自我意识。费希特如此定义直接意识：

> 自我就是那个自我设定着的东西(das sich selbst Setzende)，别无其他；由这样被描述的活动而产生的东西别无其他，只有自我。③

① Fichte, *SW*: I, 521.

② Fichte, *SW* I, 522. 这里所使用的“意向性”这一表达仅仅指，意识是“关于某物”(von etwas)的意识。本节在同等意义上交替使用“意向性的”(intentional)与“对象性的”(gegenständlich)两个术语。

③ Fichte, *SW*: I, 523.

自我是一个外斥式的基础性自我设定活动。因为设定就意味着“思维活动”或者更泛泛意义上的心灵活动[①]，因而自我设定就其本质而言就是一个“回溯自身的活动”（die in-sich-zurückgehende Tätigkeit）。但如此这般的自我意识的两重结构很快就会面临一个循环论证的困难：当一个回溯自身的活动发生的时候，必须要有一个使得这个活动成为可能的思维者（das Denkende）；但同时，回溯自身的活动也预设了一个能够被回溯到的“被思维的存在”（das Gedachtsein）。这也即是说，在思维者——费希特将其描述为“自我的定在”（das Daseyn des Ich）发动任何活动之前，自我的另一个定在——一个被思维的存在必须已经被预先设定好了。[②]因此，自我意识的结构似乎就陷入了一种无穷倒退之中。

对应于谢林与荷尔德林在这一时期的理论进展，费希特试图通过构造一个自我意识的基础型结构来回应循环论证的问题。循环论证的问题只会在以静态视角观察自我意识的内在结构时出现，而静态视角意味着切割了思维着的意识（denkendes Bewußtsein）与被思维的意识（gedachtes Bewußtsein）之间的联系。而回溯自身的活动则将彻底颠覆这种静态视角，并将自我意识的动态结构展现出来。回溯自身的活动在返回自身的同时也超越自身，这也即是所谓的“内在超越”（immanente Transzendenz），而这也为自我意识的结构塑造出了全新的形态（Gestalt）[③]——自发性的主体—客体统一体：

> 所有可能的意识，作为主体的对象性意识，都预设了一个直接意识，在直接性意识之中，主体化与客体化会完全合二为一（Eins）。[④]

---

① Vgl. Christian Iber, *Subjektivität, Vernunft und ihre Kritik. Prager Vorlesungen über den Deutschen Idealismus*, Frankfurt am Main: Suhrkamp, 1999, 48n.

② Vgl. Fichte, *SW*: I, 524-525.

③ “形态”包括了形式与内容。因为“活动”同时是观念性与实在性东西的基础操作，所以由活动塑造的结构会同时具备新的内容与新的形式。

④ Fichte, *SW*: I, 528.

费希特进一步将自我意识的动态结构界定为“直观”(Anschauung)，意在强调自我意识的本质是一个自发性的活动。“直观就是一个设定着的自身设定活动”。① 因为直观本身就是一个回溯自身的活动，所以它必须被把握为一种经由自身设定的自我实在化（Selbstrealisierung)，而不是一种自我对象化。只有这样，如此这般的直观才是纯粹的，或者说，才是一种理智直观。

作为一种“设定着的自身设定活动”，理智直观构成了一切对象性 / 意向性意识活动的可能性条件，因为意识的主体与对象之间的区分只有通过设定着的自身设定活动与设定对象性 / 意向性意识的设定活动之间的区分才能成为可能。因此，理智直观是奠基性的同时也是述行性的。费希特因而将作为意识的原初统一体的理智直观视为“先验唯心论的立足点”。②

在《尝试》的第三章中，费希特进一步阐释了理智直观的内在动力学机制将意向性意识从可能变为现实的两个步骤：第一，作为一种活动，理智直观必须是“活动着”的，因而必须被视为一种直观性活动，仅仅是准备“出离”(losreißen) ③ 自身，但还尚未获得自身的实在性。一个如此这般的活动需要一个“出离”的基点，费希特将这个基点设定为“静止”(Ruhe)：“活动就是敏捷性……这种敏捷性不能被直观为别的东西，而只能被直观为是活动力从一个静止中的出离……” ④

这种出离活动预设了静止作为必要条件，所谓静止，即一个还没有来得及实现自身的活动的单纯可能性。在这个意义上，静止实际上就是活动的“过去式”，因而与活动是同一的。

第二，出离活动成为现实，并且离开了静止的基准点。由于这时活动已经在实在化的进程中被对象化了，因而活动只能被理解为一种“概念”(Begriff)：

---

① Vgl. Fichte, *SW*: I, 528.

② Fichte, *SW*: I, 529.

③ 德语术语 losreißen 的原意为分裂开来、割裂。这里笔者译作“出离”，意在与下文费希特使用的 Ruhe（静止）概念相对应。

④ Fichte, *SW*: I, 531.

“人们一以贯之地将在它的静止中被把握到的内在的活动称为概念。”①

随后，静止也被费希特重新定义为一个对立于活动而被设定的概念。对立设定意味着交互规定，现实世界中的活动必须首先被规定然后被概念把握。而与第一个步骤中的论证方式一样，活动自身就是一个与静止同一的直观，这样，自我的概念与直观就被统一起来并被一起整合进了自我意识之中。而这个作为理智直观的自我意识事实上在费希特的体系中被安置在了最高本原的地位。正如费希特在 1798 年的《新方法的知识学》（*Wissenschaftslehre nova methodo*）的开篇所说的那样：

> 一切意识都被一个直接性的自我意识、即理智直观所伴随；而人们的思维都以这样的自我意识为前提。意识是一种活动，自我意识则是一种特殊的由理智回溯其自身的活动、或者叫作纯粹反思。……这个被视为概念的纯粹反思是由自我所设想的。自我直截了当地通过我自身设定我自身，而一切其他意识都以这种自我设定（Selbstsetzen）为前提条件。②

但是，作为概念与直观的统一体的自我还是会陷入困难之中：因为概念与直观始终是被对立设定的，那么“理智直观”作为两者的基础统一体，应当也与一个“原概念”（Urbegriff）一起被对立设定；否则，一个基础性理智直观就会变成盲目的（如同康德所说，直观无概念则盲）。而一旦我们承认一种原概念的存在，那么这种原概念就会必然地试图去把握理智直观，这样，理智直观作为一种自发性活动，就被彻底对象化为静止，而永远停留在可能性的阶段。这也即是说，理智直观就成了一种纯然的可能性，而不能再向实在性前行哪怕一步。在 1797 年的《知识学第二导论》中，费希特曾经将理智直观类比为康德的先验统觉，而如今理智直观似乎遭受了与康德的先验统觉一样的命运：理

① Fichte, *SW*: I, 533.

② Fichte, *GA*: IV, 2, 32-33.

智直观要么是基础性的，要么是述行性的，但绝不能两者兼而有之。①

综上所述，耶拿后期的费希特通过对最高本原的重新建构，终于成功实现了哲学突破，并已经远远深入到了康德和莱茵霍尔德从未深入到的前意识领域。随着费希特洞见到对立是精神的基本特征，他暗暗地察觉到了在前意识之中逻辑结构与精神事实之间惊人的一致性。而耶拿后期的费希特对最高本原的阐释，更是极为大胆地体现了费希特试图在前意识领域中构建起精神结构与逻辑结构之间的同一性的尝试。在前意识中先验自我的统摄下，实在的结构与形式的结构之间的差别将彻底消失。②而这种实在结构与形式结构的一致性所意味的绝非仅仅是一种奠基性的实践哲学，而是一种崭新的形而上学——先验存在论。

但即便费希特已经尝试将先验哲学的根基构建为一种原初的统一体，但与谢林不同，费希特还是不敢赋予基础性自我意识任何实在性，他构建最高本原的尝试某种意义上来说仍然是一种“形式化”的工作。因此，费希特式的自我意识理论总是会陷入自我对象化的循环困难之中。但是费希特在《尝试》中开启的新方案仍然标志着一种将费希特自己的基础性自我意识理论规划与谢林版本的先验唯心论整合成一种全新的形而上学的尝试。费希特哲学在 1797 年的转折点标志着先验哲学的方法论开始走向成熟，而这条进路还会由费希特、谢林在 19 世纪初的进一步工作得以继续推进。

① Vgl. Fichte, *SW*: I, 472.

② Dieter Henrich, *Between Kant and Hegel. Lectures on German Idealism*, ed. D. S. Pacini, New Heaven: Harvard University Press, 2008, p. 167.

第三章　走向先验存在论

1795 年 1 月 6 日，年仅二十岁的谢林在给他的施瓦本同乡，同时也是图宾根新教神学院的同窗好友黑格尔的一封信中这样写道：

> 现在我正在研究一种斯宾诺莎式的伦理学（*Ethik à la Spinoza*）——这种伦理学应当建立起一切哲学的至高本原（die höchsten Principien aller Philosophie），在那些本原中理论哲学与实践哲学得以统一起来。①

这段信件中所流露出的心迹无可辩驳地证明了：从哲学生涯的最开端处，谢林就已经将“本原”（Prinzip）视为哲学的最根本问题。那么随之而来的问题便是：本原究竟意味着什么？

从古希腊哲学开始，“本原”问题就已经成为了哲学的根本问题之一。从希腊语原词的字面上来看，“本原”意味着“开端”（ἀρχή）或“始基”（ἐξ' ἀρχῆς λόγος），换言之，“本原”既要成为哲学体系赖以立足的终极根据，又要能反过来为体系本身的发展提供“动力学机制”（*Dynamik*）。而拉丁语哲学传统中选用 *principium* 一词来翻译“本原”，更是突出强调了“本原”在哲学体系中所位居的“首要”的关键位置。先刚教授在他研究“本原”问题的《柏拉图的本原学说》中总结了古希腊哲学传统中对“本原”的四重基本规定：

---

① Schelling, *HKA*: *Briefe 1*, S. 17.

1. 本原是万事万物发生之根据；

2. 本原是杂多现象背后的统一性；

3. 本原是变动不居的世界背后的永恒不变者；

4. 本原无论从存在、认识或是价值等方面看都优先于现象。①

那么，“本原”问题为什么对于谢林具备着如此重要的哲学意义呢？根据先刚教授的研究，“本原”与我们在之前章节所讨论的基础性自我意识概念相比，似乎更加具备“存在论”意义上的意涵。而谢林对“本原”问题的密切关注，与他早期在图宾根新教神学院所受教育的学术背景有着莫大关系。当代德国谢林研究专家弗兰克将早期谢林的思想来源总结为如下五条：

1. 柏拉图的《蒂迈欧篇》与《斐勒布篇》；

2. 康德的有机整体论思想与B版《纯粹理性批判》中对关系范畴的倒转；

3. 图宾根柏拉图学派的厄廷格尔②等人的思想；

4. 狄茨从(康德式）主体哲学角度对莱茵霍尔德基础哲学做出的解读；

5. 莱茵霍尔德对范畴的形而上学演绎做出的范例。③

弗兰克非常强调柏拉图主义或（当时图宾根新教神学院的教师们所主张的）柏拉图主义的变种对于青年谢林的影响，无非是为了强调，青年谢林从其哲学的最开端阶段就与康德–莱茵霍尔德–早期费希特的“批判哲学”的基本

① 先刚：《柏拉图的本原学说：基于未成文学说和对话录的研究》，生活·读书·新知三联书店2014年版，第226页。

② 弗里德里希·克里斯托弗·厄廷格尔（Friedrich Christoph Oetinger, 1702—1782），18世纪德国神学家，维滕堡新教虔敬派神学的代表人物之一。他对于柏拉图哲学传统的一元论式解释与对犹太教卡巴拉传统的重视对谢林、黑格尔与荷尔德林产生了极为深远的影响。

③ Manfred Frank, »*Reduplikative Identität*«. *Der Schlüssel zu Schellings reifer Philosophie*, Stuttgart-Bad Cannstatt: frommann-holzboog, 2018, S. 7-8.

立场拉开了相当大的距离。①这具体体现为：谢林从其哲学的开端阶段就非常关注意识实在性的终极根据问题。换言之，如果我们在本研究中迄今所呈现出的更多是一种自我意识结构的形式化理论的发展史的话（荷尔德林可以算一个异类），那么谢林从最开始就更加关注自我意识结构的"内容"或者说"实在性"那一侧的东西。②

正如弗兰克所指出的，图宾根新教神学院时代的青年谢林受到了以厄廷格尔为代表的"图宾根柏拉图主义"（Tübinger Platonismus）哲学的强烈影响，因而非常熟稔于古希腊传统中的"本原"学说。在1794年完成的一部手稿《〈蒂迈欧〉评注》中，谢林就试图将柏拉图的"理念"（ἰδέα）学说与康德的范畴（Kategorie）理论结合在一起。③但是，谢林同样也非常关注批判哲学，特别

---

① 弗兰克的观点似乎显得有些极端。因为根据谢林的信件与他早期文本中所使用的各种费希特的术语来看，谢林在1794年发表《论一种全部哲学形式的可能性》时，他不仅已经仔细阅读了费希特的《评"埃奈西德穆"》与《论知识学的概念》（Über den Begriff der Wissenschaftslehre）两部已经面世的作品，还已经拿到了费希特当时正在耶拿讲授的"知识学"讲座（也就是1794年版《全部知识学的基础》）的提纲（根据上一章节，荷尔德林当时正在耶拿参加费希特的课程，这份提纲极有可能是荷尔德林送给谢林的）。因此，费希特对这一时期的谢林的影响是不容忽视的。参见 Birgit Sandkaulen, *Ausgang vom Unbedingten. Über den Anfang in der Philosophie Schellings,* Göttingen: Vandenhoeck & Ruprecht, 1990, S. 23。

② 弗兰克有意淡化费希特对于早期谢林的影响，一个可能的原因是弗兰克一向不主张将谢林哲学置于先验哲学的框架内来理解。弗兰克认为，谢林所主张的"绝对同一性"应当被理解为一种"自然与精神的同一性"（Natur-Geist-Identität），因而从一开始谢林就不属于那个"从费希特到萨特"的自我意识理论传统。在弗兰克的另一部作品《从费希特到萨特的自我意识理论》（*Selbstbewußtseinstheorie von Fichte bis Sartre*）中，他甚至直接将谢林排除在外。但是本研究正是试图在前期谢林哲学的基础上建立起一种关于前意识中的原初自我意识的"先验存在论"，这正可以与弗兰克的研究立场彼此参照。参见 Manfred Frank, *»Reduplikative Identität«. Der Schlüssel zu Schellings reifer Philosophie,* Stuttgart-Bad Cannstatt: frommann-holzboog, 2018, S. 1-65.; Ders., Selbstbewußtseinstheorie von Fichte bis Sartre, Frankfurt am Main: Suhrkamp, 1991。

③ Vgl. F. W. J. Schelling, „*Timaeus.*"（*1794*）, hrsg. v. H. Buchner, Stuttgart-Bad Cannstatt: frommann-holzboog, 1994.; Birgit Sandkaulen, *Ausgang vom Unbedingten. Über den Anfang in der Philosophie Schellings,* Göttingen: Vandenhoeck & Ruprecht, 1990, S. 22.

是莱茵霍尔德与早期费希特的哲学进展。我们并不能简单地说谢林是古代柏拉图主义的直系传人①，一种更为恰当的表述可能是，谢林仍然处于“德国形而上学的发展进程”(*les progrès de la métaphysique en Allemagne*)②之中，但相比于莱茵霍尔德与早期费希特，谢林从一开始就更加侧重于发掘主体性理论的存在论层面的意涵。

但无论我们对谢林哲学的进路采取何样的态度，任何谢林学者都会有一个基本的共识：终谢林一生，“一切哲学的至高本原”都意味着那个作为本原的“同一性”(Identität)。尽管谢林在整个哲学生涯中数次更易他的哲学体系的名称（“先验哲学与自然哲学”“同一性哲学”“第一哲学”“肯定哲学与否定哲学”等等)，但“同一性”始终是一个贯穿谢林整个哲学思想发展进程的核心概念。如何理解“同一性”的复杂内涵，更是成为谢林研究史上争论不休的焦点问题。本研究仍然试图将谢林视为由康德开创、莱茵霍尔德与费希特发展的先验哲学传统的重要承继者。因此，本研究会以一个更加贴近谢林早期哲学思想背景与文本意涵的视角来考察“同一性”概念：

“同一性”必须被理解为思维（Denken）与存在（Seyn）的同一性，这也可以被等价地表述为原初主体—客体（Ur-Subjekt-Objekt）的同一性、观念性（Idealität）与实在性（Realität）的同一性、自我（Ich）与世界（Welt）的同一性、规定（πέρας）与无定（ἄπειρον）的同一性。同时，“同一性”也不能被简单地理解为一种莱茵霍尔德–早期费希特式的“A = A”的抽象形式化

① 这种观点曾经被20世纪德国的“图宾根学派”古代哲学研究传统所主张，试图在古代哲学（特别是新柏拉图主义影响下的柏拉图与亚里士多德体系哲学研究）与德国古典哲学（特别是费希特、谢林和黑格尔）之间建立起直接联系。一份采取这条进路的比较典型的研究可以参见 Jens Halfwassen, *Der Aufstieg zum Einen. Untersuchung zu Platon und Plotin*, 2. Erweiterte Aufl., München/Leipzig: K. G. Saur, 2006。

② Cf. Emmanuel Cattin, *Transformations de la métaphysique. Commentaires sur la philosophie transcendantale de Schelling*, Paris : Librairie Philosophique J. Vrin, 2001, pp. 7-23. 法国谢林学者加当（Emmanuel Cattin）认为，无论如何，康德与费希特对于早期谢林哲学的影响都是不容抹杀的。

同一性，“同一性”必须要成为“统一性”(Einheit)。这意味着，同一性绝不仅仅意味着思维与存在的一般性联结，思维与存在必须合二为一成为一个整体。这就意味着，我们必须将同一性进一步发展为一个动态的绝对综合。进一步转译为先验哲学的语言，这一绝对综合意味着先验主体性内部的“原主体”(Ur-Subjekt)与“原客体”(Ur-Objekt)之间的发生于一切意识活动之前的“先行综合”。不难看出，谢林在这里直接继承了康德在B版《纯粹理性批判》的第15节中关于那个“先天地先行于一切联结概念的统一性”① 的思考。更重要的是，谢林从一开始就试图将先验主体性中的“实在性”层面确立为先验主体性的终极根据，这与莱茵霍尔德–早期费希特式批判哲学的基本立场恰好相反。因此，不同于那种“A = A”式的抽象的形式同一性，这个在原初同一性中先行于一切分离与对立而发生的绝对综合，从一开始就要超越思维与存在的对立，并能够将两者完整地融合起来（尤其是将存在那一侧真正地吸纳进来），这正是谢林超越于莱茵霍尔德–早期费希特式批判哲学的核心论点所在。

本章节将深入早期谢林的先验哲学世界，通过考察不同版本的先验哲学体系构想的生成流变，来展示出被谢林始终视为哲学根本核心的“本原”问题的发展演进，从而为进一步的先验存在论体系建构做好理论基础的预备。

第一节　谢林先验哲学的原爆点（1794）

为了解决康德理论哲学体系中遗留的“自我意识”问题的疑难，莱茵霍尔德在1789年出版的著作《人类表象能力新论尝试》(*Versuch einer neuen Theorie des menschlichen Vorstellungsvermögens*)中尝试取消康德对于主体性功用结构的“感性—知性—理性”三重划分，并以“表象能力”(Vorstellungsvermögen)

① Vgl. Kant, *KrV*: B130-131.

作为先验自我的一切认识活动的根基。尽管莱茵霍尔德的尝试并不特别成功，但这一尝试已经标志着康德之后的德国唯心论哲学在论题与方法论上都已完全突破了康德式先验哲学体系的限制，转向了一种探求主体性本原（先验自我）的基源性存在论。十九岁的青年谢林正是在这个意义上完全继承了莱茵霍尔德的理念，在1794年初完成的手稿《蒂迈欧评注》①中，谢林以“表象能力”概念为枢纽，创造性地解读了柏拉图的“原因”（αἰτία）概念、“共体”（κοινόν）概念②，将“表象能力”重解为先验自我的活动本原（Tätigkeitsprinzip），完成原初经验的本原性建构。谢林的这一理论突破不仅为其在随后正式发表的两部作品《论一种全部哲学形式的可能性》（1794）与《论自我作为哲学的本原或知识中的无条件者》（1795）中的先验主体性哲学奠定了基础，也从最开端处便已经与费希特建基于自我设定的本原行动的先验哲学体系拉开了相当距离。

本节正是在这一意义上试图阐明谢林早期哲学中隐含的来自莱茵霍尔德的影响与其独特的理论指向。第一部分意图阐明莱茵霍尔德早期“表象能力”学说的理论根基与框架结构，并揭示其先验自我“被动—主动”二重原初综合活动内部所蕴含的理论张力；第二部分指出谢林在《蒂迈欧评注》中吸收了莱茵霍尔德的“表象能力”概念，但将“表象能力”重解为一种主动性的、足以为一切先验自我展开活动奠基的本原性的自我活动（Selbsttätigkeit）；第三部分指出，表象能力的自我活动正是一种本原意义上的“因果性”（Caußalität）。在此基础上，我们试图通过细致地分析谢林在《蒂迈欧评注》中将柏拉图的“第三个东西”（das Dritte）概念理解为建立了本原“因果性”的表象能力的创造性解读，探究立足于先验自我的原初综合活动的原初质料的建构过程。笔者将

---

① 本节所依据的谢林《蒂迈欧评注》（1794）文本全部引用自斯图加特巴特康斯达特市弗罗曼－霍尔茨布格出版社出版的《谢林文丛》（*Schellingiana*）第四卷，谢林1794年的《蒂迈欧评注》。参见 F. W. J. Schelling, „*Timaeus.*“（*1794*）, hrsg. v. H. Buchner, Stuttgart-Bad Cannstatt: frommann-holzboog, 1994。所有译文均由笔者本人翻译，谢林在该手稿中使用的与如今德语正字法不同的拼写在引用中均保持原状。

② 在下文中，根据研究思路的展开，笔者将在谢林的语境下进一步将 αἰτία 译为“因果性”，并将 κοινόν 译为“统一体”。

指出，谢林充分改造了先验自我的概念内涵，先验自我不再仅仅是形式性的自我联结，而更是原初实在性的自我生成过程。这一洞见可以帮助我们更好的定位谢林早期先验哲学的真正起点，充分展示出谢林早期哲学框架与费希特式先验哲学的本质性差别，并为我们将来对谢林后来的“自然哲学”（*Naturphilosophie*）与“同一性哲学”（*Identitätsphilosophie*）体系构想的考察锚定基准点。

一、莱茵霍尔德的表象能力学说

康德在1787年出版的第二版《纯粹理性批判》中的“纯粹知性概念的先验演绎”部分中发展出了作为知性运用最高本原的自我意识理论。但遗憾的是，出于特定的限制知性概念运用范围的考虑，康德在他的体系框架内并未能就自我意识的内部结构与功效做出详尽的说明，使得即便在《纯粹理性批判》内部被康德用以刻画主体性结构的三个核心术语“我思”（Ich denke）、“先验统觉”（transzendentale Apperzeption）与“自我意识”（Selbstbewußtsein）之间的关系并未得到澄清。这导致的后果便是，作为先验主体性的表达的自我意识似乎悬于知性与理性的界限之上而未能得到准确定位；同时康德的多处文本似乎都在暗示，理性（或者更明确地说，先验自我）早在感性之前的前意识领域中就已经介入了杂多的生成过程。这无疑对康德第一批判的理论框架构成了严峻的挑战。

莱茵霍尔德几乎是在第一时间敏锐地把握到了康德体系内的这一关键节点。在莱茵霍尔德看来，康德的对于主体性功用结构的“感性—知性—理性”三重划分严重阻碍了我们深入去把握先验自我内部结构的可能。莱茵霍尔德转而使用“表象”（Vorstellung）这一在康德体系中并未得到充分界定的概念抹去了康德三重划分之间的差距。在1789年出版的成名作《人类表象能力新论尝试》（以下简称《尝试》）中，莱茵霍尔德这样界定“表象”：

> 表象一词在广义上指感受、思维、直观、概念、理念，一言蔽之，所有那些由感受活动、思维活动、直观活动与概念活动所触发的、在我们的

意识中会涌现的东西。①

莱茵霍尔德取消了康德那里主体性功用结构的层级划分，以“表象活动”（Vorstellen）统握自我的一切精神性活动，并以“表象”统一刻画如此这般的精神性活动的产物。他将此时还未得到进一步规定的先验自我称为“灵魂”（Gemüt）②。不同于康德，莱茵霍尔德非常强调“表象”这一概念所蕴含的被动性要素。他将“表象”进一步界定为灵魂的“被触发生成的东西”（das Affiziertwerden）或“被动运转着的活动”（das leidende Verhalten）。但仅仅凭靠这样的界定，似乎并不足以拉开“表象”概念与康德那里作为单纯的接受性的感性活动的区分。因此，他进一步引出了支撑起表象概念的真正基点——“表象能力”：“表象能力一词就其狭义而言泛指感性、知性与理性。”③

这里可见莱茵霍尔德真正的理论野心，“表象能力”就是那个正在进行精神性活动的先验自我。莱茵霍尔德意在突破康德对于主体性功用的层级限制，直接深入先验自我的内部结构。正如他所说，表象能力正是要能够“触及其所意愿之处，并融入其所意愿之物”（herkommen, wo es wolle, und angehören, wem es wolle）。④“意愿”（Wollen）这一术语则暗示了表象能力的主动性层面。他真正试图建立的，是一种同时包含了被动性与主动性的、普遍意义上的全部表象能力理论（eine allgemeine Theorie des Vorstellungsvermögen überhaupt），

---

① K. L. Reinhold, *Versuch einer neuen Theorie des menschlichen Vorstellungsvermögens. Teilband 2:* Zweites u. Drittes Buch, hrsg. v. Ernst-Otto Onnasch, Hamburg: Felix Meiner, 2012, S. 226.

② 莱茵霍尔德有时也在同样意义上使用 ψυχή 与 Seele（“灵魂”）用于指代未得到进一步规定的先验自我。在德国古典哲学传统中，灵魂概念往往指的是尚未形成意识阶段的原初自我。关于“灵魂”概念在近代德国哲学中的概念史考察，参见 Miklós Vassányi, *Anima Mundi. The Rise of the World Soul Theory in Modern German Philosophy*, Dordrecht: Springer, 2011。

③ K. L. Reinhold, *Versuch einer neuen Theorie des menschlichen Vorstellungsvermögens. Teilband 2: Zweites u.* Drittes Buch, hrsg. v. Ernst-Otto Onnasch, Hamburg: Felix Meiner, 2012, S. 229.

④ Vgl. K. L. Reinhold, *Versuch einer neuen Theorie des menschlichen Vorstellungsvermögens. Teilband 2: Zweites u. Drittes Buch,* hrsg. v. Ernst-Otto Onnasch, Hamburg: Felix Meiner, 2012, S. 229.

通过表象能力的形式，“灵魂”才得以将自身落实为作为“统一体”（das Gemeinschaftliche）的“有机体”（das organische Körper），即一种得以作为人类认识本原的“具体的主体性”（konkrete Subjektivität）。

但是，表象能力概念中所蕴含的被动性层面与主动性层面的复杂关系还需要进一步澄清：莱茵霍尔德首先强调了表象能力的被动性层面基本可以初步被理解为一种康德式的“接受性”（Rezeptivität）或“感受性”（Empfänglichkeit），接受表象的“材料”（Stoff）。但与康德将接受性严格地限制为单纯的接受活动截然不同的是，莱茵霍尔德特别强调了接受性应当被理解为一种“单纯地被动运转着自身的能力”（ein bloß sich leidend verhaltendes Vermögen），即在原初意义上主体性（先验自我）已经介入了表象材料的建构，尽管是以一种被动的方式；① 相应地，他指出了这一被动性层面的活动中已然蕴含的主动性要素，即表象能力的“自发性”（Spontaneität）：“表象能力还包括自发性，或那种在被给定的材料上生成了表象形式的活动着的能力。”②通过重新界定接受性与自发性这组来自康德的术语，莱茵霍尔德试图将主体性（先验自我）刻画为综合了被动性与主动性要素的统一体。从形式上来说，表象能力能够主动地生成表象（主动—自发性）；从内容上来说，这一生成活动却是在原初经验材料的触发下被动展开的（被动—接受性）。从这里开始，莱茵霍尔德与康德拉开了显著的距离。在莱茵霍尔德那里被确立为本原的，是一个如此这般的形式与内容的原初统一体：

> 现实意识要想成为可能的，材料、被给定的东西或表象中的杂多必须要与形式或被生成的东西成为统一体。③

---

① Vgl. K. L. Reinhold, *Versuch einer neuen Theorie des menschlichen Vorstellungsvermögens. Teilband 2: Zweites u. Drittes Buch*, hrsg. v. Ernst-Otto Onnasch, Hamburg: Felix Meiner, 2012, S. 271.

② Ibid.

③ K. L. Reinhold, *Versuch einer neuen Theorie des menschlichen Vorstellungsvermögens. Teilband 2: Zweites u.* Drittes Buch, hrsg. v. Ernst-Otto Onnasch, Hamburg: Felix Meiner, 2012, S. 286.

莱茵霍尔德进一步指出，这种原初统一体应当被视为一种基于自发性的“联结”（Verbindung）或“综合”（Synthesis）。表象能力的自发性不仅仅意味着在被给定的材料上生成表象形式，更意味着在全部材料内部建立起实质性的联结，将其综合统握为可把握的杂多。因此，狭义上的“自发性”仅仅意味着表象能力生成表象形式的活动；而广义上的“自发性”则指表象能力建立起一切杂多之间的联结的能力。与前文提到的形式与内容的原初统一体（原初综合）相比，这里由表象能力在杂多之间建立起的联结实际上已经是第二重的综合活动。莱茵霍尔德（使用康德的术语）将这第二重的综合活动刻画为“自我意识”：

> 只要意识是正在表象着的主体作为表象者的意识，或者说，只要意识是自我意识，那么全部意识都是显明的。①

莱茵霍尔德完全将自我意识理解为先验自我对于自身承担表象者功能的指认，或者说，是一种先验自我对于自身表象功能的“属我性”（Meinigkeit）的确认。② 但是正如引文中“意识就是自我意识”这样的宣称所暗示的，作为表象能力的第二重综合活动的自我意识实际上已经等同于一般的表象形式，表象主体建立自我联结的综合活动与在杂多之间建立联结的综合活动并没有本质区别。但是这种混同于一般表象的“自我意识”并不能够解释自身作为形式与内容的原初统一体的根基何在，也不能解释从第一重综合到第二重综合的过渡究竟何以可能。而这种建基于单纯的形式化自我联结之上的“自我意识”也无法

---

① K. L. Reinhold, *Versuch einer neuen Theorie des menschlichen Vorstellungsvermögens. Teilband 2: Zweites u.* Drittes Buch, hrsg. v. Ernst-Otto Onnasch, Hamburg: Felix Meiner, 2012, S. 323.

② 奥地利学者朗在他的研究中专门讨论了自我意识的“属我性”概念在莱茵霍尔德早期基础哲学中应用的可能，参见 Stefan Lang, „Karl Leonhard Reinholds Begriff der Deduktion.“ In: *Archiv für Geschichte der Philosophie.* Published Online, 2020, S. 8-11. https://doi.org/10.1515/agph-2018-0118。

应合莱茵霍尔德建构一个“有机体”的期许。莱茵霍尔德为此还特意强调了“自我意识”本身不可能是基源性的：“自我的表象与自我意识只有通过接受性与被动性的形式的先天表象才是可能的”。①

莱茵霍尔德实际上已经提出了一种比“自我意识”或“自我表象”更本原的“表象能力”作为哲学的底层根基。作为接受性与自发性的原初综合的表象能力不同于任何意义上的“自我表象”或“自我意识”。如此这般的“表象能力”远远超越了康德式知性的边界，作为晦暗的前意识原初经验的“构造源”承担着为意识经验（“表象”）中的具体主体（“自我意识”）奠基的终极功能。尽管莱茵霍尔德没有能够清楚阐释前意识先验自我的内在结构与运作机制，但很显然他已经在不经意间深入了康德从未进入的深邃的底层理论空间。这种远远超出康德批判哲学体系的构想深刻影响到了青年谢林。1794 年，年仅十九岁的谢林在他的《蒂迈欧评注》中直接承继了莱茵霍尔德的这一思路，继续深入先验自我的本原，澄清莱茵霍尔德并未充分细致刻画的先验自我的本原结构。

二、谢林在《蒂迈欧评注》中的表象能力学说

图宾根新教神学院时期（1790—1795）的谢林除了受到著名的“图宾根柏拉图学派”（Tübinger Platonismus）的直接影响之外，也通过在图宾根新教神学院任教的学者狄茨②接触到了彼时正在德语学界兴起的“批判哲学”（Kri-

---

① K. L. Reinhold, *Versuch einer neuen Theorie des menschlichen Vorstellungsvermögens. Teilband 2: Zweites u.* Drittes Buch, hrsg. v. Ernst-Otto Onnasch, Hamburg: Felix Meiner, 2012, S. 327.

② 伊曼努尔・卡尔・狄茨（Immanuel Carl Diez, 1766—1796），18 世纪德国哲学家与神学家。1790 年，狄茨在图宾根新教神学院担任助教（Repetent）期间曾开设多门关于康德与莱茵霍尔德批判哲学的课程，对当时还是图宾根新教神学院学生的谢林、黑格尔与荷尔德林产生了极大的影响。某种意义上可以说，狄茨是引领谢林、黑格尔与荷尔德林走入批判哲学的引路人。关于狄茨对早期谢林哲学的影响，请参见德国学者亨利希的历史研究 Dieter Henrich, *Grundlegung aus dem Ich. Untersuchungen zur Vorgeschichte des Idealismus. Tübingen – Jena* (*1790-1794*), Frankfurt am Main: Suhrkamp, 2004, S. 1691-1700。

tizismus)，特别是康德与莱茵霍尔德关于认识根据与认识能力的一系列学说。因此，谢林在其哲学生涯的最初阶段就受到了莱茵霍尔德哲学的深刻影响，这种影响随后非常明显地体现在谢林的早期理论探索中。早在1792年9月，谢林在申请硕士学位（Magister）时除了硕士论文（Dissertation）之外一并提交的两篇资格考试论文（*specimina*）就已经与莱茵霍尔德哲学密切相关。根据德国谢林研究专家富尔曼斯（Horst Fuhrmans）从图宾根新教神学院档案库里找寻到的材料，我们可以看到谢林这两篇资格考试论文的题目：

1.《论一种别无他名的哲学的可能性》，另附关于莱茵霍尔德基础哲学的些许评论；

2.《论理论理性批判与实践理性批判的一致性》，专门考察范畴运用以及经由理智世界中的事实而实在化的一种理智世界的理念的运用。①

从这两篇论文的题目不难窥见，谢林所关心的“范畴运用”“理智世界中的事实”“理念的实在化”等论题正是莱茵霍尔德早期“基础哲学”中的核心问题。正如第一节我们已经论述的那样，作为莱茵霍尔德基础哲学核心概念的“表象能力”对谢林来说也成为重中之重的概念。但是，谢林并不是莱茵霍尔德哲学的继承人，从最开始，谢林就试图将其置身其中的两个风格迥异的传统——图宾根柏拉图学派与康德－莱茵霍尔德批判哲学整合进他自己的原创体系建构中去，这种理论尝试的第一个结晶便是1794年的《蒂迈欧评注》。在这份手稿中，谢林借用了大量康德与莱茵霍尔德的术语来解释柏拉图的《蒂迈欧篇》这一古代文本，着眼于一个有着鲜明的先验唯心论风格的论题：作为统一体的主体是如何通过因果性概念建构出原初质料乃至整个

① Schelling, *Fuhrmans*: 41.

世界的？①

《蒂迈欧评注》甫一开篇，谢林便明确了自己的基本立场：柏拉图式的理念被理解为表象能力的概念（表达）；而理念与直观截然不同，直观完全是被动接受性的，而理念是主动自发性的：

> 理念（柏拉图理解为一切表象能力的纯粹概念）与直观是冲突的，因为理念位于一切直观的领域之外，且理念根本不可能屈居于直观的对象之下，由此观之，直观本身也独立于一切理念。②

1794 年初的谢林对于"直观活动"（Anschauen）的理解仍然是康德－莱茵霍尔德式的：直观必然意味着感性的被动接受性能力，与行主动把握能力的"概念活动"（Begreifen）严格地相区别，因此这里的直观绝不可与后来谢林因受到荷尔德林与费希特影响而使用的作为本原的"理智直观"（intellektuelle Anschauung）相混淆。谢林使用莱茵霍尔德的术语"表象能力"来刻画柏拉图的"理念"，并将理念（表象能力）严格区分于直观，用意无非在于凸显表象能力生成把握经验世界的奠基性的活动功能，正如谢林对柏拉图哲学的总体判断："解释柏拉图哲学的关键在于注意到柏拉图始终将主体化连接到客体化之

① 长久以来在各类哲学史叙事中，早期谢林的先验哲学构想一直或多或少被视为是同时期费希特先验哲学构想的"副产品"。但自《蒂迈欧评注》的文本于 1994 年正式面世以来，德语学界关于谢林早期先验哲学的定位问题已经基本形成共识。德语学界开始注意到莱茵霍尔德对于谢林的直接影响（不以费希特为中介），而在其中《蒂迈欧评注》中的相关思想无疑成为了早期谢林先验哲学构想的"原爆点"。而正如本节试图揭示的，谢林在《蒂迈欧评注》中发展出的二重化先验自我学说不仅具备着完全独立于费希特先验哲学的开端，同时还为后来的"自然哲学"与"同一性哲学"时期的体系构想奠定了基础。关于《蒂迈欧评注》这一文本对于早期谢林先验哲学体系开端的意义，请参见 Manfred Frank, *»Reduplikative Identität«. Der Schlüssel zu Schellings reifer Philosophie*, Stuttgart-Bad Cannstatt: frommann-holzboog, 2018, S. 7-8。

② F. W. J. Schelling, „*Timaeus.*"（*1794*）, hrsg. v. H. Buchner, Stuttgart-Bad Cannstatt: frommann-holzboog, 1994, S. 23.

上。”①在《蒂迈欧评注》中，与莱茵霍尔德一样，谢林力图实现的是一种极致的主体性理论，这种主体性理论立足于表象能力概念，并且能够作为经验世界的解释根据。但与莱茵霍尔德那里层级定位并不分明的“表象能力”不同，谢林的“表象能力”从一开始就具备着至高无上的本原地位：

> 所谓的整个自然界，如她向我们显现的那样，不仅仅是我们的经验接受性的产物，而更加是我们的表象能力的造物；她包含了纯粹的、原初的、在自身内奠基的（自然界的）形式；因而位于表象中的世界从属于一个比单纯的感性更加高级的能力，这种更高级的能力将自然界阐释为一个更高级的世界的范型，而自然界表达了这种更高级的世界的纯粹法则。②

在第一部分中我们已经提到，莱茵霍尔德将表象能力简单地理解为整合了感性、知性与理性的人类精神活动能力的聚合。谢林则更易了莱茵霍尔德的这种总体式理解，转而将“表象能力”理解为一种“最高级的知性”（der höchste Verstand），这种相对于康德－莱茵霍尔德体系而言显得有些“离经叛道”的表达意在说明两点：1. 表象能力是最高级的人类精神活动，或者反过来说，表象能力是一切人类精神活动的基础；2. 作为最高级的“知性”的表象能力有着与普通知性一样的主动性把握功能，或者说，它就是一种主动性的活动的生成之源。

由此可见，谢林基本放弃了莱茵霍尔德那里复杂的被动性—主动性综合机制，而是从一开始就将表象能力理解为一种基源性的主动活动。正如谢林对于柏拉图的“理念”的进一步阐释中所澄明的：“柏拉图这样理解为世界的本质奠基的理念：理念只能是纯粹思维活动的对象，或者说表象能力的纯粹

① F. W. J. Schelling, „*Timaeus.*“（*1794*）, hrsg. v. H. Buchner, Stuttgart-Bad Cannstatt: frommann-holzboog, 1994, S. 31.

② Ibid.

形式的表达”。① 表象能力发挥功用的核心则在于将构成了经验世界的基底的形式（Form）与质料（Materie）②、规定（πέρας）与无定（ἄπειρον）之间彼此对立的张力消除，并整合为同一个统一体（Einheit）；进一步说，基源性的表象能力必须要能够统合把握原初经验的建构过程，将先行于一切经验的原初形式与杂多质料之间的关联建立起来，谢林将这种联系称为“因果性”：

> 因为人类知性中已经有了一种普遍的概念，因此这种普遍的概念只能以经验的方式（虽然也要依据独立于经验的纯粹法则）产生。但是柏拉图已经将所有概念都关联到一个最高级的理智之上，这个最高级的理智来自一种最高级的知性的形式，其中还包含了世界的理型；因而为了正本清源，柏拉图必须将这些普遍的概念视为原初地先行于一切经验而产生的概念，这些概念不由感性直观的对象产生，而是已经自己使得自身成为可能。世界的个别对象只有通过这些已然存在的概念的因果性才能产生：一种经验性的知性在杂多中经过比较与抽离将这些个别对象分辨出来。③

---

① F. W. J. Schelling, „*Timaeus*. “ (*1794*), hrsg. v. H. Buchner, Stuttgart-Bad Cannstatt: frommann-holzboog, 1994, S. 32.

② 庄振华教授指出，“Materie 概念在近代的含义已经大为改变，偏向于科学意义上的‘物质’含义，已经不再强调质料的不显形、无定形，而是强调它当作物质材料的一面。”因而，他主张在谢林早期自然哲学的语境下将 Materie 翻译为“物质”而非“质料”。但在本研究中(特别是本节中)，谢林显然是在柏拉图传统中的“无定”概念的意义上理解 Materie，其建构过程也并非经验材料的堆积，而是作为对象性基础的先验构造。因此，本研究中一概使用“质料”而非“物质”来翻译谢林早期的 Materie 这一概念。参见庄振华教授为《一种自然哲学的理念》的相关文段撰写的译者注释：［德］谢林：《一种自然哲学的理念》，庄振华译，北京大学出版社 2022 年版，第 46 页注释。

③ F. W. J. Schelling, „*Timaeus*. “ (*1794*), hrsg. v. H. Buchner, Stuttgart-Bad Cannstatt: frommann-holzboog, 1994, S. 35.

谢林明确地将因果性视为经验世界中个别对象的产生机制，换言之，因果性就是谢林所主张的作为表象能力主动性作用机制的“纯粹知性形式”（reine Verstandesform），是主体性赖以发挥功用的最基本的范畴。更重要的是，作为纯粹知性形式的因果性概念“先行于一切经验而产生”并且“自己使得自身成为可能”，因而因果性实际上就是作为表象能力终极根据的先验自我的自我规定（Selbstbestimmung）。因果性联结“形式”与“质料”，正是在先验自我内部建立起自我联结（Selbstbezüglichkeit），从而为个别化的一切经验对象中的个体（包括作为经验意识承载者的经验自我）奠定基底。

简言之，《蒂迈欧评注》中谢林版本的表象能力理论已经与莱茵霍尔德版本的表象能力理论拉开了相当距离：谢林放弃了莱茵霍尔德表象能力概念中复杂的“感性—知性—理性”三级整合机制与“被动性—主动性”二重综合模式，转而将表象能力直接规定为原初主体性（“最高级的知性”）的基源性主动性联结活动——因果性。在这个意义上，我们必须继续深入谢林独特的因果性概念内部，考察《蒂迈欧评注》中谢林对因果性概念的细致界定，才能厘清先验自我内部的动态结构。

三、因果性与原初质料的建构

在前两节中我们已经简略比对了谢林与莱茵霍尔德就表象能力概念的定位及理解的差异，并已经指出，谢林的表象能力概念不具备莱茵霍尔德的表象能力概念的“被动性—主动性”二重综合机制，而是以一种本原的因果性主动地发挥联结形式与质料的功用。因此，我们通过一种“自上而下”的方式定位了因果性概念，但仅仅凭靠规定尚不充分的表象能力概念，我们不能获得关于因果性概念的进一步规定。因此，在本节中，我们将回到谢林《蒂迈欧评注》文本的内在逻辑，试图从形式与质料的张力出发，通过对“第三个东西”与“统一体”问题的考察，以一种“自下而上”的方式去深入界定因果性概念的独特内涵，并试图阐明主体性的起源问题。

如上节所说，在《蒂迈欧评注》中谢林首先从柏拉图的“理念”概念出发，将“理念”界定为表象能力的纯粹概念，而如此这般的理念所需要把握的是一个仍然处于无序（Regellosigkeit）之中的世界，构成了经验世界基底的原质料（Urmaterie）仍然处于“无定”（ἄπειρον）的状态，谢林又进一步将无定等同于实在性（Realität）①，意在说明此时的原质料仅仅是构成了一切感受对象基底的本质（Wesen）或“是其所是”（das was Ist）的东西②，缺乏任何意义上的进一步规定性。但无定范畴本身就蕴含着“运动”（Bewegung）的特征，谢林因而将无定刻画为“被无序推动的元素”（die unordentlich bewegte Elemente）③。相应的，实在性被刻画为“被无序推动的质料”（die unordentlich bewegte Materie）④。分词“被推动的”（bewegt）意味着实在性没有固定的结构，因而处于无序的运动中。但正如谢林所说，柏拉图将“灵魂”（ψυχή）称为运动的原初本原⑤，作为灵魂的先验自我就是原质料的无序运动的“推动者”——“无定”必须被“规定”，原质料必须得到形式的规定，谢林将如此这般的“推动者”进一步界定为“规定”（πέρας）或“形式”（Form）。谢林这样从柏拉图的质料理论中引出“形式 / 规定”的概念：

---

① Vgl. F. W. J. Schelling, „*Timaeus*.“（*1794*）, hrsg. v. H. Buchner, Stuttgart-Bad Cannstatt: frommann-holzboog, 1994, S. 61. „Man sieht also Plato versteht unter dem ἄπειρον nichts mehr u. nichts weniger als die Categorie der Realität.“（“柏拉图认为，无定无非就是实在性的范畴。”）

② 先刚教授将谢林的术语 das was Ist 译为“存在者”，在本节的语境中笔者将其直译为“是其所是”，以凸显此时质料的无规定特征。相关中译参见［德］谢林：《近代哲学史》，先刚译，北京大学出版社 2016 年版，第 21 页。“存在者，即存在的主体，或人们通常说的本质。” Vgl. Schelling. *SW*: I, 10, 17. „［…］*das was Ist*, das Subjekt des Seyns, oder wie man auch sonst sagt, das *Wesen*.“

③ Vgl. F. W. J. Schelling, „*Timaeus*.“（*1794*）, hrsg. v. H. Buchner, Stuttgart-Bad Cannstatt: frommann-holzboog, 1994, S. 61.

④ Vgl. F. W. J. Schelling, „*Timaeus*.“（*1794*）, hrsg. v. H. Buchner, Stuttgart-Bad Cannstatt: frommann-holzboog, 1994, S. 63.

⑤ F. W. J. Schelling, „*Timaeus*.“（*1794*）, hrsg. v. H. Buchner, Stuttgart-Bad Cannstatt: frommann-holzboog, 1994, S. 28.

柏拉图关于质料的主要论题如下：

1. 原质料（柏拉图将其阐释为“无定”的范畴）只能接受形式，而且根本没有任何必然规定的原初形式。原质料接受的形式都来自外界；

2. 原质料从外界获得的普遍性形式就是统一性，或者说，“规定”，那些与作为基底的原质料交互作用的个别形式都受到统一性的规定；

3. 质料并不由这些形式组成，比如，质料并不是火、水等等，只有质料从外界获得的形式才能产生这些（元素）。①

对于单纯的质料而言，形式是“来自外界”的，因而形式与质料之间的关系是割裂且互不联通的；但从作为灵魂的先验自我视角来看，原质料与形式的交互作用完全建基于两者本身就具备的“统一性”之上。“统一性”意味着形式与质料本来就是“一”（Eins），两者应当成为彼此交织而不可分割的整体。谢林使用“统一性范畴”（Categorie der Einheit）这一显然来自康德哲学的术语无非意在说明，能够将原先彼此外在的形式与质料“统一”起来的，只有来自先验自我本身的能力——依据上文，这无非就是表象能力，而“统一性”本身实际上就是表象能力的原初综合活动。德国谢林学者弗朗茨（Michael Franz）就将谢林这里的“统一性”范畴解读为“一中之多的综合”（Synthesis der Vielheit in der Einheit）。② 如果单纯从这个角度来看，那么除去被动性因素缺失之外，谢林的表象能力理论似乎又与莱茵霍尔德的表象能力理论难以拉开质的分野。

但将“统一性”范畴解读为莱茵霍尔德式的原初综合活动仅仅是弗朗茨的一家之言。谢林本人在文本中非常谨慎地没有直接使用“综合”这样的字眼，转而引用了柏拉图《斐勒布篇》中的相关论述，将这种能够设定形式与质料之

① F. W. J. Schelling, „*Timaeus.*“ (*1794*), hrsg. v. H. Buchner, Stuttgart-Bad Cannstatt: frommann-holzboog, 1994, S. 59.

② Vgl. Michael Franz, *Schellings Tübinger Platon-Studien*, Göttingen: Vandenhoeck & Ruprecht, 1996, S. 259.

间的统一性的表象能力刻画为形式与质料之外的“第三个东西”，一种“原因”：

> 依据《斐勒布篇》，第三个东西必须是一个“原因”，进一步说，一个拥有知性的自我活动（Selbstthätigkeit）的原因。①

依据这段引文，谢林直截了当地将作为“原因”的“第三个东西”界定为“知性的自我活动”，说明统一了形式与质料的“第三个东西”正是我们在第二节中已经仔细处理了的表象能力，谢林引用柏拉图的术语将表象能力界定为“统一体”（τὸ κοινόν）②，而如此这般的作为“自我活动”的“原因”则正是作为表象能力功用表达的“因果性”。

但需要特别注意的是，谢林在这里对柏拉图的阐发显然与柏拉图本人在《斐勒布篇》中的表述不同。在《斐勒布篇》中，柏拉图借苏格拉底之口将存在者的种类分为四种：

> 1. 无定
> 2. 规定
> 3. 第三个东西，从两者混合出来的东西（τὸ δὲ τρίτον ἐξ ἀμφοῖν τούτοιν ἕν τι συμμισγόμενον）
> 4. 两者相互混合的原因（τῆς συμμείξεως τούτων πρὸς ἄλληλα τὴν αἰτίαν）③

---

① F. W. J. Schelling, „*Timaeus.*“ (*1794*), hrsg. v. H. Buchner, Stuttgart-Bad Cannstatt: frommann-holzboog, 1994, S. 48.

② 柏拉图的术语 τὸ κοινόν 的本义是“共同的东西”，意指一个包含了形式与质料的整体。谢林在《蒂迈欧评注》中将这个概念等同于“灵魂”、“表象能力”或“包含了多的一”（Vielheit in der Einheit），意指一个整体性的主体性本原。在这个意义上，本节中将这一概念译为“统一体”，以说明这一概念与前述其他概念的紧密联系。

③ Vgl. Platon. *Philebos*. 23b. 本节中柏拉图文本引用体例参照柏拉图研究界标准的“斯特凡页码”（Stephanus-Paginierung）。

柏拉图在《斐勒布篇》中将“混合”界定为“第三个东西”（τὸ τρίτον），而将“原因”界定为“第四个东西”（τὸ τέταρτον）。作为“第三个东西”的“混合”仅仅是一个较低级的、缺乏根据的状态，而作为“第四个东西”的“原因”才是包含了前三者的一切“生成流变的东西”（τὸ γιγνόμενον）赖以存在的根据。① 柏拉图进一步指出，“原因”不是其他，而正是一个能够“支配一切合乎秩序事物的理性”（νοῦν τινα συντάττουσαν διακυβερνᾶν），作为原因的理性是世界的“秩序本原”（Ordnungsprinzip）。这里柏拉图似乎主张在“无定”与“规定”两个本原之上设定一个更高的“理性”来保证两个本原的混合成为可能。②

但先刚教授指出，柏拉图提倡“理性”并不是要设定一个更高的东西，而是要强调“规定”在混合中发挥的主动作用。③ 如柏拉图所说，“作为原因的东西”（τὸ αἴτιον）就是“产生着作用的东西”（τὸ δὲ ποιοῦν）④，也就是说“原因”就是“规定”，四种存在者仍然是一个统一的整体。从这个角度来看，尽管谢林对《斐勒布篇》的阐释并不完全对应于柏拉图的原文，但仍然切中肯綮：谢林实际上将柏拉图的“第三个东西”与“第四个东西”合并把握为一种具备着主动规定与把握能力的“理性”（νοῦς）⑤，着力突出“统一体”概念中所具备的原初联结功能，从而将柏拉图的“理性”重解为先验哲学意义上的“最高级的知性”或“表象能力”，一个能够发起原初自我活动的主体性本原——先

---

① Vgl. Platon. *Philebos*. 26d-27a.

② “秩序本原”的说法来自德文版译者施莱尔马赫为这一段写下的导引，特此注明。Vgl. Platon. *Philebos*. 28d.

③ 参见先刚：《柏拉图的本原学说：基于未成文学说和对话录的研究》，生活·读书·新知三联书店 2014 年版，第 314 页。

④ Vgl. Platon. *Philebos*. 26e.

⑤ 德国谢林学者克林斯（Hermann Krings）在谢林《蒂迈欧评注》的后记中就明确指出，谢林实际上把柏拉图《斐勒布篇》中的“第三个东西”理解为“知性”（也就是柏拉图的“理性”）本身。Vgl. F. W. J. Schelling, „*Timaeus.*“（*1794*）, hrsg. v. H. Buchner, Stuttgart-Bad Cannstatt: frommann-holzboog, 1994, S. 134. „Schelling bezieht sich auf diese Stelle, versteht aber als »ein 3tes« den »Verstand«（νοῦς）.“

验自我。①

谢林这样刻画“统一体”通过“因果性”统一形式与质料的过程：

> 柏拉图在一切事物的两个形式（规定与无定）之上还添加了另外两个形式：“统一体”（τὸ κοινόν），也即是那个从规定与无定的联结中产生的东西；以及“作为原因的种”（τὸ τῆς αἰτίας γένος），即因果性范畴，将规定与无定这两者在统一体中联结起来。柏拉图将这些形式视为一切存在着的事物的形式，因此我们也必须将其设想为世界的起源。对柏拉图来说，“统一体”不仅意味着当下的世界，而且还是一个概念，当下的世界就其质料与形式而言必须从属于这个概念；“作为原因的种”也不仅仅是依据世界秩序而产生的神性因果性，而更是一种凌驾于一切因果性之上的因果性概念。②

这段引文从“自下而上”与“自上而下”的双重角度清晰展现了先验自我

---

① 谢林的这一融合了主体性本原学说的解读倾向在 19 世纪以来德语的柏拉图哲学研究传统中颇为流行，这种学说并非一种孤立的“暴力解读”，而是建立在作为近代以来德国哲学核心传统的本原学说之上的一种哲学史溯源考察，正如先刚教授指出：“谢林不仅熟悉柏拉图书写下来的对话录，而且和柏拉图的未成文学说以及整个柏拉图主义传统有着密切联系。”参见先刚：《柏拉图的本原学说：基于未成文学说和对话录的研究》，生活・读书・新知三联书店 2014 年版，第 294 页。德国学者哈弗瓦森（Jens Halfwassen）也有类似的解释倾向，以费希特主体性哲学与新柏拉图主义“流溢说”为基础，将柏拉图的“存在”解读为作为纯粹超越者的“一”（das Eine selbst als reine Transzendenz）。Vgl. Jens Halfwassen, *Der Aufstieg zum Einen. Untersuchung zu Platon und Plotin, 2.* Erweiterte Aufl., München/Leipzig: K. G. Saur, 2006, S. 265-400.

但特别需要注意的是，相比于 1794 年《蒂迈欧评注》中深受莱茵霍尔德主体性哲学影响的青年谢林，后期谢林的立场发生了一些深刻变化，“表象能力”与“自我”等主体性哲学的表述逐步让位于“大全一体”“上帝”与“潜能阶次”等更具备超越性的概念。谢林在写于 1834 年的《哲学经验论述要》（*Darstellung des philosophischen Empirismus*）中，回到了更接近于柏拉图《斐勒布篇》原文中的立场，将“原因”重新设定为高于“统一体”的“努斯”或“绝对原因”（Ursache κατ› ἐξοχήν），参见［德］谢林：《近代哲学史》，先刚译，北京大学出版社 2016 年版，第 311 页。

② F. W. J. Schelling, „*Timaeus.*“ (*1794*), hrsg. v. H. Buchner, Stuttgart-Bad Cannstatt: frommann-holzboog, 1994, S. 63.

内部的动态结构：1. 从规定（形式）与无定（质料）的联结中产生的“统一体”意指一个包含（乃至生成）了当下世界的先验自我；2. 先验自我赖以发挥功用的“因果性”范畴也超越了任何经验的自然因果性，实际上是先验自我在自身之内设定自我联结的本原性自我活动（prinzipielle Selbsttätigkeit）。但谢林本人使用的“自我活动”这样较弱意义上的表达与莱茵霍尔德式的形式性“综合”活动的区分仍然有待进一步澄清。

德国学者弗兰克在关于谢林《蒂迈欧评注》中的“统一体”概念的研究中使用了现代物理学中用于刻画运动物体作用效果的“动量”（Momentum）这一具备矢量性（既有大小又有方向）的概念来解释谢林这里作为“自我活动”的“因果性”范畴。弗兰克认为，所有这些精神性自我活动都发生“在那个将自己设定为自身的自我”（im sich selbst als sich setzenden Ich）之中，先验自我通过因果性范畴实际上完成了一种将自身“二重化”（Verdoppelung）的自我设定——先验自我在自身之内在单纯的量的意义上作出区分，然后将行量的规定的形式导引向作为无定的质的原质料，因而这种“二重化”自我设定活动可以被比拟为一种在自我内部发生的具备着矢量性的动量。①

弗兰克的这一洞见非常重要，谢林式先验自我的“二重化”与莱茵霍尔德式的综合活动的本质区别在于：谢林式的“二重化”除去将原先彼此对立的形式与质料把握为“一”的单纯形式性综合活动之外，还蕴含了一层“实在性”意义上的综合活动。谢林借用康德的“统一性”概念时不仅着眼于先验演绎章节中作为先验自我源生能力的统一性，更是发挥了 Einheit 作为单纯的第一个“量”（Quantität）的范畴的“单一性”② 范畴的本来含义。

---

① Vgl. Manfred Frank, *»Reduplikative Identität«. Der Schlüssel zu Schellings reifer Philosophie*, Stuttgart-Bad Cannstatt: frommann-holzboog, 2018, S. 27-28.

② 参见康德：《纯粹理性批判》，A80/B106。谢林在双重意义上解读了康德 Einheit 概念这一观点来自德国学者桑德考伦（Birgit Sandkaulen）的研究，特此注明。但笔者并不同意桑德考伦直接将谢林《蒂迈欧评注》中的表象能力概念等同于作为个体性本原（Individualitätsprinzip）的“存在者”（das Seiende）的观点。参见 Birgit Sandkaulen, *Ausgang vom Unbedingten. Über den Anfang in der Philosophie Schellings*, Göttingen: Vandenhoeck & Ruprecht, 1990, S. 21。

如前文所说，谢林那里作为“无定”的质料本身作为经验世界的单纯基底、作为“是其所是”的东西，只有单纯的“质”（Qualität）的规定性。这种单纯的“质”的规定性是晦暗且不清晰的，处于无序的运动之中，使得作为实在性的质料成了“不可见的东西”（ἀόρατόν τι）。而“规定”实在性无非意味着一种“量”的规定，即在单纯的质中间建立起“量”的区分。谢林专门阐明了“量”的规定的三重层次：1. 仅仅是按存在的等级（Grad）连续排列的稠密的大小（intensive Größe）①；2. 具体地（*in concreto*）被给定的定量（Quantum）；3. 作为范畴的量（Quantität）。也即是说，最初作为无定的原质料仍然只是未得到规定且无法固定下来的“大小”，连续且稠密，意味着难以分割固定；随后经过存在等级的差距划分，原质料被把握为“杂多”（Mannigfaltigkeit）或“复多”（Vielheit），或者说给定的定量；最后，所有定量经过量的范畴的最终规定，被把握为“一”或“整体”。正如谢林所说，作为范畴的量就是终极的统一性规定的体现：

> 量就是那个把握为“质”的对立物的东西，也即是说，量并不是一个具体地被给定的定量，量是定量，而且是全部的定量（Quantum überhaupt）。②

就此我们才可以下结论：无定的质料作为单纯的实在性必须能够获得统一性的规定。因此谢林的表象能力概念与相伴随的因果性概念远远超出了莱茵霍尔德表象能力概念的界限。先验自我的原初综合活动不仅是形式性的自我联结，更是实在性的自我生成过程。只有质料真正被建立起来并被固定住，在作为统一体的先验自我之内，规定与无定、形式与质料之间的因果性联结才算真

---

① Vgl. F. W. J. Schelling, „*Timaeus.* “（*1794*), hrsg. v. H. Buchner, Stuttgart-Bad Cannstatt: frommann-holzboog, 1994, S. 60.

② F. W. J. Schelling, „*Timaeus.* “（*1794*), hrsg. v. H. Buchner, Stuttgart-Bad Cannstatt: frommann-holzboog, 1994, S. 62.

正被建立起来并固定下来。这样，质料才能真正作为经验世界基底去“是其所是”，原初经验也终于得以建构完成。最后，我们可以将谢林意欲呈现的作为表象能力的先验自我之动态结构以下图完整地展示出来：

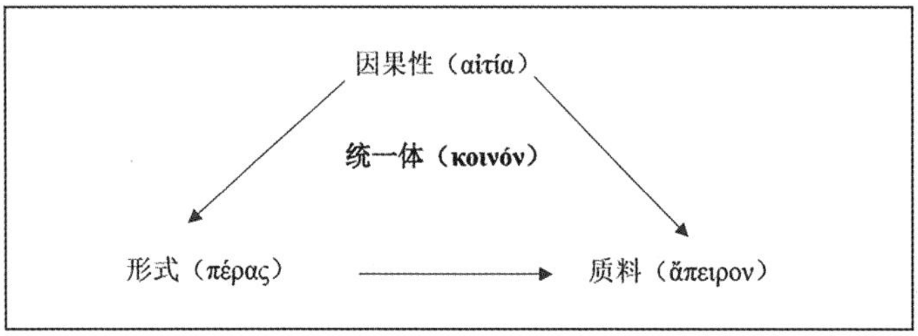

弗朗茨在他的名著《谢林在图宾根时期的柏拉图研究》（*Schellings Tübinger Platon-Studien*）中指出，谢林在1794年《蒂迈欧评注》中的柏拉图阐释受到了毕达哥拉斯学派（本原论）、新柏拉图主义（流溢说）、近代早期的剑桥柏拉图学派（本原与范畴的关系）与莱茵霍尔德基础哲学（表象能力）的多重影响，但这其中最核心的仍然是莱茵霍尔德基础哲学的表象能力理论。① 谢林深受莱茵霍尔德基础哲学的影响，试图探求一种最高级的理性形式作为哲学的本原；但同时，谢林在其他哲学传统（特别是斯宾诺莎哲学）② 的影响下，创造性地在先验自我内部建立起了形式与质料通过内在因果性交互规定的新模式，将莱茵霍尔德那里深受康德影响的“接受性—自发性”先验自我更易为一个更加具备“力量”（*potentia*）的“二重化”先验自我——在自身内设定自我联结的同时也完成了原初经验的建构。

在这个意义上，谢林从其哲学生涯的最开端处就彻底拉开了与康德－莱茵霍尔德批判哲学体系的距离。同时，谢林的“二重化”先验自我所依托的不同

① Vgl. Michael Franz, *Schellings Tübinger Platon-Studien*, Göttingen: Vandenhoeck & Ruprecht, 1996, S. 274-275.

② 关于斯宾诺莎哲学对早期谢林的巨大影响，笔者将另外专门撰文论述。已有的相关中文研究可参见庄振华：《实相与真理——德国古典哲学的世界构想及其源流》，《云南大学学报（社会科学版）》2017年第5期。

范畴之间的存在论层级区分（比如质的范畴通过量的范畴被规定）也完全是谢林的理论原创，这使得谢林在《蒂迈欧评注》中所展示出的原初自我活动的理论深度远远超出了费希特早期知识学体系中（同样忽视了实在性建构的）“本原行动”概念。谢林从哲学生涯最开端处就毫不掩饰地流露出整合近代以来形而上学发展流变的理论雄心：“二重化”的先验自我不仅必须能够设定自身的存在论根据，更要能够设定世界的存在论根据①。如谢林所说：“这些形式不仅是我们知性的形式，更是必然解释了整个世界的实际存在的普遍性的世界概念”。②

第二节　早期谢林的先验存在论构想（1794—1795）

本节承接上一节对于谢林先验哲学原爆点的定位，我们将重点分析谢林在1794至1795年间的两份早期文本《论一种全部哲学形式的可能性》（1794）与《论自我作为哲学的本原》（1795）中对一种费希特式的“绝对自我”（等同于谢林的“绝对同一性”）的复杂结构的思考，并试图廓清切入谢林早期哲学的两个关键节点：

1. 谢林已经尝试综合形式与内容的视角去考察绝对自我的内部结构，这意味着谢林已经赋予了绝对自我一种原初实在性，或者说一种存在论地位；

2. 谢林把握到了绝对自我的内部结构的动态性特征，并提出，只有通过一

---

① 谢林在1794年的《蒂迈欧评注》中所流露出来的“世界概念”的构想直接影响到了他在1790年代后期的“自然哲学”方案。关于早期谢林哲学中世界构想与自然哲学的关系，可参见庄振华：《谢林自然哲学的思想宗旨与演进历史——以“大全一体”的肯定性发生史为中心》，《哲学研究》2021年第9期。

② F. W. J. Schelling, „*Timaeus.*“（*1794*）, hrsg. v. H. Buchner, Stuttgart-Bad Cannstatt: frommann-holzboog, 1994, S. 63.

种原初意义上的“绝对综合”才得以把握这一结构。

在这样的理论框架之下，我们可以更好地理解本章节的要旨：先验哲学究竟如何发展成一种突破了“批判哲学”的先验存在论的。

一、《论一种全部哲学形式的可能性》(1794) 中的原初综合理论

谢林在 1794 年 9 月发表的论文《论一种全部哲学形式的可能性》(*Ueber die Möglichkeit einer Form der Philosophie überhaupt*) 与费希特正式出版他的第一个版本的《知识学》是几乎同步的。青年谢林追随莱茵霍尔德与费希特的哲学构想，试图从原理——绝对同一性“A = A”出发，构造一套哲学的推证式 (demonstrativ) 体系。①

作为莱茵霍尔德与费希特的直接后继者，谢林最初的哲学规划当然仍必须被安置在先验哲学（及其延展）的语境里来考察。但是，这绝不意味着，谢林的哲学观点仅仅是费希特在同年发表的《论知识学的概念》里所发展的原理学说的简单重复。在《论形式》的开篇，谢林就提出：

> 哲学是一门科学，换言之，哲学在被规定的形式之下有被规定的内容。②

对于谢林而言，“科学”意味着“体系”(System)。哲学是一门科学，就意味着哲学必须要成为体系，体系则必须具备普遍有效性与必然性 (allgemeine Gültigkeit und Notwendigkeit)。因此，谢林以一种非常莱茵霍尔德 - 早期费希特的方式提出，想要构建体系，我们就必须在一个基础性层面去探求具备着终极确定性 (Gewissheit) 的原理。那到底什么才是“原理”(Grundsatz) 呢？

---

① Schelling, *SW*: I, 1, 97. 本节中所引用的谢林文本均按照德文版标注卷次与页码，所有引文均由笔者自行翻译。

② Schelling, *SW*: I, 1, 89.

在批判哲学的传统中，原理有如下两重意涵：

1. 原理必须构成其他一切命题的前提条件。

2. 原理不能被任意选择，而必须具备终极的确定性。

希求一种思辨体系的谢林则更进一步，试图去寻找原理的“绝对无条件”的终极根据，即“一切原理的原理”（Grundsatz aller Grundsätze）。同样是在《论形式》的开篇，谢林就提出了这样一个关键的哲学问题：

我们到底如何才能找出那个包含着科学的一切内容与一切形式（两者都由彼此奠基）的条件的一切原理的原理？①

如果我们更加仔细地重新审读这段引文，我们就会马上发现谢林哲学决定性地区分于费希特体系的一个显著特征：相比于费希特显然更加偏颇形式条件的尝试，谢林非常强调论证“首要”原理的形式条件与内容条件的同等重要性。也只有这样，谢林才能摆脱费希特体系的束缚，挖掘出原理的“真正”内容的意涵。换言之，建基于最高原理的思辨体系必须要成为一种“第一哲学”（*Philosophia prima*）。探求“首要”的最高原理，就意味着去探求科学的可能性的终极开端与边界——“本原”。这也意味着，谢林探求最高本原的努力从一开始就进入了存在论的领域。在此，我们有必要先行澄清谢林本人探求最高原理的独特策略。

谢林从一个选言判断开始论证：最高原理，要么必然是经由自身被规定（以自身为条件）；要么必然是由一个已经在这个命题中被包含的特征所规定。我们随之可以质问：是否有这样一种可能性，让这一最高原理仅仅通过它的“首要”特征而被给定？谢林断然否定了这种可能性，因为最高原理必然不能

① Schelling, *SW*: I, 1, 96.

包含如此这般的“首要”特征与其他由外部给定的特征之间的联结。最高原理如果包含着由外部给定的特征，则意味着最高原理已经由外部规定，这显然不符合最高原理本身的地位。因此有且仅有这一种可能性：最高原理只能经由自身被规定。就此，我们发现了谢林论证策略的第一个步骤：

> 1. 原理必须包含一个无条件的内容，而如此这般的原理必须是一个“绝对自在的无条件的原理”（ein schlechthin an sich unbedingter Grundsatz）[①]。

“绝对自在无条件的原理”意味着这个“首要”的原理必然不能由任何其他一个原理所规定。（但它反过来必然要能够规定一切其他命题！）这一原理的“无条件”的内容必须“原初地被设定”，换言之，经由这个无条件的原理自身而被设定。因为在这一原理之中除了它自身外别无其他，那么在原理之中“原初地被设定”就只能意味着一种“自身设定”（sich-selbst-Setzen），或者用谢林自己的表述来说，经由“绝对的因果性”（absolute Kausalität）而被设定：

> 除了那个包含着一个绝对独立的原初自身（自我）的东西之外，没有任何其他东西可以设定自身。[②]

通过将无条件的原理的无条件内容转化为“自身设定”，谢林成功地将无条件的原理的形式与内容之间的交互奠基同时也转化为了一种自我联结（Selbstbezüglichkeit）。“因为那个原初自身是一个设定着的东西，那它无非就是那个原初的经由自身而被设定的自我”[③]。在这里我们就到达了谢林论证策略的第二

① Schelling, *SW*: I, 1, 96.

② Ibid. 很显然，谢林在这里将“自身”（Selbst）与“自我”（Ich）当作同义词来使用。这可以有效回击某些学者认为德国唯心论内部存在着“自身”与“自我”的本质区别的观点。

③ Ibid.

个步骤：

> 2. 无条件的原理的内在结构必须就其内容而言被视为是自我的一种自我联结。

有了这样一个理论基础，我们就能够进一步将无条件的原理的形式刻画为如此这般的同一性论题（Identitätsthese）：

> 3. 自我就是自我。（Ich ist Ich.）①

特别要注意的是，如此这般的自我联结“自我就是自我”所表达出的不是单纯的形式性的，而恰恰是一种动态的“存在论”意义上的活动（*ontologische* Tätigkeit）。在这个意义上，谢林实际上希图通过“自我就是自我”表达出一种“事实性”（Sachhaltigkeit），即如此这般的存在论意义上的活动使得“自我将自身实现为是其所是的东西”（*Ich realisiert sich als das, was ist.*）。② 事实性由“自我就是自我”这一同一性本原所建构，并反过来构成了一种绝对的建基于“自我实在化”（Selbstrealisierung）活动之上的本原联结（prinzipielles Verhältnis），这也正是谢林使用的术语“绝对因果性”所意图表达出的内涵。③

---

① 谢林在这里将同一性论题表述为“自我就是自我”，而不是费希特所使用的“我是我”（Ich bin Ich）。根据在于，谢林试图表达出的同一性两侧的“自我”是有所差异的：一侧是一个作为自身设定活动的承载者的自我；另一侧则是一个由外部规定出来的自我。谢林试图在《论形式》中进一步建立起这一同一性论题的稳固根基，但正如下文即将说明的，谢林最终没能在《论形式》中完成这一任务。

② 这一表述来自笔者的恩师与好友斯特凡·朗博士，特此致意。

③ 笔者对“绝对因果性”的这一理解极大受益于斯特凡·朗博士。2018 年夏季学期，笔者参加了朗博士在图宾根大学哲学系主持开设的“谢林早期著作”研讨班，并在其间与朗博士就谢林早期的绝对自我概念与费希特同名概念的联系进行了相当深入的讨论，特此致谢。

这一同一性论题可以进一步地从两个角度来理解：其一，如同谢林描述的，“‘自我’是原理的内容，‘自我就是自我’则为原理的质料性的也是形式性的形式，两者互为对方因果”。[①] 这也即是说，原理能够存在，完全在于它的形式与内容之间的交互奠基。在这个意义上，同一性本原“A = A”中的“等号”（Ist-gleich-Zeichen）所表达出的就不仅仅是一种单纯的形式化联结，而更多的是一种对绝对自我“何为”（was ist）的内容（实在性）上的规定。在这个意义上，谢林的“自我”超越了批判哲学意义上的那个意识主体（Subjekt）：意识主体规定了意识的内容，为自我提供“有意识的情资”（bewußte Information），因而实际上就是同一性公式“A = A”中的那个“A”；而（先验）自我就是那个作为自我实在化的事实性本原，它设定了同一性公式本身，从而在更根基的层面上使得意识主体成为可能。

其二，如果我们回顾一下谢林的第一个步骤，我们马上就能发现一个问题：一个绝对的被设定存在（作为无条件的原理的无条件内容的自我）究竟是怎么能够成为一切其他原理的内容的呢？否则，无条件的原理就是个完全空洞的、隔绝于世界的东西。因此，必须再往这个同一性论题中添加一些东西，用费希特的话来说，添加一个“差异性论题”，即，“非我不是自我”（Nichtich ist nicht Ich）。[②]

谢林在这里必须要引入“非我”，原因在于，“非我”如同一座桥梁，使得无条件的自我能够以“非我”为中介构造出一切其他原理的实在性。从形式上来看，谢林的“非我”概念与费希特的“非我”概念一样，都是使得自我对外打开的一个“中介条件”（*médiatement conditionné*）。但正如谢林在这一节的脚注中清楚地说明的，哲学的“原形式”（Urform）不能被以任何方式奠基，也不能包含任何实在性。[③]“非我”的引入却使得自我之中出现了新的“情资”（Information），因此，“非我”给“自我”提供了实实在在的其他“内容”。

---

① Schelling, *SW*: I, 1, 97.

② Ibid.

③ Schelling, *SW*: I, 1, 98n.

谢林进一步论证，“差异性论题”可以被进一步解释为“非我＞自我”（Nichtich ＞ Ich）。① 特别地，因为自我的形式无非是无条件性（Unbedingtheit），那么非我的形式相应地就必须是“有条件性”（Bedingtheit）或“被规定性”（Bestimmtheit）。正如法国谢林学者加当（Emmanuel Cattin）所说：

> 因此自我给定或者设定了非我，以一个内容设定了另一个内容。但也以一个无条件性的形式，通过设定—中介—他者的方式设定了一个有条件性的形式。②

至此，我们已经证成了最高原理的无条件的内容（第二步）与有条件的形式（第三步）。接下来我们需要最后一个步骤，来将这两者之间的交互奠基的关系阐释清楚：

> 4. 这两个彼此排斥的东西（最高命题的无条件的内容与有条件的形式），必须通过一个作为第三方（ein Drittes）的意识或者表象才能彼此紧密地联结在一起。

这样，最高命题的无条件的内容与有条件的形式，以及将它们之间的排斥转化为联结的自我联结机制所一道构成的原理体系就能够直接为一种意识理论或者表象理论奠定基础，因为如同莱茵霍尔德和费希特已经揭示出来那样，意识理论或表象理论只有在自我内部的区分与联结之间的动力学机制被澄清之后

---

① Schelling, *SW*: I, 1, 98. 谢林《论形式》中的“非我”概念与费希特的“非我”概念截然不同：费希特的“非我”仅仅是一个逻辑意义上的被设定存在，仅仅是与自我保持等量平衡的一个被设定出来的“否定的活动”；谢林则赋予了“非我”联结主体与世界的一个实在性地位。

② Cf. Emmanuel Cattin, *Transformations de la métaphysique. Commentaires sur la philosophie transcendantale de Schelling,* Paris : Librairie Philosophique J. Vrin, 2001, p. 40. « C'est donc bien le Moi qui donne ou pose le Non-Moi, un contenu qui pose *un autre contenu*, mais aussi une forme, celle de l'*inconditionnalité*, qui en pose-médiatement-une autre, celle de la *conditionnalité*. »

才会成为可能。①

谢林通过第四个步骤意在表达一种对世界的主体性认识论把握模式的诉求。换言之，一旦无条件者进入实在性世界，无条件者就必须经历一个“自我具象化”（Selbstkonkretisierung）的进程，只有这样，无条件自我之中的纯粹自我联结才能被转化为一种主体性把握能力（意识或者表象）。也只有到了这一步，最高原理的无条件的内容与有条件的形式才能在一个“真正的”综合活动之中合二为一，如同谢林描述的那样：

> 自我、非我与表象仅仅经由意识才是可能的，这必须成为一切哲学的本原（Princip aller Philosophie）。——自我、非我与表象都是经由表象，或者说仅仅经由意识而被（以主体性的方式）给定的；正如迄今的推证已经阐明的那样，它们之所以能够经由表象也就是说经由意识而被给定，是因为它们自身在之前已经要么是无条件地（比如自我），要么是有条件地（以无条件者为条件，而非以意识为条件！）被（以对象性的、独立于意识的方式）设定好了。②

但是，在这里谢林似乎没有在意识（Bewußtsein）与表象（Vorstellung）之间做出本质区分。因为它们两者似乎都扮演者第四个步骤中那个“第三方”的角色。但是在上述引文中，谢林似乎想要指出，意识仅仅是一个不完满的“一切哲学的本原”的主体性把握能力而已。意识需要一个比它更深层的表象，才能将无条件自我的自身设定奠定为“绝对的因果性”。谢林将这一特殊的表象理解为一种原初的活动（ursprünglicher Akt），换言之，一种“自发性”（Spontaneität）。这种自发性“既是对于那个经由绝对自我而被包含在表象中的自我的一种直接的规定，也是对那个被包含在表象中的非我的直接的扬弃”③。

---

① Vgl. Schelling, *SW*: I, 1, 100.

② Schelling, *SW*: I, 1, 100n.

③ Ibid.

但是，这种作为原初活动的自发性的特殊表象究竟应当如何理解？它在表象与意识的复杂关系中所扮演的角色又应当如何认定呢？如果这里我们所讨论的这个由意识建立起来的“真正的”综合仅仅是一种主体性的联结，那么它就绝不是一种真正的奠基性的本原。由于谢林在《论形式》中并未展开对于绝对无条件自我内部动态结构的讨论[①]，这一问题在《论形式》的理论框架中是无解的。绝对自我的动态结构如何能够将无条件的内容与有条件的形式之间进行综合，换言之，思维与存在的综合如何真实地确立为“一切哲学的本原”，还有待于我们对谢林在《论形式》发表后一年完成的另一部重要作品《论自我作为哲学的本原》中所发展出的绝对自我的动态内部结构做进一步考察。

二、《论自我作为哲学的本原》(1795) 中的“思维—存在同一体”构想

前文提到，谢林在 1794 年的《论一种全部哲学形式的可能性》中试图从绝对同一性出发建构一套推证式哲学体系，但却未能有效证成绝对同一性内部的动态结构究竟何以可能。客观地说，谢林 1794 年的体系草案仍然保留了过多莱茵霍尔德 – 早期费希特式批判哲学的要素，因此很难真正脱离一种纯然形式化的抽象视角去考察同一性内部的动态实在结构。

意识到这一草案的不足后，谢林很快就放弃了这条路径并转而尝试一个全新的哲学规划，专注于人类知识与全部科学的奠基问题。在他 1795 年发表的论文《论自我作为哲学的本原》(*Vom Ich als Princip der Philosophie*) 的前三节中，谢林首次直接提出了原初主体—客体的理念作为哲学与

① 德国谢林学者桑德考伦（Sandkaulen）指出，在《论形式》中，谢林通过从存在论的基础角度去解读无条件者的实在结构，至少给出了一种不同于费希特模式的理解“绝对自我”的可能性。参见 Birgit Sandkaulen, *Ausgang vom Unbedingten. Über den Anfang in der Philosophie Schellings*, Göttingen: Vandenhoeck & Ruprecht, 1990, S. 23。

全部科学的最高本原，或者用德国学者伊贝尔（Christian Iber）的话来说，谢林提出了“一种先验哲学的存在论基础”。① 本部分即试图通过考察谢林在《论自我》前三节中发展出来的关于绝对自我的内部动态结构的论证，来试图把握“思维—存在同一体”（Denken-Seyn-Identität）所蕴含的绝对综合机制（“内在因果性”），从而将“思维—存在同一体”证成为一切哲学“真实的”本原。

《论自我》的第1节从“知识”的概念开始，“一种没有实在性的知识就不是知识”。② 与康德在《纯粹理性批判》的先验演绎部分中将先验统觉的实在性根据悬置的做法不同，对于谢林来说，知识的终极实在性应当成为哲学的基础。这一知识的终极实在性的奠基进程也不是怀疑论意义上的无穷后退。作为“所有实在性的原基础”③ 的终极实在性本身只能来自绝对者本身。随后谢林提出了最高本原：

> 绝对者只能通过绝对者被给定。④

在这里我们可以发现早期费希特与谢林的共同基础，即原初意义上的人类思维活动不能由外在的实在性决定。然而，费希特借此建立起一套封闭的自我意识结构，接着尝试着去将其重新朝着世界开放，最终导致了基础性自我意识的内部冲突。与费希特在解释主体与对象界限时模糊不清的表述相比，谢林直

---

① Christian Iber, *Subjektivität, Vernunft und ihre Kritik. Prager Vorlesungen über den Deutschen Idealismus*. Frankfurt am Main: Suhrkamp, 1999, S. 64. 一个值得注意的历史事实是：当《论自我》在1795年复活节正式发表时，离费希特《知识学》的完整版本（包括了第三部分“实践科学”）的首次发表还有三个多月。我们可以很确定地说，谢林在写作《论自我》时并没有接触到费希特的实践自我意识理论。这一历史事实对于我们理解谢林在《论自我》中的立场是至关重要的。

② Schelling, *SW*: I, 1, 162.

③ Ibid.

④ Schelling, *SW*: I, 1, 163.

接通过最高本原从根基上超越了主体—客体的二分。[①]“所有实在性的原基础”（原初实在性）与“绝对者”（原初观念性）被谢林刻画为一种内在的因果性，这一术语虽然与费希特的类似，但是费希特会强调“内在”不涉及任何外在的实在性。绝对者的结构，或思维—存在同一体也始终是一个内在结构。谢林将这种内在结构理解为形式（观念性）与内容（实在性）的原初综合。

在《论自我》的第2节中谢林开始尝试表达上述内在结构的形式规定性，即“无条件者”的概念。谢林的论证分为两个步骤：第一步，形式规定性不能是对象性的，任何对象都是认知活动的对象，因而只是“知识链条”（die Kette des Wissens）的一个环节。因此一个对象必须归因于另一个对象来作为自身的前提，而这与原实在性的基础性设定相抵触；第二步，谢林指出对象的实在性必须受“其他某物”（etwas anders）规定。对象必须要预设一个与对象处于必然联结的东西，也即是说——主体。因而这里就出现了下一步的问题：形式的规定性可以是纯主体性的吗？答案同时也是否定的，因为主体仅有通过对象才是可被思维的。如果形式规定是主体性的，它就必须同时是对象性的，因此这就回到了第一个步骤上去。无条件者应当超越单纯的主体与对象，正如谢林在第2节的结尾总结的：

> 因为主体只有是在与对象联结中才是可被思维的，对象只有在与主体的联结中才是可被思维的，因而两者中没有一个能包含无条件者；两者都是相互受对方规定的，两者都是同时被对方设定的。为了规定两者之间的关系，一个更高级的规定根据必须要被预先设定，而两者都以这个更高级的根据为条件。[②]

第2节已经论证了：无条件者就其形式而言，既不能是对象性的也不能是

① Christian Iber, *Subjektivität, Vernunft und ihre Kritik. Prager Vorlesungen über den Deutschen Idealismus*. Frankfurt am Main: Suhrkamp, 1999, S. 64.

② Schelling, *SW*: I, 1, 165-166.

主体性的。然而，无条件者、主体与对象之间的关系仍然不够清晰，无条件者规定主体与对象的动力学机制也需要进一步被说明。因此，谢林在第 3 节中“从内容上将绝对者给定为人类知识本原的规定性”。① 与费希特在《知识学》中的有限自我与非我之间的关系类似，谢林也将主体与对象之间的联系刻画为对立设定活动，而两者互为对方的对立命题。无条件者同时超越了主体与对象，因此在无条件者与主体和对象之间必须要有一个通道，这样才能使得主体与对象之间的区别（对立）与关联（设定）成为可能。而谢林在《论自我》的第 2 节中已经提出了这样的要求：

> 无条件者应当实现自身，应当通过它的思维产生（hervorbringen）自身；它的存在与思维的本原应当彼此一致。②

相应的，作为思维（主体）与存在（对象）的本原，无条件者必须要超越主体与对象之间的对立设定。谢林在第 3 节的开头这样提醒他的读者，“给出条件”（Bedingen）总是与把将某物变成“物”（Ding）联系在一起，也即是说，彻底的对象化（Vergegenständlichung）。③ 如同谢林在第 2 节中论证过的那样，无条件者不能由别的东西规定。

> 给出条件意味着某物借以成为物的活动，而被规定则意味着那个已经成为物的东西，这就同时预先设立了，没有什么东西能够通过自身就已经被设定为物，也即是说，一个无条件的物就是一个矛盾。④

---

① Christian Iber, *Subjektivität, Vernunft und ihre Kritik. Prager Vorlesungen über den Deutschen Idealismus*. Frankfurt am Main: Suhrkamp, 1999, S. 69.

② Schelling, *SW*: I, 1, 164.

③ 谢林在此处玩了一个文字游戏，因为“条件”（Bedingung）与“物”（Ding）在德语中有着相同的词根。

④ Schelling, *SW*: I, 1, 166.

无条件者绝对不能被规定，因而就是绝对自我。谢林进一步论证，主体与对象之间的交互联结只有通过绝对自我的“外斥”（Ausschließung）活动才是可能的。① 很显然，这样一种外斥式的绝对自我受到了雅各比版本的斯宾诺莎哲学解读的深刻影响，雅各比试图建构的正是“一切定在之中的（终极）存在”（das Seyn in allem Daseyn）。② 与费希特的“阻碍—触发”概念的“内含”（inklusiv）式机制相反，自我外斥的活动不是一个综合活动，而是一个完全超验且“排外”（exklusiv）活动，如下图所示：

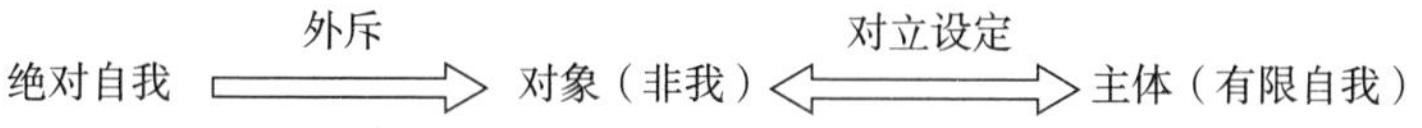

但是，虽然谢林已经建立起绝对自我的动力学机制，实在性的终极根据的问题仍然悬而未决。为了适应这种外斥式的认知模式，谢林在《论自我》的第 3 节中修正了最高本原的表述：“我存在，因为我存在”（Ich bin, weil Ich bin）。③ 谢林关于最高本原的这一新版本表述将费希特式的“自我确证”（Selbstvergewisserung）变成了一种绝对的“内向性”（Innerlichkeit），而实在性的终极根据也变成了一种所有定在（实存）与表象之上的终极存在。正如谢林在第 3 节中所说的：

> 我的自我（Mein Ich）获得了一个存在，它先行于一切思维与表象活动。④

谢林随即将这种绝对的内向性界定为“内在的因果性”（immanente

① Schelling, *SW*: I, 1, 169.

② 限于篇幅，笔者在这里无法深入讨论谢林早期哲学中的雅各比要素。关于对雅各比的斯宾诺莎哲学解读及其对 18 世纪 90 年代德语哲学发展的影响这一话题相关的研究可以参见：Dieter Henrich, *Grundlegung aus dem Ich. Untersuchungen zur Vorgeschichte des Idealismus. Tübingen – Jena (1790-1794)*, Frankfurt am Main: Suhrkamp, 2004.

③ Schelling, *SW*: I, 1, 167.

④ Ibid.

Kausalität)①，甚至更进一步界定为“理智直观”(intellektuale Anschauung)。② 相比于费希特在《知识学》中为绝对自我打造的动力学机制，谢林在《论自我》中代之以一种连接了自我与世界的传递性活动，与一套外斥式的自我分殊进程。在 1794—1795 年费希特与谢林之间的决定性差别在于：对于谢林而言，世界只能通过原初的思维—存在同一体被“开显”（offenbart）给我们，而不能由我们自己的活动生成出来。谢林将费希特的自我意识“存在论化”为一种观念性与实在性、主体与对象、自我与世界之间的终极原初统一体，成为一个终极的“大全一体”(Alleinheit / ἓν καὶ πᾶν)。这个终极的理念进入了“前意识”（Vorbewußtsein）领域，因而不可能被有限的人类理智以任何概念化的方式加以把握。但是谢林在绝对自我中没有做出任何已然存在的区分，而任何一种尝试在绝对自我中制造区分的努力都会被谢林视为某种特定的概念化活动，概念化活动则不被允许在无条件者的领域内发生。这一体系性的困难从一开始就让谢林的绝对自我的动力学机制戛然而止。而笔者已经指出，直到 1797 年，在费希特对自我意识的构造问题的新思路的启发下，谢林才得以重新深入界定理智直观的结构化概念，并彻底解决这里出现的困难。

---

① 考虑到雅各比的斯宾诺莎哲学解读在 18 世纪 90 年代对谢林哲学的影响，对象领域之上的内在因果性这一表述很容易会与斯宾诺莎的“自因”（causa sui）概念相混淆。谢林在这里描述的内在因果性仅仅是指，自我确证只能通过绝对的思维—存在同一体才能实现，而不能受任何外在实在性的影响。

② 在谢林那里，“理智直观”这一术语要到《论自我》的第 8 节才第一次出现。参见 Schelling, *SW*: I, 1, 181. „Wo Objekt ist, da ist sinnliche Anschauung, und umgekehrt. Wo also kein Objekt ist, d. i. im absoluten Ich, da ist keine sinnliche Anschauung, also entweder gar keine, oder intellektuale Anschauung. Das Ich also ist für sich selbst als bloßes Ich in intellektualer Anschauung bestimmt.“(存在对象的地方，就存在感性直观，反之亦然。而不存在对象的地方，也即是说，在绝对自我之中，因而就没有感性直观存在，因此在绝对自我之中要么就什么都没有，要么就存在理智直观。因而自我就其自身关联而言被规定为理智直观之中的单纯自我。）但是，1795 年的谢林并没有给出“理智直观”概念的相应结构。这时的理智直观应当仅仅被视为是一种单纯的“思维—存在同一体”。

第三节　从“理性批判”到体系化的先验哲学（1796—1797）

如前文所述，1795年的谢林已经探索出一条与费希特式“知识学”大相径庭的理论路线：哲学的本原应当建基于原初的思维—存在同一体，而非费希特式的“绝对自我”。这也就意味着，对于谢林而言，哲学必须要深入表层意识活动与经验自我之下的存在论领域，并同时从形式与质料两方面对作为自我的存在论基础的原初思维—存在同一体完成“建构”（Konstruktion），从而如德国学者柏恩克（Michaela Boenke）所言，将先验哲学拓展为一种“先验形而上学”（transzendentale Metaphysik）①。而谢林在这一时期的两份重要文本——1795年的《关于批判论与独断论的哲学书信》（*Philosophische Briefe über Dogmatismus und Kriticismus*）与1796—1797年的《论知识学的唯心论阐释》（*Abhandlungen zur Erläuterung des Idealismus der Wissenschaftslehre*）——中，通过对1795年的《论自我》中尚未充分展开的“理智直观”（intellektuale Anschauung）②概念的全新探索，谢林开始建立起完全独立的先验哲学体系。

因此，我们在进一步深入谢林的先验存在论构想之前，必须要进一步辨析谢林的理论路径与康德以及早期费希特为代表的“批判哲学”理路之间的本质区别。本节的任务便在于，以谢林在1796—1797年的体系构想为基准，重点分析谢林在这一时期的核心概念“理智直观”的演进发展，通过“理智直观→精神→意愿→自主→体系→先验哲学”的概念链条展现谢林独立的先验哲学体系雏形的形成过程。

---

① Vgl. Michaela Boenke, *Transformation des Realitätsbegriffs. Untersuchungen zur frühen Philosophie Schellings im Ausgang von Kant*, Stuttgart-Bad Cannstatt: frommann-holzboog, 1990, S. 275.

② 谢林使用的“理智直观”的拼法与如今德语正字法中的拼法（intellektuelle Anschauung）不同，这里遵照谢林原文使用原拼法，不再赘述。

一、《关于批判论与独断论的哲学书信》(1795) 中的“先验形而上学”

如本章第一节所述，早在1794年谢林便在《蒂迈欧评注》中以莱茵霍尔德的“表象能力”概念为基础提出了完全突破批判哲学界限的本原体系构想；一年之后，谢林又在《论自我》中通过对“自我”的存在论化的全新阐释，初步勾画出一幅截然不同于费希特式“绝对自我”学说的理论图景。可以说，尽管谢林的本原学说有着独立来源，但从整体上来说，他的早期先验哲学构想是在莱茵霍尔德“基础哲学”与费希特“知识学”的共同地基之上发展出来的。因而，为了廓清整个先验哲学体系的地平，谢林必须继续深入这两大地基的深处——康德批判哲学之中，从根基上将批判哲学作为一个环节吸纳进全新的先验哲学体系之内，并完成康德、莱茵霍尔德与费希特未能完成的先验哲学体系的完整建构。

在谢林看来，康德的《纯粹理性批判》并没有完成其本来使命。在《关于批判论与独断论的哲学书信》(以下简称《哲学书信》) 的“第三封信”的开头，谢林便指出，康德的《纯粹理性批判》仅仅是“对于人类认识能力的批判”(*bloß* Kritik des *Erkenntinißvermögens*)①，最多只能将人们从“独断论的迷梦”(康德语) 里唤醒，但远远不足以从根基上彻底拒斥独断论。

根据柏恩克的考证，谢林语境中的“独断论”(Dogmaticismus) 专指他在图宾根神学院期间所学习的那些基于新教虔敬派神学立场的“图宾根柏拉图主义”学说 (比如前文提及的厄廷格尔的柏拉图主义学说)。② 正如本章第一节已经强调过的，谢林早在1794年的《蒂迈欧评注》中便试图引入莱茵霍尔德“表象能力”与“自我活动”学说作为体系本原来对抗图宾根柏拉图主义独断

① Vgl. Schelling, *SW*: I, 1, 293.

② Vgl. Michaela Boenke, *Transformation des Realitätsbegriffs. Untersuchungen zur frühen Philosophie Schellings im Ausgang von Kant*, Stuttgart-Bad Cannstatt: frommann-holzboog, 1990, S. 233-234.

论传统中那种僵死与空洞的本原。要想对抗乃至拒斥独断论，批判哲学必须要拥有一个更强大的、更深刻、更基础的本原，并建构完成一个相应的整全体系。而在谢林眼中，康德的《纯粹理性批判》显然没有完成这一使命，《纯粹理性批判》的大部分篇幅都在为知性的运用（也就是谢林说的“认识能力”）制定规范，但对于真正重要的“理性批判”（Vernunftkritik）却始终避之不谈。因而《纯粹理性批判》尽管已经指出了理论建构的方向，但事实上仍然是一套并未彻底完工的体系构想，谢林赋予自己的任务便是彻底完成康德（包括莱茵霍尔德与费希特）未竟的事业——建构足以横扫一切独断论的全新的先验哲学体系。

正如本章前两节已经论述的，经过《蒂迈欧评注》《论形式》与《论自我》的理论铺垫，谢林已经确立起这个全新的先验哲学体系的基准点：“绝对者”（das Absolute）必须作为一切哲学科学的基础而被正面建构起来。而要建构如此这般的“绝对者”也就意味着要去建构起意识的终极实在性，只能通过一种动态的“自我活动”——一种原初的综合与自我开显才得以可能。在《哲学书信》的“第五封信”中，谢林以清晰的语言再次阐明了这一基本立场：

> 一种知识的体系要么彻底就是人工产物或思维游戏（您也知道，没有什么比这更有悖于所有人的第一想法了），要么必须获得实在性。实在性的获得既不来自理论能力，也不来自实践能力，而是来自一种生产性的、正在实现着的能力；不通过知识，而通过行动。①

用《蒂迈欧评注》中已经出现的术语来说，建构先验哲学需要发掘出潜藏于理性根基之内的作为“自我活动”的“表象能力”。在《哲学书信》中，谢林将这一能力进一步刻画为一种“生产性的”（produktiv）与“正在实现着的”

---

① Schelling, *SW*: I, 1, 305.

(realisierend) 能力，一种原初的“行动”(Handeln)。[①] 谢林在此对于作为先验哲学体系建构根基的这一根本能力的刻画呼应了他先前在《论形式》中已经强调过的立场：“自我将自身实现为是其所是的东西”(*Ich realisiert sich als das, was ist.*)。这也是谢林前期先验哲学构想既区别于以康德、莱茵霍尔德与早期费希特为代表的“批判哲学”，又区别于以近代神学与形而上学为代表的“独断论”的最关键节点。被谢林作为体系本原建立起来的是先验自我最原初的生产活动（Produktion）与实在化进程（Realisierung），体系的本原不是一个静态的、僵死的东西，而本身就必须是自我演进发展的动态进程。本原与体系之间的关系，也不应当像独断论者所主张的那样，是本原无条件地支配着

---

① “行动”(Handeln, Handlung) 是谢林哲学乃至整个德国古典哲学的核心概念之一，但关于这一概念的哲学界定却并不清晰。这个概念是由康德作为拉丁术语 *actio* 的德文对译引入德国唯心论传统的，但康德在使用这一概念时似乎并没有做出严格定义。康德对于“行动”概念的唯一一次相对明确的界定出现在《纯粹理性批判》中详细展开因果性概念的“第二经验类比”部分：“行动意味着因果性的主体已经与作用对象建立起了联系”(B250)，“行动”意味着主体正在发挥因果性效用，同时康德将“行动”与“力”(Kraft) 以及“活动”(Tätigkeit) 等概念联系在一起，用以刻画主体的基本活动。

谢林对于这一概念的第二重吸收来自费希特的“本原行动”(Tathandlung) 概念。关于这一点，本研究的第三章与第四章的相关章节已经多有涉及，在此不再赘述。简言之，谢林继承了费希特对于“行动”的刻画：“行动”意味着主体性的基本动态结构的自我表达，而且“行动”意味着如此这般的动态结构同时在建构自身的实在性。

德国谢林学者格尔拉赫（Stefan Gerlach）以海德格尔现象学式的语言给出了对于谢林“行动”概念的理解：“‘行动’是一个纵贯了从康德到谢林的德国唯心论始终的基本问题。一方面，因果性的动态机制通过‘行动’(Akt)、‘行动’(Handlung)、‘活动’(Tätigkeit) 与‘自发性’(Spontaneität) 等近义词表达了本有存在的时间性质；另一方面，‘行动’也被视为先于时间并且出离于时间的先验构造活动的结果（transzendentale Konstitutionsleistungen)。” Stefan Gerlach, *Handlung bei Schelling. Zur Fundamentaltheorie von Praxis, Zeit und Religion im mittleren und späten Werk*, Frankfurt am Main: Vittorio Klostermann, 2019, S. 30n.

总的来说，在谢林前期哲学中，“行动”(Handlung) 这一概念基本与 *actio* 的另一个德文转写形式 Akt 混用，与表达了主体性更原初的动态特征的“活动”(Tätigkeit) 也未能严格区分，但是，相比于“活动”(Tätigkeit)，“行动”带有更多的目的论与对象性特征。因此在本研究中，我们一概使用“活动”(Tätigkeit) 来刻画先验自我最原初的前意识动态结构。

体系①，而是体系本身就是本原自我建构并展开的结果。也正是在这个意义上，谢林将体系的根基确定为作为“自我活动”（Selbsttätigkeit）的“自我的行动”（Handeln des Ichs）：

> 《纯粹理性批判》所凸显的正是那些为一切体系奠定基础的根本科学，它的真正意义也正在于以无可辩驳的方式证明了，在所有认识活动与综合活动中，客体化都以自我的行动为条件。②

此处需要辨析的是，谢林在这里所主张的这种作为自我活动的本原，是否意味着他在主张一种“康德式”的、用来补救理论哲学缺陷的“实践哲学”呢？或者说，谢林是否如某些学者（比如桑德考伦与格尔拉赫）所主张的那样，是在用一种实践性的自我(意识）理论替换了批判哲学那里晦暗不清的主体呢？③这个问题牵涉到两个层次：其一是谢林关于实践哲学的定位，我们将在本研究的第五章第二节专门处理这个问题，在这里先不做展开；其二则是关于本原与体系之间关系的理解，这一点将在下文中更详细地展开，但在这里我们试图强调的是，谢林的“本原—体系”架构从本质上完全不同于近代哲学中的独断论体系，谢林仍然与批判哲学传统共享同一套探索本原的路径：从经验的根据出

---

① 柏恩克将这种独断论立场总结为本原的“无条件支配”（unbedingte Herrschaft）。Vgl. Michaela Boenke, *Transformation des Realitätsbegriffs. Untersuchungen zur frühen Philosophie Schellings im Ausgang von Kant*, Stuttgart-Bad Cannstatt: frommann-holzboog, 1990, S. 240.

② Michaela Boenke, *Transformation des Realitätsbegriffs. Untersuchungen zur frühen Philosophie Schellings im Ausgang von Kant*, Stuttgart-Bad Cannstatt: frommann-holzboog, 1990, S. 236.

③ Vgl. Birgit Sandkaulen, *Ausgang vom Unbedingten. Über den Anfang in der Philosophie Schellings*, Göttingen: Vandenhoeck & Ruprecht, 1990, S. 52-61.; Stefan Gerlach, *Handlung bei Schelling. Zur Fundamentaltheorie von Praxis*, Zeit und Religion im mittleren und späten Werk, Frankfurt am Main: Vittorio Klostermann, 2019, S. 14-15. 格尔拉赫的立场要更复杂一些，一方面他承认整个谢林哲学的根本理论倾向仍然是存在论的问题，但另一方面他又认为，谢林对于“自由”与“行动”的不断强调仍然在主张一种基础性的实践自我意识理论。关于这一点，我们将在本书的第五章第二节中专门回应。

发，不断深入直到确证本原，本原得到确立的过程是先验主体性的自我确证、自我展开、自我生产与自我实在化；而不是一个无所不包的“绝对者”，“实践公设”（praktischer Postulat）来增补“思辨理性”（spekulative Vernunft）的缺漏。①同样的，从本原到体系的展开过程也不意味着单纯“下降式”地“走出绝对者”（aus dem Absoluten heraustreten）②，而是在将“绝对者”建立为本原的同时，通过“绝对者”的“自我活动”完成其自我建构，这是严格按照“绝对者”内部所蕴含的存在论秩序的自我生产与自我实在化，在这个意义上，本原不是在指导着体系的建构，本原的自我建构同时就是体系的建构。这正是如此这般的以“绝对者”的动态生成过程为本原的全新先验哲学区分于传统独断论的最关键节点，也是谢林在《哲学书信》的“第五封信”中专门强调的：

> 《纯粹理性批判》作用于一切科学之上，因而它本身就是——或者说——本身就包含着那个最根本的科学知识（Wissenschaftslehre）。科学仍然想要提升为绝对的本原，尤其是科学想要成为体系，就更必须如此；但科学知识却不可能建立起那唯一一个绝对的本原，并由此成为体系（在“体系”这个词的狭义意义上）。这是因为，科学知识并不包含任何绝对的本原，也不包含任何确定的、完满的体系，它所包含着的，恰恰是一切本原与体系的法则。③

谢林在这里所说的“最根本的科学知识”（eigentliche Wissenschaftslehre）④就是他所主张的全新的先验哲学，或者如柏恩克所说，一种全新的“先

---

① Vgl. Schelling, *SW*: I, 1, 300.

② Vgl. Schelling, *SW*: I, 1, 293.

③ Schelling, *SW*: I, 1, 304-305.

④ 这里使用字面意义上的“科学知识”来翻译德文术语 Wissenschaftslehre，以示这一概念与“科学”（Wissenschaft）之间的关系。但在这里，谢林显然也在影射费希特的相同术语“知识学”（Wissenschaftslehre），表明费希特并未能够正确理解“知识学”应有的定位。

验形而上学”。如此这般的“形而上学”之所以是“先验”的，就在于它本身并不是也不包含任何固定的、超越的、支配一切的本原或体系，而只包含为一切本原与体系奠基的“法则”（Kanon），或者说，只提供一切科学得以建立起来的“普遍的方法论”（die allgemeine Methodologie）①。我们不妨在这里将柏恩克那充满误会可能的说法替换成本研究已经从学理上给出清晰界定的“先验存在论”，那么“先验存在论”之为一切科学的“法则”与“普遍方法论”的根据便在于，先验存在论要求我们找到并确定体系的本原，并反过来展示出本原的发生演进的过程（同时也就是体系的建构过程）。因此，先验哲学并不像独断论那样事先给定任何固定的本原或体系，毋宁说它本身就是一条回忆与复归之路，我们深入前意识的领域，寻找到被遗忘与遮蔽的本原，然后通过展示它的发生演进过程，重新建构起体系，恢复本原的地位。在这个意义上，谢林先验哲学的整体构想开始清晰起来。下一步我们将继续深入本原，挖掘谢林这一时期的“理智直观”学说的深层意涵，并细致地研究本原与体系同步建构的动态进程究竟何以可能。

二、《论知识学的唯心论阐释》（1796—1797）中的“理智直观”学说

在本节第一部分中，我们已经讨论了谢林在1795—1796年的体系构想的深入演进历程，并指出，谢林在这一时期的先验哲学构想逐步成型：先验哲学必须成为一种“先验形而上学”或“先验存在论”，也就是说先验哲学必须成为一种建基于自我活动的本原的动态（自我实在化着的）体系。而这一体系的关键节点便是那个作为自我活动的本原，或者按照谢林这一时期的术语，就是“理智直观”。因而，在本节中，我们将重点依托谢林在1797年前后完成的另一份关键文本《论知识学的唯心论阐释》（以下简称

① Vgl. Schelling, *SW*: I, 1, 301.

《阐释》）① 中的相关论述，深入考察“理智直观”的概念网络，力求为谢林的新先验哲学奠定坚实的基础。

在开始进一步的论述之前，我们必须完成“理智直观”学说的“引理”部分的论证：为什么“理智直观”会成为如此这般的动态体系的本原？要回答这个问题，我们必须重新考察，先验哲学意义上的“体系”为什么会与本原意义上的“理智直观”产生关联，而这个意义上的“理智直观”又具备着怎么样的意涵？

先验哲学的体系必然是一种动态的演进过程，这一洞见并非谢林首创。康德早在《纯粹理性批判》中就已经提出了类似观点。在《先验辩证论附录》部分的“论纯粹理性的诸理念的规约性运用”（*Von dem regulativen Gebrauch der Ideen der reinen Vernunft*）一节中，康德就指出，理性的运用必然意味着知性认识需要变成一种“体系化”（das Systematische）的东西：

> 如果我们在其整个范围内纵览知性认识，那么我们就会发现，理性完全掌握并试图建立起来的，正是认识的体系化，或者说，是出自本原的这些认识的整体关联。这种理性的统一体总是预设了一种理念，一种认识整体的形式的理念，这种认识整体先于各个部分被规定的认识，而且包含着使得每一个部分都得以先天地去规定它们自身的位置以及与其他部分之间的关系的条件。因此，这一理念以知性认识的整全统一体为公设，这一理念从而不仅仅是一种偶然性的组合，而毋宁说会成为一种依据必然性的法

① 《论知识学的唯心论阐释》是这份文本于 1809 年整理再版时的标题。从 1796 年 11 月至 1798 年 7 月，谢林在尼特海默（Niethammer）与费希特共同主编的《哲学杂志》（*Philosophisches Journal*）上以《新近哲学文献纵览》（*Allgemeine Übersicht der neuesten philosophischen Literatur*）为题匿名发表的一系列文章是这一文本的最初版本。因此，这份文本所包含的内容之间是相当“异质化”（heterogen）甚至互相冲突的。在本研究中，我们以 1809 年版相对整全的文本为基础，选取特定的解释策略，试图给出一个融贯的谢林早期先验哲学构想的图景。关于这一文本的历史，详见巴伐利亚科学院历史考证版《谢林全集》的这一文本的“编者导言”部分的论述。Vgl. Schelling, *HKA*: 4, 16-40.

> 则而整体关联起来的体系。①

之所以是“体系化”（das Systematische）而非“体系”（System）本身，是因为“理性认识”（Vernunftserkenntnis），也就是“整体认识”（Erkenntnis des Ganzen）或者“充足认识”（adäquate Erkenntnis）本身仍然是一个尚未实现的“理念”（Idee）。一般的知性认识仍然远远没有达到整体与充足的程度，而仅仅是在理性的“规约”（Regulation）下逐步向体系演进。

1796—1797 年的谢林完全继承了康德的这一立场。在《阐释》的第三节“绪论”（Vorerinnerung）部分，谢林就引用康德的说法，指出先验哲学的任务便在于探求一种“纯粹的理性能力”（reines Vernunftvermögen）②，以实现“彻底的、体系化的理性认识的统一体”，从而使得理论哲学与实践哲学都能够从唯一一个本原（aus Einem Princip）中推导（ableiten）出来。③因此，谢林认为，先验哲学要想成为体系，必须要先实现整全的“理性认识”，而只有“纯粹的理性能力”才能实现这种“理性认识”。因此，要想完成体系建构，必须首先建立起“纯粹的理性能力”。谢林将这一“理性能力”称为“理智直观”。

在上一节我们已经提到，在 1795 年的《论自我》中谢林已经（在荷尔德林的影响下）使用了“理智直观”这一表述，但缺少进一步的展开。谢林对这一概念真正意义上的首次正面界定，是在《哲学书信》的“第八封信”中完成的。在那里，谢林明确地将“理智直观”概念追溯到斯宾诺莎的“充足认识”（*cognitio adaequata*）。按照谢林的指引，我们来看一下斯宾诺莎本人在《伦理学》第二部分命题 47 中关于这一点的论述：

> 对于神的永恒与无限的本质，人类精神有着充足的认识。

---

① Kant. *KrV*: B673.

② 请注意：此处谢林使用的“理性能力”显然是一个莱茵霍尔德风格的术语，可见莱茵霍尔德改造后的批判哲学体系对谢林产生的持续影响。

③ Vgl. Schelling, *SW*: I, 1, 375.

(*Mens humana adaequatam habet cognitionem aeternae et infinitae essentiae Dei.*) ①

按照斯宾诺莎这一命题的原文，所谓“充足认识”指的是有限的人类精神（用康德的话说，知性认识能力）对于“神”（用谢林的话说，“绝对者”或者“无条件者”）的整全本质的领会与把握。但他在对这一命题的读解中指出，“斯宾诺莎认为，一切充足的、也就是直接的认识都是神的属性。”②谢林将斯宾诺莎原文的结构做了一番倒转：不是有限的、个体性的人类精神在试图把握神的整体性，而是神的永恒且无限的本质在向有限的个体性开显自身，所谓的个体性人类精神不过是神的绝对本质的“属性”（Attribut）或“表达”（Ausdruck）而已。③因而，谢林强调“充足认识”就是“直接认识”或者说“无中介认识”（unmittelbare Erkenntnis），它不再是康德意义上的对象性的知性认识，而毋宁说是知性主体对于自身的把握，一种直接的、彻底的“自我直观”（Selbstanschauung），在自我直观中，知性主体突破了自身的界限，将自身与理性主体融为一体，完成了对自身的整全认识，从而完成了自身建构。谢林就此引出了“理智直观”的明确界定：

对于斯宾诺莎来说，理智直观就是那个最高级的东西，就是有限的存

---

① Spinoza.(2015): 194-195.

② Schelling, *SW*: I, 1, 317n. „Alle adäquaten, d. h. umnittelbaren Erkenntnisse sind nach Spinzoa Anschauungen göttlicher Attribute. “

③ 谢林的这一番斯宾诺莎读解对于后世的斯宾诺莎研究与先验存在论学说产生了深远影响。德国哲学家沃尔夫冈 · 克拉默（Wolfgang Cramer）在其名著《斯宾诺莎的绝对者哲学》中便完整继承了谢林的这一解读路线，以斯宾诺莎的实体概念中所蕴含的“活动”（Tätigkeit）要素为核心，切入先验存在论对于原初存在动态本原的生成机制的刻画，参见：Wolfgang Cramer, *Spinozas Philosophie des Absoluten,* Frankfurt am Main: Vittorio Klostermann, 1966, S. 42-46. 笔者对此亦有论述，参见倪逸偲、先刚：《斯宾诺莎——谢林：建立一种“力量本体论”的尝试》，《南京社会科学》2019 年第 5 期。

> 在者能够将自身提升到的最高层次的认识，就是精神最根本的生命。精神只能从自己的自我直观（Selbstanschauung）创造出理智直观的理念……①

因而，“理智直观”就是先验主体本身的“自我直观”，就是由知性主体向理性主体的自我生产与自我实在化。通过“理智直观”，先验主体才能成为“是其所是”的东西，成为作为自我活动的本原，成为“精神”（Geist）。如果我们可以用康德的术语来表达，谢林要发动的无疑是一场“哥白尼革命的哥白尼革命”，将康德哲学那里未实现的体系本原重新完整地建立起来。就如同康德所说，“我思必然能够伴随着我的一切表象”，“理智直观”在完成先验主体的自身建构的同时，也必然能够伴随一切现实对象的建构。我们也可以就此重温上一部分的初步结论：本原的自我建构同时也就是体系的建构。对于这一点，谢林在《阐释》中表述得非常明确：

> 康德说过，先验唯心论就是经验实在论。先验唯心论主张被表象的对象同时也是现实的对象。与之相反的观点是，先验实在论才是经验实在论。这种观点认为，现实的对象与我们表象的那个对象不是一个东西。但是日常的知性完全站在经验实在论一边，而且只需要凭靠着讽刺与嘲笑就可以轻松对付经验唯心论，毕竟讽刺与嘲笑是和那些顽固不化的独断论者打交道时最理性的手段了。②

因而，谢林彻底倒转了康德那里看似不可逾越的“物自身”的界限，本原的自我建构同时也就是体系的建构，因而“被表象的对象就是现实的对象”；一切现实性建构的基础，都在于理性本身的自我建构；进一步说，先验主体自身的实在性建构与一切知识的实在性建构也是完全同步一致的，而这两重建构

① Schelling, *SW*: I, 1, 317.

② Schelling, *SW*: I, 1, 378n.

活动的“共同根源”（die gemeinschaftliche Wurzel）就是“关于我们自己的意识”（das Bewußtseyn unsrer Selbst）①，或者说，“自我意识”（Selbstbewußtseyn）。因而，所谓“理智直观”，就是先验主体自我直观、自我生产、自我实在化的自我建构活动，就是最整全的自我认识，就是“自我意识”。

谢林进而将“理智直观”与康德意义上建基于单纯的“接受性”（Rezeptivität）的直观活动严格区分开来：“理智直观”虽然可以说是“被动性”（passiv）的，但绝不意味着“理智直观”依凭于“外界影响”（Eindruck）而存在。谢林指出，“无论在何种情况下，即便是由外界影响引起的直观，都仍然必须被设想为一种仍然自由的行动（freie Handlung）”。② 换句话说，“理智直观”之为“被动性”的，在于它被确立为本原的过程必须与我们对于人类知识的终极实在性的确证过程同步，但它本身仍然是先验自我自由的、自主的原初活动。

> 对象无非就是我们自己固有的综合，精神在对象中直观到的无非就是精神自己固有的产物。直观完全是活动着的，因而是生产性的、是直接性的。③

这种原初主动性的因素落实为先验自我能够同步地将本原的自我建构与体系的建构把握为同一个建构活动。在这个意义上，“理智直观”实际上成为一种“被动综合”（passive Synthesis），它之为一种“综合”活动，在于它能够以活动着的方式直接完成自我生产与自我实在化，将尚未形成明确自我把握的先验主体重整为掌握了明确的自我生产与自我实在化机制的“精神”。因而，

① 这里沿用谢林使用的旧体拼写。Vgl. Schelling, *SW*: I, 1, 376.

② Schelling, *SW*: I, 1, 377.

③ Schelling, *SW*: I, 1, 379. „Der Gegenstand ist nichts anderes als unsere selbsteigne Synthesis, und der Geist schaut in ihm nichts an als sein eignes Produkt. *Die Anschauung ist völlig thätig, eben deßwegen produktiv und unmittelbar.* “

作为被动综合的"理智直观"刻画的就是先验主体的内部构造形成的进程，这种进程本身要求（知性阶段的）先验主体向内进展，挖掘自身内部的"理性能力"，并将其建立为本原，谢林沿用了费希特的术语，将"理智直观"的进程称为"回溯自身的活动"（die in-sich-zurückgehende Tätigkeit）：

> 只有一种回溯自身的力本身才能使得内向性的东西（ein *Inneres*）成为可能……正在表象着的存在能够直观到一个内向性的世界。这只有通过一种能够自己给出自身的领域（*Sphäre*）——换句话说——回溯自身的活动才得以可能。然而任何活动都必须在回溯自身的同时也向外展开。①

在此谢林特别强调，"理智直观"刻画的从来都不仅仅是单纯的先验主体内部构造的形成过程，"回溯自身的活动"在塑造了先验主体的内部构造（"给出自身的领域"）的同时，也必然同时"向外展开"（nach außen gehen），完成"质料建构"（Konstruktion der Materie），以此作为人类知识实在性的终极根据，完成对象性的奠基。这种先验主体同时向内与向外展开的双重进程确证了本节的核心论题：本原的建构同时必然就是体系的建构。谢林牢牢抓住了"理智直观"的"二重化"（Duplizität）这一根本特征，将"二重化"视为"理智直观"所刻画的体系本原的自我建构的最根本规定性：

> 那种让灵魂得以产生一种直接认识（也就是说，一种自我直观）的属性，正是灵魂向内与向外展开的倾向的二重化（Duplicität）。②

谢林指出，"一切直观最初都是完全向内的"，但"灵魂"（Seele）以及"精

① Schelling, *SW*: I, 1, 379.

② Schelling, *SW*: I, 1, 380.

神”（Geist）① 的本性就是一种“二重化”的“倾向”（Tendenz）②，如此这般的倾向具备着原初自发性，使得“质料建构”从根源上必然的同时就是“灵魂本身的实在性建构”（reale Construktion der Seele selbst）。③

只有通过这种二重化的倾向，那些被谢林称之为“原初直观”（ursprüngliche Anschauung）的、最初未得到任何明确界定的、晦暗的先验主体的原初内部构造活动，才能逐步演进展开，成为整全的直接自我认识，成为完全形态的“自我直观”（Selbstanschauung），让先验主体从无规定的“灵魂”成长为“精神”，能够发挥功用，同时完成自我建构与体系建构。谢林这样进一步刻画这一“倾向”的进程：

> 精神通过向着自我直观的发展倾向来限制自身。而这一倾向是无限性的，向着无限者不断再生自身。④

在这里谢林的表述似乎是自相矛盾的：精神怎么可能同时在限制自身又在再生自身呢？这就需要我们重新界定“限制”（begrenzen）这一术语的涵义。谢林认为，个体性一侧的建构本身同时就是“绝对知识”（absolutes Wissen）的“自身限制”（sich-selbst-begrenzen）。因而“限制”就意味着“自我直观”，原先晦暗的、浮动不定的“灵魂”将自身生产并且实在化为一个有着明确自我

---

① 谢林在《哲学书信》与《阐释》中对于“灵魂”的界定与《蒂迈欧评注》中类似，用“灵魂”来刻画先验主体尚未觉醒，还未形成清晰的自我规定的晦暗状态；与之对应的，已经形成了整全的自我认识、获得了清晰明确的自我规定的先验主体被称为“精神”（Geist）。在同样完成于1797年的作品《一种自然哲学的理念》（*Ideen zu einer Philosophie der Natur*）中，谢林这样描述“精神”与“灵魂”之间的关系：“被设想为生命的本原的精神，叫作灵魂。”（*Geist*, als Princip des Lebens gedacht, heißt *Seele*.）可见“灵魂”是“精神”的最初级形态。Vgl. Schelling, *SW*: I, 2, 51. 此处使用了庄振华教授的中译文，参见［德］谢林：《一种自然哲学的理念》，庄振华译，北京大学出版社 2022 年版，第 57 页。

② 在德语中，Tendenz 一词本身就有着“演进发展的路线”（Entwicklungslinie）的意思。

③ Vgl. Schelling, *SW*: I, 1, 380.

④ Schelling, *SW*: I, 1, 380.

意识的“精神”，这种作为自我直观的“自我生产”（Selbstproduktion）的产物不是别的，就是精神本身固有的产物——得到明确自我规定的先验主体本身，因而“自我生产”实际上是精神本身的“再生”（Reproduktion），也就是一种“二重化”。“灵魂”（绝对者）与“精神”（个体性）之间这种动态的“限制—再生”关系构成了先验主体性最深刻的原初“同一体”（Identität），这也就是我们费尽心力试图建构出来的体系本原。

总的来说，谢林在《阐释》中将“理智直观”界定为先验主体的自我建构进程中的最重要环节——从无规定的“灵魂”向着有着明确自我意识的“精神”发展演进的自身“二重化”。同时他也强调，这一二重化的演进过程必然包含着体系本身的建构：本原（先验主体）的自我建构必然同时也是质料的建构。因此，在最后一部分中，我们将深入质料建构的环节，通过挖掘并展示这一进程中“精神”经由“理智直观”转化为“意愿”直至“自主”的演进路线，最终展示出先验哲学体系建构的整全图景。

三、先验唯心论体系的雏形

在本节的前两部分中我们已经完成了“理智直观”概念本身的建构，并从而将一种基于“限制—再生”二重化的绝对同一体建立为体系本原。就此我们已经完成了先验存在论的两个步骤中的第一个“先验回溯”（transzendentaler Rückgang）。在本部分中，我们将试图给体系本原以“发生学展示”（genetische Darstellung），展示出从本原的自我建构到质料的建构之过渡究竟如何完成。

在与《阐释》同期完成的作品《一种自然哲学的理念》中，谢林将“质料建构”的问题视为哲学最基本的问题之一：

> 对于一切时代的哲学家而言，没有任何研究像关于质料本质的研究这样被重重幽暗包围着。尽管如此，对这本质的洞察必然成为真正的哲学，正如一切错误的体系仿佛一开始就触礁了。质料是宇宙中最普遍的种子，

在后来的发展中展开的一切都隐藏于其中。①

在谢林看来，“质料”本身的“无定”状态已经蕴含了经验世界后续展开的内在秩序。因此，以先验哲学的方式完成质料的建构，同时也就为安放经验世界提供了存在论基础。同时，谢林也从与我们迄今讨论相反的方向指出，质料建构必然也同时是体系本原自我建构，两者是本质上完全一致且不可分割的整体：

> 正如存在着的一切东西一样，质料也从永恒本质中涌流而出，也是永恒的主体—客体化的结果，以及永恒本质的无限统一性向有限性和多样性中构形的结果。②

在这段论述中谢林切中了质料建构问题所蕴含的另一个本节尚未充分展开的维度：通过质料建构，经验世界的秩序得到确立的同时，体系本原本身也从一种晦暗无规定的状态转向一种有着明确且清晰的自我规定的状态。这一转向也就是前文已经讨论过的从“灵魂”到“精神”的“限制—再生”二重化绝对同一体的形成过程。就其本质而言，就是绝对者的自我生产与自我实在化，是无限的绝对者向着有限的个体性的落实过程。最终，通过质料建构所确立起来的经验世界的秩序之所以得以维系，在于绝对者也将自身落实为明确的“个体性本原”（Individualitätsprinzip）。这一“个体性本原”将为经验世界中主体性的充分展开提供最牢靠的基础，并成为勾连先验前意识领域与表层经验领域的最关键枢纽。

回到质料建构的进程本身，在《阐释》中谢林将这一过渡称为“从内感到外感的过渡”（Übergang vom inneren Sinne zum äußeren），也就是说，这是从“理

① Schelling, *SW*: I, 2, 224. 此处使用了庄振华教授的中译文，参见［德］谢林：《一种自然哲学的理念》，庄振华译，北京大学出版社 2022 年版，第 252 页。

② Schelling, *SW*: I, 2, 224. 此处使用了庄振华教授的中译文，参见［德］谢林：《一种自然哲学的理念》，庄振华译，北京大学出版社 2022 年版，第 253 页。

智直观”向经验对象性的奠基工作的过渡。我们在此将谢林的论证拆分为四个步骤详细解说：

第一个步骤是自我直观。作为“理智直观”的完成形态，自我直观被谢林界定为“绝对活动”（absolute Tätigkeit）。但“绝对活动”并非意味着自我直观只是一种单纯的“向前推进的”的建构活动，自我直观作为一种“回溯自身的活动”必然同时也是“向外进展的活动”，自我直观所蕴含的这一“限制—再生”二重化结构已在前文得到了充分刻画。因而，自我直观所呈现的精神的自我生产实际上是先验主体作为精神的“再生”。

第二个步骤便是“再生”（Reproduktion）。通过“再生”，先验主体回溯自身的内向活动与向外进展的活动得以统一把握为精神的活动，谢林这样描述“再生”的机制：“精神因而有着一种必然的追求（Bestreben），要在它的彼此对立的活动中直观到自身。”①“再生”使得先验主体将彼此对立的活动转化为统一的二重化活动。同时，谢林又补充说明，“从意识的立场来看，这些活动都显现为静止的活动（ruhende Tätigkeiten），也就是说，都显现为本身并不是活动着的，只有在向外面对阻碍（Anstoß）时才会发挥作用的力。”②谢林在此借用费希特的术语，强调“再生”本质上就是先验主体的原初被动综合活动，而最终被建立起来的精神恰恰是如此这般的被动综合的结果，而被动综合则构成了从体系本原的自我建构转向质料建构的关键过渡。

第三个步骤便是“质料建构”（Konstruktion der Materie）。谢林首先将“质料”界定为先验主体彼此对立的活动经过“限制—再生”的二重化环节后形成的彼此交织的同一化状态：“质料无非就是精神在它的诸多活动的平衡中被直观到的样子。”③因此，质料的出现便使得先验主体的“内感”与“外感”的界

---

① Schelling, *SW*: I, 1, 380. 注意谢林在这里使用的“追求”（Bestreben）与费希特使用的“努力”（Streben）概念在构词上是同源的。谢林在这一时期使用的“倾向”（Tendenz）概念也与这组概念密切相关。

② Ibid.

③ Ibid.

限开始明确：在“内感”的领域内发生着的是作为体系本原的精神的自我建构的过程，而“外感”中则同步进行着客体的对象性基础的建构。同时谢林又强调，被动综合必须“持续发生”（permanent zu machen），因而即使质料本身建基于二重化活动的平衡之上，也不意味着这种平衡是完全静止的。质料建构是一个始终展开着的动态进程：

从主体的角度来看，质料建构意味着在“内感”中，先验主体在不断地限制自身、固定自身，将自身落实为作为个体性本原的精神；而同时在“外感”中，先验主体开始“自由地生产”（frei produciren），以行动的方式去建构经验对象赖以持存的基础。

从客体的角度来看，质料建构意味着“外感”本身构成了“内感”的限制，在“外感”中是不断被生产出来的空间中的基质材料①，这些无规定的基质材料需要被转化为确定的“质”（Qualität）。

> 被直观到的东西，在空间中有着大小；而被感受到的东西，在时间中有着大小。那些只在时间中有着大小的东西，我们称其为质。②

质只有在时间中才是可能的，时间则意味着“内感”持续不断地自我限制。因此，“内感”的自我限制是为了让“外感”中那些被完全自由生产出来的无规定的基质材料获得规定，由空间中的量被转化固定为时间中的质。只有这样，客体才能够被固定下来，形成经验对象性的稳固基础。

就此我们进入了第四个步骤“原初感受”（ursprüngliche Empfindung），谢林将“内感”中的自我限制称为原初感受：“客体的质无非就是那个原初被感受到的东西，即自由生产活动的界限。”③原初感受本身的界定中就蕴含着超越

---

① 与《蒂迈欧评注》中一样，谢林使用“大小”（Größe）来刻画这些彻底无规定的基质材料。而在稍后的《先验唯心论体系》中，我们会看到，谢林将这些无规定的基质成为“材料”（Stoff）。

② Schelling, *SW*: I, 1, 381.

③ Ibid.

自身的要素，向内体现为限制与被动性的感受的东西，向外必然体现为自由行动与主动性的展开；同时，向内的被动性感受又构成了向外的主动行动的根据，正如谢林所说：“人们早先将质称为第二性质（qualitates secundarias），也就是说，这些质的根据完全位于我们的感受方式之中。”① 但到了第四个步骤，客体的根据似乎已经确立，精神似乎开始停滞不前，仅仅凭靠原初感受所蕴含的这些超出自身的要素并不足以让精神获得充分的自我规定，谢林这样描述此时精神所处于的进退维谷的境地：

> 精神将彼此对立的活动阐述为一个共同的产物之中的活动，从而通过直观终结了这些活动之间起先的冲突。精神似乎静止在直观之中，而感受将精神牢牢绑缚在客体之上。②

要想使得精神从经验对象性的奠基工作中“回转”（Rückkehr）过来，通过质料建构的“客体化”（Objektivierung）转而确立自身的主体性根据，必须要有一个比原初感受更加强有力的、更根本的驱动要素让精神不仅仅停留于原初感受而不断向前进展。这个终极的驱动要素便被谢林命名为“自我意识”（Selbstbewußtseyn）：

> 一切精神的行动都试图在有限者之内展示出无限者。一切这些行动的目标都是自我意识，而这些行动的历史无非就是自我意识的历史。③

如这段引文所体现的，谢林独立阐释了“自我意识的历史”这个已经被费希特强调过的理念。对于谢林来说，“自我意识的历史”强调的不仅仅是作为精神的先验主体从绝对者落实为个体性本原的“前半途”，更加重要的是精神

① Schelling, *SW*: I, 1, 381.

② Schelling, *SW*: I, 1, 382.

③ Ibid.

从个体性本原中再次挣脱出来，在个体性本原中“发现”绝对者的自我生产的痕迹，从而在有限性中获得超越的、整全的自我认识。这也正是谢林的“自我意识”概念的独到之处。与康德、莱茵霍尔德与费希特那里执着于自我关联结构的“自我意识”概念不同，谢林的“自我意识”更接近一种精神觉悟之后，突破自身限制的完满，一种浑然天成的澄明之境：

> 灵魂的每一个行动都是灵魂的一个被规定的状态。人类精神的历史因而只能成为那些不同状态的层层累积，经过这些层层累积，精神最终逐渐获得它自身的直观，逐渐达到纯粹的自我意识。①

就此我们完成了谢林经四个步骤从“内感”向“外感”、从“理智直观”向经验对象性的奠基的过渡。这一过渡的要点在于由“内”而“外”再向“内”，如谢林所说，“外部世界在我们面前被打开（aufgeschlagen），为了让我们在其中再次发现我们精神的历史。”② 只有这样，这一本原与体系的双重建构才不会停止于单纯的经验对象性的奠基之上，先验主体通过从质料的建构以及经验世界的构造中再次返回自身，建立起了自身发展演进的动态结构，本原与体系的内外双重建构最终被统摄为完整的“自我意识的历史”。如谢林所说，“现在一切哲学的本原就是自我意识。”③

就此，我们已经通过回溯确定了体系的基点与最终本原——自我意识。在自我意识的统摄下，先前彼此对立的精神的向内与向外的活动被重新整合为唯一一个原初的精神行动。用谢林的话说，这唯一一个行动可以“统握两个世界”（beiden Welten umfaßen），因而是“人类精神的最高级的行动”（die höchste Handlung des menschlichen Geistes）。④ 正如谢林所说：

① Schelling, *SW*: I, 1, 382.

② Vgl. Schelling, *SW*: I, 1, 383.

③ Ibid.

④ Ibid.

> 我们不会像先前一样静止在哲学中，而是会伴随着精神奔向它的一切努力（Streben）的目标，达到自我意识。我们将追随着精神从一个表象走向另一个表象、从一个产物走向另一个产物，直到精神首先从一切产物中出离自身（sich losreißen），将自己紧握在精神的纯粹的活动里，完全将自身直观为处于绝对的活动中的精神。①

通过由向外的质料建构再次向内复归，精神得以从自身之中“出离”（sich losreißen）②，从而抽离出了最直接、最纯粹的原初活动。谢林继续借用了费希特的术语，将这种最原初的绝对活动称为“意愿”（Wollen）：③

> 之前的问题是：精神是怎么直接意识到它的行动的呢？回答便是：因为精神自身从客体中出离；精神直截了当地行动，这一切才能再次发生。直截了当地行动便叫作意愿。因而精神只在意愿中直接意识到它的行动，一切意愿的行动就是自我意识的最高条件。④

在谢林的界定下，“意愿”就是精神在完成质料建构复归自身之后所获得

---

① Vgl. Schelling, *SW*: I, 1, 383.

② 谢林在此使用的“出离”概念完全来自费希特在1797年前后使用的同名概念。在之后的《先验唯心论体系》中，谢林将这一概念替换为“绝对抽离”（absolute Abstraktion）。1797年前后的谢林在其先验哲学构想中大量借用了来自费希特的术语（包括下文重点讨论的“意愿”），除了本原架构的差异外，这些术语在两人给自体系内的涵义与用法基本相同，可见费希特对于谢林的影响（尽管谢林后来并不那么情愿承认这一点）。

③ 特别要注意的是，谢林在此对“意愿”概念的用法与费希特并不相同，谢林的“意愿”概念并不负担强烈的实践哲学意涵。尽管谢林说过，这一步骤的任务是要探求“从理论哲学向实践哲学的过渡”，但谢林使用的“意愿”概念从最根本上就是精神从质料建构复归自身之后获得的最直接的原初自我活动；用先验存在论的术语来说，“意愿”位于“前意识”与“意识”领域的交汇点上，因而本身就具备着超越单纯的实践哲学的存在论地位。稍后在本研究的第五章我们将专门探讨谢林的“实践哲学”的定位问题。

④ Schelling, *SW*: I, 1, 395.

的绝对行动，就是完满的自我意识的表达。意愿与质料建构阶段的向外的“自由生产”活动不同，意愿并不盲目与任意，而是有着明确自我意识与目的导向的行动。谢林特别强调，意愿行动可以“统一理论哲学与实践哲学”①，再次证明了意愿行动的基础存在论地位。谢林进而明确地将意愿与精神的存在联系在一起，将意愿界定为精神的“自身规定”（sich-selbst-bestimmen）：

> 精神之所以存在，是因为它意愿；而精神之所以认识自己，是因为它规定了自己……精神就是原初的意愿。②

作为精神的自我规定，意愿是精神得以存在的原因。但意愿并不直接介入精神的存在，比如说，意愿不直接介入质料的建构，因为意愿是“理智直观”的被动综合的结果。谢林强调，“精神意愿着。但意愿只有在对立于现实的东西的时候才会发生。”（Der Geist *will*. *Wollen* aber findet nur im Gegensatz gegen das Wirkliche statt.）用亚里士多德主义的话语来说，意愿所表达的恰恰是存在的“潜能”（*potentia*）状态。任何具体的质料建构活动都需要意愿的统摄，同时意愿又为现实存在提供根据，将精神活动锁定在客体化行动之上。谢林将意愿的这一功用称为“自由”（Freyheit）：

> 如果没有意愿的自由，那么我们就只有一个盲目的表象活动，而且在我们的表象活动中也没有关于我们自己的意识……只有我们的意愿的自由，才是那个承载起我们整个表象体系的东西，世界本身也完全建基于精神如此这般的扩张（Expansion）与收缩（Contraktion）。③

① Schelling, *SW*: I, 1, 395.

② Ibid. „Der Geist *ist* nur dadurch, daß er *will*, und kennt sich selbst nur dadruch, daß er *sich selbst bestimmt*··· Der Geist ist ein *ursprüngliches* Wollen. “

③ Schelling, *SW*: I, 1, 396.

如果没有意愿的自由展开，那么精神在质料建构中就无法发挥正确的作用，客体化行动会变成如同“外感”中的“自由生产”那般完全任意与偶然的散乱无章的状态。意愿的“自由”恰恰在于它最深刻地表达了完满的自我意识所具备的必然性，精神必然地伴随了客体化行动，而客体化行动必然地要求精神的统摄。只有通过意愿的自由，质料建构的必然性才得以确立。正如谢林所说：“现实的东西因而与观念性东西一样都是必然与永恒的，精神被它自己固有的意愿绑缚在了那些客体之上。”①在这个意义上，意愿的自由意味着先验主体性内部所蕴含的必然性被释放出来，重塑了精神的行动，使得一切建构活动都按照必然方式展开。谢林将这种给出体系必然性基础的意愿的自由行动称为“综合”：

> 因为一切时间都起源于精神的纯粹意愿与行动，所以人们也把握到世间万物的“同时存在”(Zugleichseyn)。宇宙的理念已经（以一种尚未展开的方式）内敛在精神最原初的行动中。只有这唯一一个行动就其本性而言是综合性的，余下所有行动在与它相关联的时候都只是分析性的。②

与先前意愿作为体系本原时发挥作用的被动综合不同，这种为质料建构与客体性给出必然性基础的意愿行动是一种“主动综合”(aktive Synthesis)。它试图建立起来的，是精神行动与质料建构之间的内在本质一致性。在这段引文中，谢林以与《一种自然哲学的理念》（参见本部分开头部分）中类似的表述，指出精神最初的行动中已经以内敛而未展开的方式包含了“宇宙的理念”(Idee eines Universums)，所谓“宇宙的理念”实际上就指的是我们这里所讨论的精神行动与质料建构之间的内在本质一致性，或者用谢林自己的另一个（来自莱布尼茨的）表述来说，就是一种“更高级的本原”(ein höheres Princip)，一种

① Schelling, *SW*: I, 1, 396.

② Ibid.

“先定和谐”(prästabilirte Harmonie)①，统一了现实性与可能性，统一了必然性与自由。下一步的问题便是，先前被我们界定为保持为“潜能”，作为可能性与自由而存在的意愿，究竟如何能够为现实性给出必然性的根据，从而将自身与必然的现实性相统一的呢？谢林再次继承了康德在《实践理性批判》（*Kritik der praktischen Vernunft*）中已经指明的道路，意愿必须要将自身内部所蕴含的未展开的理念充分展开，成为“自主”（Autonomie）行动，从而得以将统摄性的“先验自由”（transzendentale Freyheit）确立为体系的终极本原：

> 当人类精神是自主（autonomisch）的时候，它就成为了一个本质，不仅承载着它的存在与实在性的根据，还承载着两者的界限。对于精神而言，这一界限不可能受任何外在东西规定，而是一种自身封闭的、在自身内已经完满的总体，[似乎就是从无限者与有限者之中建构出来的自由的单一图型（Monogramm）。] ②

从这段引文中可以看出，谢林在此使用的“自主”概念，就是精神的自我规定（Selbstbestimmen）。演进为“自主”的意愿行动具备着双重功能：一方面，它为精神的二重化行动（本原建构与质料建构）提供了共同根据；另一方面，它又将两者区分开来，再重新统摄为同一个先验自由的建构结果（Leistung），这就保证了意愿的自由始终按照必然性的法则展开，而现实性的基础也完全对应于作为“潜能”的意愿展开的方式。③就此，我们从本原建构进展到质料建构，最后再返回整全体系的建构，先验哲学的整体体系已经呼之欲出。

对于谢林来说，“体系”（System）有着特殊含义：体系既不意味着康德式的“理性建筑术”的拼合，也不意味着莱茵霍尔德—费希特式的基于第一原

---

① Vgl. Schelling, *SW*: I, 1, 397. 此处沿用谢林使用的旧体拼写。

② Schelling, *SW*: I, 1, 398. 该段引文括号内的部分在《阐释》的 1809 年第二版中被删去。

③ 谢林在《阐释》中对“自主”的界定仍然缺乏足够明晰的层次。我们将在第五章重新回到这一概念，深入分析这一概念在谢林的“实践哲学”中的枢纽功能。

理的推证系统。体系是一个不断展开的、在自身内部同时完成本原建构与质料建构的、建基于二重化的绝对同一体的动力学演进过程。“体系意味着一个如此这般的整体，它承载着自身，封闭自身，在自身之外不预设任何它的运动与整体关联的根据。”①这样一个得到完整建构的体系的本原便是已经充分展开的自我意识，而这种整全自我意识的行动也被谢林再次界定为“理智直观”（intellektuale Anschauung）：

> 自我意识的根源就是意愿。在绝对的意愿中精神得以形成对自己的意识，精神从而掌握了一种关于它自己的理智直观。“直观”意味着这种认识是无中介的；而“理智”意味着这种认识以一种活动为对象，这种活动远远超出任何经验性的东西，也远超概念能够把握的范围。②

此时的理智直观已经不再仅仅是先前我们讨论的那个作为被动综合的、不断被限制的自我二重化活动，而成为了一种彻底的、纯粹的、清澈与完满的自我认识，超越一切客体化的表象活动并且能够形成明确的关于自己的意识。用谢林的话说，理智直观是一切“客体化表象活动”“先验运思”“先验想象力”与一切哲学（包括理论哲学与实践哲学）的根据。③理智直观就是纯粹自我意识的“本原行动”（Tathandlung），是一切表象活动的承载者：

> 在我们的纯粹活动中，只有那个持存的关于我们自己的直观才是那个首先使得统觉的客观统一性、一切统觉的关联物以及我思成为可能的东西。“我思”这一命题是真实的，然而只是经验性的。但是这一命题中的“自我”却必然先行于一切经验性思维活动，因而是一个理智的表象。自我直观这一持存的活动以及先验自由，无论它自身立于何处，它都是那个支撑

---

① Schelling, *SW*: I, 1, 400.

② Schelling, *SW*: I, 1, 401.

③ Vgl. Schelling, *SW*: I, 1, 401.

> 着自我、让自我没有下沉到表象的奔流中去的东西，都是那个在所有的行动、思想与时间中(像张开无形的羽翼那样）支撑着我自己前进的东西。①

谢林在这段引文中明确指出，理智直观是一切经验性自我活动的先验条件，同时又构成了一切经验性自我活动的存在论基础，理智直观就是先验主体从最初的无规定晦暗状态发展演进为最终有着明确整全自我规定的状态的动力学源泉，就是整个先验哲学体系的基点。理智直观将先验主体在前意识中的永恒奔流规整为协调有序的表象序列，让困囿于经验中的“自我”觉醒并体察到自身在前意识中纵向建构层级，从而得以建立起自身的“发生学”结构的基础。

> 因为先验哲学起初并不将任何客体看作现成的东西，所以先验哲学就其本性而言是朝向着那些生成流变着的、活生生的东西的。因此，先验哲学就其首要本原而言是“发生学式的”(genetisch)；在先验哲学中，精神成为自身，并与世界一起觉醒。②

至此我们终于完整展示了谢林在1797年前后的先验哲学构想。我们可以看到，直至1798年，谢林所规划的基于理智直观与精神的自我规定的先验哲学体系已经基本成型。这一体系的本原是一个始终处于生成流变中的、不断以展开自身的方式建构自身的“精神”，而本原的建构通过“限制—再生”的二重化行动同步展开为质料的建构，形成了基础的“形式—质料”同一体；这种二重化行动最终折返回精神，让精神成为完满的自我意识，使得本原的建构与质料的建构的二重化成为体系本身的建构，形成了“同一体的同一体”也就是最终的“绝对同一体”——精神与世界在体系中同步觉醒、同步展开、同步完满。

但这一体系构想仍然存在结构上的缺陷：谢林尝试以“理智直观”贯穿整

---

① Schelling, *SW*: I, 1, 401-402.

② Schelling, *SW*: I, 1, 403.

个精神发展演进过程中的活动，但这就带来了精神的自我建构的发生学层级的错位：在精神的自我建构的每个层级上，精神的自我活动都有着迥异的结构与功用，彼此不可还原或替代。因而，要想完善先验哲学体系，我们必须再次深入前意识领域内先验自我的重重自我规定，细致分析自我活动结构的生成流变，为先验主体性的最终落实提供更可靠的存在论基础。

谢林在 1800 年发表的《先验唯心论体系》（*System des transzendentalen Idealismus*）中将重新整合了早年间各个版本的先验哲学构想，并以更加细致完整的方式展现先验主体的自我生产与自我实在化进程。本书下一章的任务就是深入这个在谢林生前唯一被冠以“体系”之名公开出版的文本，挖掘并展示出先验存在论完整的理论架构。

四、小结：分道而行还是殊途同归？

正如笔者在这两个章节的导引中所言，费希特与谢林哲学之间的真正联系长久以来一直被遮蔽在两位哲学家的争执与他们后来的追随者与批评者们的论争之下。费希特与谢林的分歧早在 1795 年就已经初见端倪：谢林尝试将他自认为严格遵照批判哲学方法论建立起来的自我概念的形式化结构展示给费希特，而费希特则拒绝接受谢林哲学中不断增长的先验哲学的“存在论化”（Ontologisierung）倾向。

在《阐释》中，谢林第一次强调了，他的哲学是对费希特体系的纠正。谢林认为，绝对同一性应当被视为先验唯心论的最高本原，而费希特却鲜少使用类似于“观念性与实在性的同一体”这样的术语。

> 我们之中的纯粹性东西与经验性东西的原初同一性就是一切先验唯心论的本原。①

---

① Schelling, *SW*: I, 1, 427.

谢林也不再认同费希特的“原理”（Grundsatz）理论。从1795年的《论自我》起，谢林就开始执着地追寻哲学的最高本原。谢林认为，最高本原只能通过理智直观——即绝对的内向性启示自身。这与费希特体系中对原理的概念化把握全然不同。

> 哲学并不从那可以被推证的原理开端，而是从不可被推证的、原初地直观着的东西开端。①

谢林甚至使用了一个新的术语“公设”（Postulat）来取代费希特的原理。②谢林使用这个来自传统欧式几何的术语意在表达一种生成性活动，或者说，绝对自我的原初自我建构，从本原意义上就同时具备自发性与述行性。但费希特则更倾向于认为谢林的想法忽略了自我意识的多维度结构内部的诸多环节。

> ……当他（指费希特——笔者注）在讨论哲学的一个最高的原理的时候，他所想要知道的那个命题无非是一个公设。③

谢林在1800年发表了他的新著《先验唯心论体系》并在其中提出了一个新的方案。这一更为激进地将先验唯心论视为一种全新形而上学的方案极大地冲击了费希特的体系。费希特完全不能理解谢林的批评，也从此不再承认谢林本人的哲学进展。费希特与谢林七年来的相互理解与支持开始消退。特别是当黑格尔——那时他仍然是谢林哲学的拥趸，于1801年发表了那篇著名的论文

---

① Schelling, *SW*: I, 1, 444.

② 在1798年的《新方法的知识学》中，费希特也开始使用“公设”这一术语取代了原有的“原理”。费希特将公设表述为：“去构建自我的概念，并观察人们是如何运用这个概念的。”（„Postulat: Den Begriff des Ich zu *entwerfen* und zu *bemerken*, wie man dabei verfahre.“）参见Fichte, *GA*: IV, 2, 32。

③ Schelling, *SW*: I, 1, 451.

《费希特与谢林哲学体系的差别》(*Differenz des Fichte'schen und Schelling'schen Systems der Philosophie*)，在其中黑格尔站在谢林的立场上猛烈地抨击费希特1794—1795《知识学》中的绝对自我理论，并将其贬斥为“片面的主体性”(einseitige Subjektivität)。黑格尔还批评费希特没有能够为绝对同一性赋予任何实在性。黑格尔的这些批评无疑彻底激怒了费希特，并引起了费希特对谢林的猜忌，最终导致了费希特与谢林之间友谊的终结。但很显然的是，黑格尔对费希特的批评并不公正，因为黑格尔完全无视了费希特的体系在1794到1797年间的关键性转变。

但正如前文已经论证的，从1794到1797年，费希特与谢林的哲学规划都转向了去建立一门全新的“先验形而上学”。即使在两者的平行方案之间仍然存在诸多分歧点，但他们都主张先验唯心论应当建基于作为思维—存在统一体的最高本原之上。他们的努力将自我意识这一在康德体系中位于边缘的论题提升到了先验哲学的中心位置。在黑格尔的论文引发了费希特与谢林之间的争端后，谢林在1801年10月3日写给费希特的尝试修复关系的自白书中仍然坚持认为，他与费希特的哲学体系虽然日渐差异，但他们仍然可以共享一个先验唯心论的基础性本原：

> 观念根据与实在根据的同一性等同于(=)思维与直观的同一性……因为思维与存在的绝对同一性就是最高本原，而它被视为是绝对的无差异性(absolute Indifferenz)，同时也必然是那个至高存在(das höchste Seyn)……存在不再有任何对立命题，它就是观念性东西与实在性东西的绝对统一体本身。①

① *Shulz*, 133.

第四章　先验存在论的基本问题

在笛卡尔到德国唯心论的整个近代哲学传统中，主体—对象之间的意向性联结始终是意识活动的结构性基础，而基于这一意向性联结之上的概念化反思则成为了意识活动的范例。近代哲学通过验证我们已有的关于意向相关对象的知识的确定性，来证明我们的概念化反思活动、或者说意向活动（Noesis）同样具备着最直接的确定性以及最基础的认识论地位。但正如当代德国先验哲学家汉斯·瓦格纳（Hans Wagner）所质疑的那样，我们通过意向活动实现的仅仅是一个认知的成果（Ergebenis），一个意向相关项（Noema）；这只能证明主体性的成就（Leistung des Subjektivität），而并不能真正通达对象本身。①

面对这样的困难，一个非常直接的思路便是通过对我们已达到的认知成果再进行一次概念化反思，即一种意向相关性反思（noematische Reflexion）、意向相关性意向活动（*noesis noematos*），还原出一种“最原初”的客体性 / 对象性（Objektivität）。但就如瓦格纳所指出的那样，这样的思维方式只会陷入晦暗（Dunkelheit）之中的无尽循环。② 因为如果整个近代哲

① Vgl. Hans Wagner, *Philosophie und Reflexion,* [*Hans Wagner Gesammelte Schriften.* Band 1.] hrsg. v. Bernward Grünewald, Paderborn: Ferdinand Schöningh, 2013, S. 17.

② Vgl. Hans Wagner, *Philosophie und Reflexion,* [*Hans Wagner Gesammelte Schriften.* Band 1.] hrsg. v. Bernward Grünewald, Paderborn: Ferdinand Schöningh, 2013, S. 47.

学传统所宣称的对象仅仅是主体性的构造产物，那么真正的对象必然处于一切意向活动之前，即处于“前意识”（Vorbewußtsein）状态之下。因此，我们可以自然地猜想，我们通达“前意识”的手段也必然是一种非概念化的（nicht-begrifflich）、前反思（prä-reflexiv）的思维方式，而通过这种方式建立起来的主体—对象联结也必然不再是单纯的意向性联结，而是一种能够刻画作为真正的对象性的原初意识经验的结构。本部分的任务便在于寻找并且呈现出如此这般的结构——那些尚处于晦暗之中的原初意向（dunkle Intentionen）。

因此，本章节论证的理论目标即在于找到、定位并呈现出这些“晦暗意向”的结构。换言之，我们的目的在于以先验哲学的方式呈现出前意识的动态结构，并展现出前意识与经验意识之间联结的发生学机制。我们的整个论证将建立在如下一组核心论题之上：

1. 按照近代哲学的基本信条，对象仅仅是主体性构造的产物。那么，这种主体性构造本身就一定还有着先行于自身的可能性条件，这些条件先于一切对象性关联，因而位于“前意识”（Vorbewußtsein）或前意识经验的领域之中；

2. 相应地，由对象性的意识经验出发通达前意识的方式一定是前反思（prä-reflexiv）且非概念化的（nicht-begrifflich）；

3. 在前意识中，原初主体—客体（Ur-Subjekt-Objekt）之间的联结不再是意向性—对象性的；原初主体—客体的联结就是原初前意识经验的结构本身，这一结构可以展示出使得主体性构造本身成为可能的先行条件。

根据德国现象学家兰德格雷贝的观点，前意识经验的结构已经位于意识构造的“深层维度”（Tiefdimension）①，这意味着经验意识的主体已经不能以常规的反思手段通达前意识经验。正因为此，经验意识的主体无法直接通达意识的前构造（Vorkonstitution），意识的前构造进而必然是一个被动性的（passiv）

---

① Ludwig Landgrebe, *Faktizität und Individuation. Studien zu den Grundfragen der Phänomenologie*, Hamburg: Felix Meiner, 1982, S. 73.

前构造。换言之，意识的被动性前构造无非就是一种被动综合（passive Synthesis）：通过被动综合，作为前意识载体的原自我（Ur-Ich）得以将无规定的原质料（Hyle）囊括入自身之中，并转化为原自我本身的实在性根据。这也说明了，原自我（或原初主体性）正是一切意识现象的来源（Quelle）。作为一切意识现象的终极来源的原自我必然能够为一切意识现象同时（gleichzeitig）提供先验的可能性条件与存在论的充要根据。因此，前意识的被动综合成为了先验哲学根基处的核心问题，而如此这般的先验哲学必须要被“锚定”(verankern)在先验存在论之上。诚如20世纪德国先验哲学的开创式人物沃尔夫冈·克拉默所说：

> 先验哲学必须被锚定在先验存在论之上。“我思”就是一个原初的先验存在论的运思，先验地为一种主体性的存在论与一种主体性的前提条件的存在论提供了合法性根据。①

作为先验存在论的先验哲学彻底超越了康德式先验哲学的时空认识边界，将先验认识论与存在论的视角合二为一。②并且，先验存在论还进一步尝试，以被动综合活动为抓手，展示出意识经验的最底层的动态结构。而这，恰恰是谢林先验哲学的核心基点所在。

---

① 沃尔夫冈·克拉默使用“先验存在论”这一术语，意在为意识实在性（或者说原初经验）的原初构造提供一个强有力的先验阐明。参见 Wolfgang Cramer, *Das Absolute und das Kontingente. Untersuchungen zum Substanzbegriff*, 3., erweiterte Aufl., Frankfurt am Main: Vittorio Klostermann, 2019, S. 7.. „…daß die Transzendentalphilosophie in einer transzendentalen Ontologie zu verankern ist. Der Gedanke „Ich denke “ ist ein ursprünglich transzendentaler und ontologischer Gedanke, welcher eine Ontologie der Subjektivität und damit auch eine Ontologie der Bedingungen der Subjektivität transzendental legitimiert “。

② Cf. Alexander Schnell, *Was ist Phänomenologie?* Frankfurt am Main: Vittorio Klostermann, 2019, S. 84f. „…die Bedingungen der Möglichkeit [erkenntnistheoretischer Aspekt] zugleich die Bedingungen der Möglichkeit der Gegenstände der Erfahrung [ontologischer Aspekt] sind. “(“先验可能性条件［认识论视角］同时也是经验对象［存在论视角］的可能性条件。”)

但正如也许有人会质疑的那样，我们根本不必超越先验主体性去探求意识经验的深层晦暗之处。因为一种康德式的先验哲学早已奠定了一切对象性认识的可能性根据，而这里所谈论的先验存在论不过是早已被康德击倒的独断论残兵败将们的呓语罢了。我们在这里恰恰就是要指出，康德式的先验哲学为可能经验设下的界限反而构成了先验主体性运思的枷锁，明明已经与本原近在咫尺却驻足不前。挖掘意识底层的存在论根基应当成为所有自诩为先验哲学的哲学体系的根本任务，否则，那样一种故步自封不思进取的所谓“先验哲学”又与近代以来执着于在反思层面的鸡零狗碎的经验论哲学有何区别？

本章节的核心论题即在于，如果我们尝试为先验主体性奠定根据，那么我们必须要首先阐明客体性/对象性（Objektivität）本身的基础，或者说，客体性/对象性本身是如何被先验主体性建构出来的。客体性/对象性不是任何意向性对象，也不是任何存在着的现实性，而是一种终极的实在性，是前意识中的终极“存在者”（das Seiende）或者说“是其所是的那个东西”（das, was ist）。探求这一终极根据意味着我们必须深入存在本身，或者说，原初主体性的终极根基中去。意识经验的深层维度绝不能被反思把握，而只能被先验地阐明；正是在这个意义上，先验哲学必须成为一种先验存在论。

在本章中，我们将承接之前的讨论，特别关注谢林在1800年的《先验唯心论体系》中所呈现出的“原初洞见”。我们将从《先验唯心论体系》的导论开始，与谢林一起探求意识实在性的基础，廓清作为先验哲学最终根据的绝对综合的基本样貌；接着我们将深入表层意识“海面之下”的前意识晦暗世界，考察绝对被动综合的动态结构，并挖掘出原初意识经验的发生学构造基础；最后，我们重新从前意识的“海底”出发，与谢林一同经历“自我意识的历史”，以作为原初前意识自我活动的自我感觉触发第一个时间构造的机关，返回“海面之上”，启动意识运转的齿轮。

第一节　观念性与实在性的绝对综合①

本节重点关注谢林在他的《先验唯心论体系》（以下简称《体系》）的导论章节中对“先验—哲学”（Transzendental-Philosophie）与相应的基础性“先验知识”（transzendentales Wissen）概念的论述。谢林的论述将被重构为两个层次的论证：

1. 客体性论证，先验知识的实在性需要一个客体性根据；

2. 主体性论证，先验知识的观念性需要一个主体性根据。

本节第二部分则将借助费希特式主体性理论模型的视角重新审视谢林两个层次的论证，并说明：先验知识的客体性/对象性论证与主体性论证紧密相连，但后者并不适用于一般的意识模式，而是要求一种非对象性的“直接意识”模式，只有如此这般的“直接意识”模式才可以提供先验知识的观念性根据。本节的最后一部分将通过谢林在《体系》的第二章中给出的自我意识的行动理论，来构建先验知识的实在性根据。只有通过这样的方式构建出的观念性与实在性才可以担当先验知识的根据，并为“先验—哲学”奠定基础。

一、先验知识的引导性概念

谢林的《先验唯心论体系》以这样的问题开头：“先验—哲学”的概念到

---

① 笔者要特别感谢德国哈勒大学哲学系荣休教授于尔根·施托尔岑贝格（Prof. Dr. Jürgen Stolzenberg）与哈勒大学哲学系高级讲师（德国图宾根大学哲学系合作讲师）斯特凡·朗博士（PD. Dr. Stefan Lang）对本部分的贡献。施托尔岑贝格教授为本部分慷慨提供了文献上的支持，并大度地允许笔者对他的观点提出质疑与挑战；朗博士则细致地通读了本部分的文稿并给出了详尽的修改意见，笔者特别受益于与朗博士关于谢林早期文本概念线索的持续讨论。笔者也要特别感谢北京大学哲学系先刚教授就谢林哲学的基本框架与线索对本部分提出的极富教益的建议。

底应当如何被理解？他随后便给出了回答："所有的知识都建基于客体化和主体化的一致(Übereinstimmung）之上。"①通过强调"一致"，谢林意在说明两点：第一，正如同"先验—哲学"之中的连字符所暗示的那样，先验—哲学必须被视为一个不可分割的整体；第二，"一致"也可以被视为是主体化与客体化之间的一种"合意"甚至是"交互适应"。谢林的体系赋予了主体化与客体化平等的地位，其中任一个都不优先于另一个。因而，对知识根基的论证就必须要从客体性的层面和主体性的层面同时展开。谢林在《体系》的导论中这样写道：

a）要么是客体化被当作是第一位的，那么问题便是：主体化如何进入客体化之中并与其一致的？（客体性证明）

b）要么是主体化被当作是第一位的，那么问题便是：客体化如何进入主体化之中并与其一致的？②（主体性证明）

根据谢林的体系规划，客体性证明是通过自然哲学完成的。现代自然科学的目的在于找寻自然法则并将其清晰地表达出来。一旦自然法则是可表达的，它就是可认知的，那么自然法则将不可避免地被抽象成我们的直观与思维活动的法则。③自然的可被认识的法则就被把握为我们思维进程的一个结果，或者说，客体性植根于主体性的建构之中。但这并不意味着什么主体性决定论，而是谢林的独特的"同一性"（Identität）概念。

---

① F. W. J. Schelling, *System des transzendentalen Idealismus*, hrsg. v. H. D. Brandt u. P. Müller, Hamburg: Felix Meiner, 2000, S. 9. 本研究中引用的谢林原文依据的是德国 Felix Meiner 出版社出版的《先验唯心论体系》一书的德文单行本（基于 1800 年首版）。参见 Schelling.(2000)。所有的中文译文均由笔者本人翻译，笔者对本节中所有译文的错讹与缺陷负责。

② F. W. J. Schelling, *System des transzendentalen Idealismus*, hrsg. v. H. D. Brandt u. P. Müller, Hamburg: Felix Meiner, 2000, S. 9-11.

③ 谢林用于刻画这一过程的专门术语是"精神化"（Vergeistigung)，相关论述参见 F. W. J. Schelling, *System des transzendentalen Idealismus,* hrsg. v. H. D. Brandt u. P. Müller, Hamburg: Felix Meiner, 2000, S. 10。

> 自然的最高目的，在于完全成就为自身的一个对象，而这只能通过最高级的终极反思活动才能实现……这就是我们称为理性的东西。
>
> ……很显然，从一开始，自然就与我们在自身之中认知到的东西，比如理智的东西与被意识到的东西，是同一的。①

客体性/对象性（Objektivität）便建基于这样的同一性之上。同一性有着基础性的反思结构，并就其形式而言具备意识的特征。所谓“意识的特征”（Merkmale des Bewußtseins）即是在说，意识一定是意识主体关于“某物”的思维活动，因而就其本质而言，意识是一种从意识主体到被意识对象之间的联结活动。同一性的关键在于联结两端的“等号”（Gleichheitszeichen），这就是一种意识联结。这样，主体化在客体化中的根据便被建立了起来，客体性证明的第一个步骤也就完成了。

然而，客体性证明的第二个步骤还需要进一步的论证：客体化与主体化之间的“一致”是如何实现的呢？这个问题也可以被表述为：“一致”的作用机制到底是什么？谢林在《体系》导论的第一节的末尾也提出了这样的问题：

> 如果所有的知识都仰赖于这两者（指主体化和客体化。——笔者注）的一致，那么解释这种一致的问题就毫无疑问地成为了所有知识的最高级的问题；而就如普遍被认可的那样，如果说哲学是所有科学中最高级的，那么这个问题就会毫无疑问地成为哲学的主要问题。②

知识不同于认知，因为知识有着自己的确定性。因而，主体化与客体化之间所谓的“一致”就必须是确定的和必然的，而不是偶然的。这种“一致”的确定性必须同时也是直接的，因为这种“一致”是所有知识的根本基础，不能

① F. W. J. Schelling, *System des transzendentalen Idealismus*, hrsg. v. H. D. Brandt u. P. Müller, Hamburg: Felix Meiner, 2000, S. 11.

② Ibid.

被任何别的条件所规定。而先验知识，即我们关于这种“一致”的知识，也必须具备直接的确定性，而如此这般的直接的确定性也必须要有一个稳固的根基，用谢林的术语来说，就是要有一个“当之为真”（Fürwahrhalten）的行为。

“当之为真”不能是纯然主体性的，否则先验知识本身就会成为我们意识的一个对象，从而受到一个主体性本原的规定，而这将会与先验知识作为全部人类知识的根基这一规定构成矛盾。那么当之为真到底应该被安置在何处呢？谢林的回应是引入一个全新的概念“直接意识”（das unmittelbare Bewußtsein）。① 直接意识是非对象性的，而当之为真扮演着直接意识的“准客体”（Quasi-Objekt）的角色。

所谓“准客体”，即直接意识对当之为真不能形成任何认知抑或知识。当之为真甚至都不是一个“当真”（Für-wahr-halten）的行为，而只是一个“偏见”（Vorurteil）。因此，我们必须要从主体性的那一侧引入一个新的本原，才能克服这里的鸿沟。这个新的本原必须要来自于主体性的那一侧，因为所有来自客体性那一侧的理论资源目前都已经被穷尽。这个新的本原必须要能够不应用任何一种主体—客体的模式去赋予“一致”以“确定性”，因为我们甚至都不被允许对这个过程有任何认知或者知识。就如谢林写道的那样，我们必须要引入新的主体性要素才能达成先验知识的直接确定性并完成“客体性证明”的要求：

> 这个本原②……和一个直接确定的东西并不是隐秘地关联着的，而是同一的，是同一个东西。先验哲学的任务就是把这种同一性展示出来。③

---

① F. W. J. Schelling, *System des transzendentalen Idealismus*, hrsg. v. H. D. Brandt u. P. Müller, Hamburg: Felix Meiner, 2000, S. 13.

② 此处的德文术语为不定冠词引导的 ein Satz，即一个（不确定的）命题。很显然，这里谢林在暗示，那种最终演变成“偏见”的“当之为真”根本就不是有着直接确定性的真正的“当之为真”。

③ F. W. J. Schelling, *System des transzendentalen Idealismus,* hrsg. v. H. D. Brandt u. P. Müller, Hamburg: Felix Meiner, 2000, S. 13.

在之前我们已经分析了，这个从主体性一侧引入的新本原不能将主体—客体模式应用于先验知识和当之为真之上。但是能够赋予当之为真以确定性的所谓“直接意识”必然要具备某种作用机制，而直接意识的这种作用机制也必须要与一般的对象性意识的作用机制不同。那么，直接意识的这种非对象性的作用机制到底是什么呢？这样，“客体性证明”的问题就不可避免地被转化为“主体性证明”的问题，而后者则是整个先验唯心论体系的关键所在。谢林在《体系》导论的第三节“先验哲学的初步划分”（*Vorläufige Einteilung der Transzendental-Philosophie*）的开头就这样写道：

> 先验—哲学必须要解释清楚，如果知识中的主体化被接纳为是起支配作用的东西或者是第一位的东西，那么知识到底是如何可能的。[①]

让我们暂时先回到“主体性证明”本身。如果主体性被当作是第一位的，那么任务便是回应如下问题：客体化是如何出现的，又是如何与主体化一致的呢？与“客体性证明”类似，解决“主体性证明”也需要两个步骤：1. 必须要考察客体化为什么是必然地与主体化相关联的；2. 从主体化到客体化的关联结构必须要被澄清。

以上的讨论已经回应了“主体性证明”的第一个问题的第一部分，即当我们在搜索客体性的终极根据时将不可避免地需要一些主体性的要素。而这个问题的第二部分则需要从相反的方向来被回应，即只有通过从主体化到客体化的关联（而不是相反），对主体化与客体化的一致性的当之为真才能被赋予确定性。但疑难随之出现，单纯的主体性本原何以提供客体化的确定性呢？谢林在《体系》导论的第二节开头也提出了这样的疑问：

---

① F. W. J. Schelling, *System des transzendentalen Idealismus,* hrsg. v. H. D. Brandt u. P. Müller, Hamburg: Felix Meiner, 2000, S. 15.

> 如果对于先验—哲学来说，主体化是第一位的东西，是所有实在性的唯一根据和所有其他东西的唯一解释本原，那么先验哲学就必须要从对客体化的实在性的普遍怀疑开始。①

因此，我们必须继续进入“主体性证明”的第二个问题：在没有任何主体—客体模式可以应用于“直接意识”的情况下，从主体化到客体化的关联结构如何可能？谢林的论证策略是将“当之为真”解读为自我的“行动”（Akt），即一种非对象性的自我意识（nicht-gegenständliches Selbstbewußtsein）。先验知识的确定性不是通过认知（epistemisch）的方式，而是通过自我意识的活动（Tätigkeit）实现的。谢林将如此这般的“直接意识”刻画为先验—哲学的基本结构：

> 所有知识都可以被还原为确定的原初信念②，或是原初的偏见；先验—哲学必须要将这些个别的信念回溯给一个原初的信念；这个推证（ableiten）出所有其他信念的原初信念，是在先验—哲学的第一本原中被表达出来的。而发现这样一个本原的任务，无非意味着去发现那个绝对—确定的东西，所有其他确定性都通过这个绝对—确定的东西被给予。③

这也是谢林在《体系》中首次阐释清楚所谓的“先验—哲学”的定义与使命。“先验—哲学”旨在为所有一般意识中的当之为真搜索绝对确定性根据，并将它们转化为真正的知识。那个等待着被找寻的第一本原和它的演绎体系确保了

---

① F. W. J. Schelling, *System des transzendentalen Idealismus*, hrsg. v. H. D. Brandt u. P. Müller, Hamburg: Felix Meiner, 2000, S. 12.

② 谢林在这里使用的术语是 Überzeugung，其意义与前文的 Fürwahrhalten 基本类似。笔者认为，在谢林的语境下，这两个术语都只被理解为单纯的主体性活动，因而本身并不必然具备确定性。

③ F. W. J. Schelling, *System des transzendentalen Idealismus*, hrsg. v. H. D. Brandt u. P. Müller, Hamburg: Felix Meiner, 2000, S. 15-16.

所有其他当之为真的确定性，而这两个要素——正如“先验—哲学”中的连字符暗示的那样——构成了“先验—哲学”的主题的两个彼此区分的层面。自然而然地，本节下一步的论证将着力于揭示并刻画“先验—哲学”的基本结构的细节。

二、非对象性自我意识的结构性困难与可能的解决方案

本节第一部分的论证已经揭示了从主体性一侧建立起一种直接意识（即非对象性自我意识）理论的必要性。而紧随其后出现的问题便是：如此这般的特殊的意识模式的具体结构到底是怎样的？这种意识结构的“绝对确定性”如何能够实现？这种意识模式的观念性是否已经足够消除“当之为真”行为中的偶然性因素，并将其转化为真正的知识？

谢林对此的回应是从一个关于“我存在”（Ich bin）的强论断开始的：

> 但对于一般的理性运用来说，除了命题“我存在”之外甚至没有任何直接确定的东西。由于这个命题在直接意识之外甚至会失去它的意义，因而它是所有真理中最个别的，是绝对的“前—判断”（Vor-Urteil）①。绝对的“前—判断”必须要首先被接纳下来，别的东西才可以是确定的。因此，对于先验—哲学来说，命题“在我们之外别无他物”也只有通过与命题“我存在”的同一性才能是确定的。而它的确定性也与它借出（entlehnen）自己的确定性的那个命题“我存在”的确定性是一样的。②

根据以上引文，我们可以将谢林的论断区分为两个论证：

① 此处的术语 Vorurteil 既可以被翻译为“偏见”，也可以更字面化地（也是不带任何价值取向地）被翻译为“前—判断”（Vor-Urteil）。本节中依据具体的语境，同时使用了这两种译法。

② F. W. J. Schelling, *System des transzendentalen Idealismus*, hrsg. v. H. D. Brandt u. P. Müller, Hamburg: Felix Meiner, 2000, S. 13-14.

1. 先验知识的唯一本原（当之为真）只能被表达为“我存在”。

命题“我存在”究竟意味着什么？根据上段引文，命题“我存在”只有在直接意识之内才有意义。而本节的第一部分已经阐释了，直接意识只能是非对象性的，并且不按照认知模式运作。因此，“我存在”仅仅拥有一个“前—判断”的形式，而并不拥有任何能够真实把握客体的概念。目前命题“我存在”的规定性仍然太弱，不足以支撑起其作为先验知识，甚至是整个先验哲学的唯一本原的地位。命题“我存在”必须要能够在主体与客体之间搭建起一座新的桥梁，而这种联结模式必须要与一般意识中的意向性①主体—客体模式严格区分开来。

很显然，谢林选取命题“我存在”作为先验知识的基础性本原是受到了费希特的深度影响。因此，如果我们要更好地理解命题“我存在”的确切含义，我们必须要引入费希特式主体性理论的资源。而德国费希特学者克洛茨（Christian Klotz）对费希特的主体性理论的体系化阐释就为我们提供了一个绝佳的范例。

在费希特式主体性理论的语境下，命题“我存在”蕴含了直接的（非意向性/非对象性）自我意识的观念性（Idealität），而“这种观念性已经被包含在了所有的意向性意识之中”。②此处的术语“观念性”意味着所有的意识对象都必然地与主体相联结，是所有意向性意识或者一般的对象性意识之为可能的“先验条件论题”（transzendentale Bedingungsthese）。③因此，作为主体性本原的观念性便被克洛茨进一步解读为一种“主体性从属”（Subjektzuhörigkeit）

---

① 本节在最弱、最宽泛的意义上使用“意向（性）”（Intentionalität/intentional）这一概念。在这个意义上，意向性仅仅指的是一种从意识主体与投射（projektieren）到被意识到的对象的一种主动联结关系。

② Vgl. Christian Klotz, *Selbstbewußtsein und praktische Identität. Eine Untersuchung über Fichtes Wissenschaftslehre nova methodo*, Frankfurt am Main: Vittorio Klostermann, 2002, S. 124.

③ Vgl. Christian Klotz, *Selbstbewußtsein und praktische Identität. Eine Untersuchung über Fichtes Wissenschaftslehre nova methodo*, Frankfurt am Main: Vittorio Klostermann, 2002, S. 126.

过程：

在所有的意向性意识中，与对象的联结都已经作为一种(非意向性的)自主述行活动（die selbstvollzogene Leistung）而被意识到了。根据先验的“条件论题”，对这种联结的意识性是意向性意识的一个要素，而这个要素使得对象意识成为可能。因此，在意向性意识中的对象从根本上是作为那个自主述行的意识联结的作用物而出现的。①

克洛茨的费希特式阐释的重点在于，所有的意向性意识都包含了一个特别的先行步骤。在这个步骤中，主体性从属或“自主述行”活动必须要先行于一切意向性意识活动，才能使得下一步的对象性概念把握活动成为可能。这个先行的步骤就是非意向性（非对象性）的自我意识。

谢林在《体系》中延续了这种费希特式的立场，即所有对象性联结都必须首先经历一个自我关联的过程。作为“主体性从属”的观念性构成了所有对象性意识（它们将在下一步发展成知识）的充分条件。然而，我们马上可以针对这种费希特式模型提出一种可能的反驳：观念性概念本身缺乏自己的对象实在性，因而更像是一个被人为添加进意识的要素，所以如果不能确定观念性的实在性根基，“当之为真”活动中的偶然性就无法被消除，而我们在第一部分竭尽全力构建的主体性本原的绝对确定性也就无法达成。谢林洞见到了这种可能的反驳，并同样表达了他对费希特式立场的保留意见：

通过这个分离的活动本身，如果它已经完成的话，这个活动会转变为一种先验觉知模式，这不是一种自然的模式，而是人为（被添加）的。②

---

① Vgl. Christian Klotz, *Selbstbewußtsein und praktische Identität. Eine Untersuchung über Fichtes Wissenschaftslehre nova methodo*, Frankfurt am Main: Vittorio Klostermann, 2002, S. 126-127.

② F. W. J. Schelling, *System des transzendentalen Idealismus,* hrsg. v. H. D. Brandt u. P. Müller, Hamburg: Felix Meiner, 2000, S. 14.

如果要解决这里的疑难，那么就必须要解释清楚，主体性从属表达了植根于人类本性之上的意识的原初结构，因而并不是一种被人为添加的本原。那么如此这般的先导性的主体性从属的具体例示到底是什么呢？正如主体性从属的变形形式“自主述行”所蕴含的那样，这样的意识结构并不能被视为一种意向性意识结构。自我关联与对象关联有着截然不同的结构，而前者只能在一种动态的模式下被把握到，也就是说，自我关联只有在一种原初的活动（Tätigkeit）理论下才是可能的。本节的最后一部分即将重点关注这个论题。但在跳跃至这种自我关联的具体结构的分析之前，我们必须回顾谢林关于自我关联与对象关联之间的联系的第二个论断，否则我们就无法排除一种完全孤立的且内在化的“自我当之为真行为”（Selbstfürwahrhalten）的可能性，若那样的话，知识的真值就无法得到确定。

> 2. 所有其他知识都只能通过与“我存在”的同一性才是确定的。只有一种确定性，那就是原理“我存在”的直接确定性，而所有其他知识的确定性都是从“我存在”的直接确定性那里借出（entlehnt）的。

谢林的第一个论断主要关注由命题“我存在”所表达的先验知识的观念性。然而，我们在分析第一个论断的论证时已经指出了，仅仅通过当之为真的观念性是并不足以建立先验知识的绝对确定性的，因为观念性仍然有可能是孤立于其他（对象性的）知识的。因此，主体性本原的首要任务便是要去联结起其他知识并能对其施加影响。这个论题也可以被这样表述：外在事物的存在的确定性是如何被接纳为我们意识中的“自然”的、“必然”的、“确实”的事实（natürliche, notwendige, und wirkliche Tatsache）呢？①

谢林的论证可以被区分为两个部分：

---

① Vgl. F. W. J. Schelling, *System des transzendentalen Idealismus*, hrsg. v. H. D. Brandt u. P. Müller, Hamburg: Felix Meiner, 2000, S. 14.

其一，谢林在主体性本原与其他知识之间发展出了一套“转借确定性”（Gewißheit entlehnen）的动力学机制，意在消弭主体与外物之间的鸿沟。所有其他的命题（也是其他知识的具体承载者）只能通过与命题“我存在”建立起同一性，即通过命题“我存在”的确定性才能是确定的，这里的同一性指向的无非是一个命题的存在（Seyn）与显象（Erscheinen）之间的同一性。谢林在此强调，一个命题的确定性并不植根于它自在所是（was an sich ist），而是在于它对我所是（was zum Ich/Subjekt ist）。正如前一部分中的“观念性论题”所揭示的，命题的意义不可能存在于主体之外。（参见第 14 号注释的引文部分——笔者注）所有其他命题都只能通过“我存在”这一表达的基础形式才是可能的。因而我们必须要从现实世界过渡到表象世界（ein Übergang aus der wirklichen Welt in die Welt der Vorstellung）。① 外物只能通过它们被带入我们的表象（认知官能）方式才是可被认知到的。

其二，谢林的第二个步骤是从相反的问题方向展开的：主体性本原究竟是如何作用于客体的？问题也可以被等价表述为：从表象世界到现实世界的过渡又如何可能呢？主体性本原如何获得自己的对象实在性呢？依据之前的设定，如果所有其他知识的确定性都是由主体性本原的确定性“借出”的，那么后者的确定性必须首先得到证明。然而，谢林在此从两个方向展开的论证策略却彼此出现了冲突。

谢林的第一个策略是把主体性本原“我存在”的“自身成为客体”（sich-selbst-Objekt-Werden）进程视为先验知识的唯一表达：

> 先验觉知模式的本原只能在于，那些在其他所有的思维、知识或者活动中逃离出意识的，绝对非客体化的东西被带回到意识之中，并成为客体化的。简短地说：这种本原只在于主体化的一种恒常的自身客体

① F. W. J. Schelling, *System des transzendentalen Idealismus,* hrsg. v. H. D. Brandt u. P. Müller, Hamburg: Felix Meiner, 2000, S. 16. 谢林并没有在“显象”（Erscheinen）与“表象”（Vorstellung）这一组术语之间做出本质性的区分。两者都被用来刻画我们在心灵中投射对象的认知官能。

化进程。①

根据这段引文，主体性本原的确定性来自于自身的对象化进程，这意味着直接自我意识在某种意义上仍然是“对象性”的，它的“对象”就是它自身。先验知识因此能够被刻画为“知识的知识”（Wissen des Wissens），只要“先验知识是纯粹主体性的”（insofern es rein subjektiv ist.）。② 但是，这种模式要得以可能，必须要经由作为觉知主体的主体性本原与作为被觉知对象的主体性本原的自身同一性，而这种第二阶的同一性甚至都无法被概念的方式把握，而只能通过自我直观（Selbstanschauen）的活动被实现。③ 不幸的是，谢林的论述到此戛然而止，对这种自我直观没有任何进一步解释。如此这般的自我直观活动的确定性如何被固定？这种准概念化的自我直观活动本身又如何得到辩护呢？《体系》的导论并没有回答这些问题。④

事实上，谢林的第二种论证策略是对第一种策略的修正。他指出，上文提到的作为觉知主体的主体性本原与作为被觉知对象的主体性本原的自身同一性不能通过概念化的方式被把握，而只能通过一种活动（Tätigkeit）理论才是可能的。谢林这样刻画这种“活动”：

……这种使对象世界能够被生产出来的活动，原初地就与那些在意愿

① F. W. J. Schelling, *System des transzendentalen Idealismus*, hrsg. v. H. D. Brandt u. P. Müller, Hamburg: Felix Meiner, 2000, S. 15.

② Vgl. F. W. J. Schelling, *System des transzendentalen Idealismus,* hrsg. v. H. D. Brandt u. P. Müller, Hamburg: Felix Meiner, 2000, S. 14.

③ Vgl. F. W. J. Schelling, *System des transzendentalen Idealismus*, hrsg. v. H. D. Brandt u. P. Müller, Hamburg: Felix Meiner, 2000, S. 15.

④ 谢林在《体系》的第三章“依据先验唯心论原理的理论哲学体系”的第一节的C部分另有关于“生产性直观理论”（Theorie der produktiven Anschauung）的论述。谢林在那里的论述基本可以被视为是这里未竟工作的延续，因为核心问题始终是：直观与概念的区分到底何在？一种准概念式的直观活动到底意味着什么？又在主体性之中扮演着怎样的角色？囿于篇幅与主题，本部分无力在此继续展开。笔者将在本研究下一部分探讨这个问题。

（Wollen）中被表达出来的东西相同一，反之亦然。[1]

谢林尝试着通过行动理论解决主体性本原的内在困难。然而，行动理论自身又出现了结构性难题。谢林的行动理论有着两个维度：第一种活动由意愿生成，因而总是伴随着意识活动；[2] 第二种活动甚至能够为我们生产出（produzieren）对象世界，但只能是在非意识状态下（im Unbewußtsein）。这两种活动在同时发挥作用。

因此可以设定，那种同时被意识到的又非意识的活动是在主体化之中，在意识自身之中被揭示出来的。[3]

在主体性本原中，两种活动都在同时发生，这意味着主体性本原始终意识到它在尝试着启动一个活动，但如果这个活动意在建立起对象性关联，那么这个活动便会马上坠入非意识层面。冲突就此产生，因为主体性本原不能同时跨越意识状态与非意识状态。谢林试着说明，第一种活动只是在审美世界中伴随着意识出现，而第二种活动是在现实世界中以非意识的状态出现的。[4] 但这种辩解根本无济于事，因为这样认知与知识都植根于非意识的活动，这意味着主体性本原的确定性与对象实在性甚至都是不能够被设想到的（除非通过艺术的方式）。直接非对象性自我意识的结构性困难似乎仍然

---

① F. W. J. Schelling, *System des transzendentalen Idealismus*, hrsg. v. H. D. Brandt u. P. Müller, Hamburg: Felix Meiner, 2000, S. 18.

② 这里之所以能够把意愿与意识联结起来，是因为意愿（Wollen）意味着主体将自己的意志（Wille）投射到一个特定的对象之上，这实际上已经是一组意向性联结，所以意愿一定是伴随着意识发生的。

③ F. W. J. Schelling, *System des transzendentalen Idealismus,* hrsg. v. H. D. Brandt u. P. Müller, Hamburg: Felix Meiner, 2000, S. 19.

④ Vgl. F. W. J. Schelling, *System des transzendentalen Idealismus,* hrsg. v. H. D. Brandt u. P. Müller, Hamburg: Felix Meiner, 2000, S. 19.

是无解的。

三、通过自我意识的行动构建实在性

本节的前两部分已经论证了，作为其他所有知识的基础与真值保证（Wahrheitengarantie）的先验知识只有通过主体性本原“我存在”的观念性才可能被表达出来。这种主体性本原的确定性植根于一种非对象性的自我意识。直接非对象性自我意识的结构与一般的对象性意识完全不同，前者是通过伴随着活动的“主体性从属”或“自主述行”过程才得以发生的。但以上的论证中仍然存在着一道尚未被填补的鸿沟，那就是主体性本原的对象实在性并没有得到很好的辩护，这导致了主体性本原的绝对确定性仍然存疑。谢林在《体系》的第二章的开头也提出了这样的疑问：

> 全部知识必须由自我推证（ableiten）出来，除此之外知识没有任何其他实在性基础的证明，这并没有回答这个问题：知识的整个体系（比如对象性世界与它的所有规定性，历史等）是如何通过自我被设定的？①

因此，本节最后一部分的任务便将着重于通过一种修正过的行动理论（即自我意识的行动）构建主体性本原的对象实在性。

自我意识的行动（der Akt des Selbstbewußtseins）应当被理解为一种特殊的活动，这到底意味着什么呢？在本节第二部分的结尾已经证明了，那种在非意识状态下生成对象世界的活动与生成意识活动的活动是彼此不兼容的。但谢林在《体系》的第二章修正了他的行动理论，将这两者之间的不兼容性转化为一种无限制活动与受限制活动之间的特定紧张关系：

---

① F. W. J. Schelling, *System des transzendentalen Idealismus*, hrsg. v. H. D. Brandt u. P. Müller, Hamburg: Felix Meiner, 2000, S. 48.

自由是所有东西得以建立的唯一本原，我们在对象世界中瞥见的并不是任何在我们之外被呈现的东西，而仅仅是我们自己自由的活动内在的限制性。存在本身仅仅是一种被抑制的（gehemmt）自由的表达。我们自由的活动是被约束（gefesselt）在知识中的。①

根据引文，在非意识状态下生成对象世界的活动被谢林解读为一种无限制的“自由”的活动，这使得在所谓的“非意识”领域内的操作（Operation）②成为可能。在此基础上，谢林提出了他的核心论题：

通过自我意识的行动，自我本身成为了客体。

（Durch den Akt des Selbstbewußtseins wird das Ich selbst zum Objekt.）③

这个论题也可以被表达为：非意识领域内的操作（即自我意识的行动）是为了让自我本身成为客体。谢林又为这个核心论题补充了两个额外附释：

1. 自我只有对自身而言才是客体，而不是任何外在东西的客体。

（Das Ich ist überhaupt nur Objekt für sich selbst, also für nichts Äußeres.）

2. 自我是成为客体的，因此它并不原初地就是客体。

---

① F. W. J. Schelling, *System des transzendentalen Idealismus,* hrsg. v. H. D. Brandt u. P. Müller, Hamburg: Felix Meiner, 2000, S. 49.

② 在 20 世纪 60 年代以来德语世界的新唯心主义运动中，“操作”（Operation）是一个核心概念。操作意味着需要一个“操作者”（Operator），这个“操作者”正是主体（Subjekt）。“操作”同时意味着主体性本原对于对象层面的“介入”（Intervention）与“改变”（Modifikation）。关于“操作”概念的进一步阐释，以及它对于刻画主体性结构的关键作用，请进一步参见 Dieter Henrich, „Hegels Grundoperation“. In: R.-P. Horstmann（hrsg.）, *Seminar: Dialektik in der Philosophie Hegels*, Frankfurt am Main: Suhrkamp, 1989, S. 208-230。

③ F. W. J. Schelling, *System des transzendentalen Idealismus*, hrsg. v. H. D. Brandt u. P. Müller, Hamburg: Felix Meiner, 2000, S. 49.

（Das Ich wird Objekt; also ist es nicht ursprünglich Objekt.）①

谢林补充的第一条附释在于强调，这种操作被严格限制在自我本身之内。自我意识的行动就其本质而言是一个无限制的活动的一种自我设限的活动。第二条附释强调了，自我并不是一开始就是客体，而只能是某种不同于客体的东西。那么在自我之中不同于客体的东西到底是什么呢？答案只能是一种无限的活动。

> 如果自我是一种原初无限的活动，那么它就是一切实在性的根据与统合。……自我意识的前提条件就是：这种原初无限的活动（一切实在性的统合）自己成为自己的客体，从无限的活动变成有限的、受限制的活动。②

这种无限的活动构成了自我意识（当然是非对象性的自我意识）的前提条件，因为它是无限的，所以它是所有实在性的根据（Grund）和统合（Inbegriff）。然而，如此这般的无限制的活动仅仅是所有实在性的“统合”，因而在没有自身设限之前，它还不能够推导出任何一个单独的实在性。正如谢林的核心论题所表达的：自我本身成了客体，相应地，无限制的活动将其自身设定为受限制的，这样它的对象实在性就被固定在了这种设限活动里。接下来的问题便是：已然被限制的自我意识已经是一种对象性自我意识了吗？

德国学者施托尔岑贝格对此给出了积极的回应。根据他的研究，对于谢林

① F. W. J. Schelling, *System des transzendentalen Idealismus*, hrsg. v. H. D. Brandt u. P. Müller, Hamburg: Felix Meiner, 2000, S. 49-50.

② F. W. J. Schelling, *System des transzendentalen Idealismus*, hrsg. v. H. D. Brandt u. P. Müller, Hamburg: Felix Meiner, 2000, S. 50. „Ist das Ich *ursprünglich unendliche Tätigkeit*, so ist es auch *Grund*-und *Inbegriff aller Realität*··· Daß diese ursprünglich unendliche Tätigkeit（dieser Inbegriff aller Realität）Objekt für sich selbst, also endlich und begrenzt werde, ist Bedingung des Selbstbewußtseins. “

来说，自我意识的行动是自我的一种基础性设限活动，自我必须将自身设定为受限制的。[①] 但这种自我意识的行动到底意味着什么呢？施托尔岑贝格从两个层面加以解释：

> 1. 自我意识的行动是一个限制，这个限制是通过主体性本原的观念性被设定的；
>
> 2. 自我意识的行动是一种内容上的规定性（die inhaltliche Bestimmung），而这种内容上的规定性是通过主体性本原的实在性被设定的。[②]

因此施托尔岑贝格认为，自我本身只是一种"事态"（Sachverhalt），这里使用的术语意味着实在性始终是语境化（kontextuell）的，而在这里的语境下，实在性就意味着一种对象性自我意识（gegenständliches Selbstbewußtsein）：

> 在内容的规定性下自我对自身而言就是对象性的。通过无限地扩展界限的概念，叙实的（sachhaltig）的意识只能被设想为是实在性。[③]

施托尔岑贝格在这里使用了术语"叙实（性）"（Sachhaltigkeit/sachhaltig）来刻画自我意识的特征。所谓"叙实性"本身是一个关系概念，通过"我是我"（Ich bin Ich）的绝对同一性被构建，勾连意识与意识对象。叙实性具备两个层

① Jürgen Stolzenberg, „Geschichte des Selbstbewußtseins. Reinhold – Fichte – Schelling." In: K. Ameriks und J. Stolzenberg (hrsg.), *Internationales Jahrbuch des Deutschen Idealismus, Band 1: Konzepte der Rationalität im Deutschen Idealismus,* Berlin: Walter de Gruyter, 2002, S. 108.

② Jürgen Stolzenberg, „Geschichte des Selbstbewußtseins. Reinhold – Fichte – Schelling." In: K. Ameriks und J. Stolzenberg (hrsg.), *Internationales Jahrbuch des Deutschen Idealismus, Band 1: Konzepte der Rationalität im Deutschen Idealismus*, Berlin: Walter de Gruyter, 2002, S. 110.

③ Jürgen Stolzenberg, „Geschichte des Selbstbewußtseins. Reinhold – Fichte – Schelling." In: K. Ameriks und J. Stolzenberg (hrsg.), *Internationales Jahrbuch des Deutschen Idealismus, Band 1: Konzepte der Rationalität im Deutschen Idealismus*, Berlin: Walter de Gruyter, 2002, S. 111.

次的含义：根据同一性本原，作为意识主体的“我”能够与作为被意识到对象的“我”通过同一性得到形式上的联结；而作为意识主体的我通过将“我之所是”的东西实现出来（Das Ich realisiert sich als das, was es ist.），得以在最大程度上充分发展对象的内容与意义。

施托尔岑贝格严格遵从了谢林关于非对象性自我意识的字面规定，即实在性决不能在任何非意识（非对象性）状态下出现。但是，施托尔岑贝格的解决方案并不是那么令人满意。① 无限制的活动及其承载者——自我本身，仍然停留在非意识的迷雾之内。谢林试图通过自由的活动跨越意识与非意识之间界限的努力也就此告吹。施托尔岑贝格的论证只会导致自我本身仍然被严格地割裂于对象世界之外，而如此这般建立起来的“主体性本原”永远也无法实现。谢林本人也看到了这种潜在的理论危险：

> 自我是一个完全封闭自身的世界，是一个单子（Monade），没有东西可以从里面出来，也没有外在的东西能够进入其中。假如不通过自我设定与同时被设定的原初活动，就不会有任何(与自我）对立被设定的东西(一个客体化）可以进入这个世界。②

---

① 施托尔岑贝格通过不断扩张“限制性”（Beschränktheit）概念的界限，试图在对象性意识领域实现自我意识的行动，从而建立起一套“对象性自我意识”理论。为了填补这里对象性一侧的空白，施托尔岑贝格主张进一步发展谢林《体系》第六章中关于依据先验唯心论原理建立起来的艺术哲学理论（*Philosophie der Kunst nach Grundsätzen des transzendentalen Idealismus*）的相关资源，以对艺术对象的审美评价（ästhetische Bewertung）去构建一种“对象性自我意识”。但是，如此这般的对象性自我意识的对象只能在艺术、音乐的有限领域内被找到，如果说这些领域就足以代表人类的全部行动，那显然是言过其实了。那么，仅仅凭靠艺术与音乐领域的审美活动，就足以回避甚至克服认知领域的意识的结构性困难了吗？2018 年 6 月在德国图宾根大学哲学系召开的“康德与康德之后的德国唯心论中的审美与认知”会议上，笔者曾就此问题与施托尔岑贝格教授多次争论，但并没有收获令人满意的回复。

② F. W. J. Schelling, *System des transzendentalen Idealismus*, hrsg. v. H. D. Brandt u. P. Müller, Hamburg: Felix Meiner, 2000, S. 51.

因此，施托尔岑贝格的解决方案并不能够从根本上解决主体性本原与它的对象性联结之间的张力。事实上，正如本部分的开头所述，谢林本人在根据自我意识的行动来界定自我意识的地位时是极度谨慎的。自我意识的行动并没有把自我意识转变为“对象性”的，而是把一个自我封闭的我敞开给它自己的活动。

谢林的核心论题“自我本身成为客体”绝不能被从字面上解读为一种对象性自我意识，与之相反，这是一个主体性一侧发出的理论诉求。自我封闭的自我已经准备好通过自己的活动改变自身，并通过无限的活动使得自我关联成为可能。当作为无限活动与所有实在性的“统合”的自我准备好摧毁它封闭的外壳，并在它自身之内启动第一个自我关联进程时，先验知识的对象实在性便呼之欲出了。这就是本节的标题“通过自我意识的行动构建实在性”的确切含义。

四、小结：自我活动作为先验哲学的本原

本部分的核心论证在于我们知识的形成过程中的主体性“介入”（Intervention）与“操作”（Operation）过程的必然性及其特殊的理论模式。本部分的第一节论证了，所有找寻我们的对象性知识之根据的尝试都会必然地导向一种主体性本原。这种作为知识基础的主体性本原就是先验知识。作为先验知识，这种主体性本原不只要能够固定它自己的确定性根据，也要能够在其自身内推导出一个复合结构，从而能够向其他知识“借出”确定性。先验知识的这两个要求则分别构成了第二节与第三节的主题。随后的论证则指出，主体性本原必须只能通过一种行动理论而不是通过一种认知理论而被构建。只有通过行动理论，作为先验知识的主体性本原才能够在其对象性关联中建立起自己的观念性，同时自己建构为所有实在性的“统合”与确定根据。先验知识是先验—哲学的核心；先验知识必须严格地与一般知识区分开来；先验知识并不是一种特殊的知识，而恰恰是所有一般知识的最终根据与基础本原。

第二节　绝对综合与意识经验的原初构造①

如何定位并刻画原初意识经验的结构始终是先验哲学的核心问题。在本节中笔者试图依托谢林的先验哲学构想给出对上述问题的回应。在第一部分，笔者通过考察谢林 1800 年《先验唯心论体系》第三章中的“原初感受”与“生产性直观”理论，指出对于先验主体性根基的考察必然会前溯到感受活动本身已经蕴含的“原主体性”要素，即原初意识经验的构造，而如此这般的原初经验的结构必然是一种“被动综合”活动。在第二部分，笔者将分析谢林在《先验唯心论体系》第四章中的“意愿”理论，并指出谢林实际上试图将“意愿”理论发展为一种构造原初经验的意向性活动，但这种意向性活动本身与“被动综合”活动之间存在着难以调和的结构性张力；在最后的部分，笔者将整合谢林的论证思路，给出对原初意识经验结构问题的整体回应，并试图在此基础上指出：任何一种试图考察先验主体性根基的尝试必然要求对于对象性乃至存在本身的动态基础的考察。因此，先验哲学必须要成为一种先验存在论，而这一点，正是德国唯心论哲学的理论根基。

一、谢林的“生产性直观”理论与原初经验的被动综合结构

对于客体性与原初经验构造问题的思考是德国古典哲学发展进程中的一条主线脉络。然而，从康德、莱茵霍尔德、到费希特，客体性与原初经验构造问题往往被遮蔽在主体性视角的阴影之下。由于始终无法真正摆脱主体—客体之

---

① 笔者要特别感谢北京大学哲学系先刚教授与浙江大学哲学学院马迎辉研究员在本部分写作过程中对笔者的勉励与指导；笔者也受益于与周驰博（北京大学哲学系）、叶朗年（香港中文大学哲学系）、张宇杰（北京大学哲学系）、史文天（图宾根大学哲学系）等同学就本部分主题进行的专门讨论。

间的意向性联结模式的窠臼，早期德国古典哲学或者直接将对象性视为主体性的依附，甚至抹杀客体性问题的合法性（康德），或者尝试沿用意向性联结模式考察前意识状态下的原初经验构造，最终仍然将客体性理解为表层主体性的建构，而将原初经验本真的结构斥之为空洞的幻象（莱茵霍尔德与早期费希特①）。对于早期德国古典哲学的发展进程而言，承担了人类认知与活动确定性基础的主体性本原在成为先验哲学核心论题的同时也构成了先验哲学思考的界限，并将界限之外真实的客体性问题置于彻底的晦暗之中。

与康德－莱茵霍尔德－早期费希特代表的“批判哲学”（Kritizismus）传统相比，尽管谢林在18世纪90年代的早期哲学方案受到了批判哲学的强烈影响，但已经能够突破单一的主体性视角的限制。而谢林在1800年发表的著作《先验唯心论体系》（*System des transzendentalen Idealismus*）则标志着与批判哲学传统的彻底分离。在这部著作中，谢林从一开始就将客体性与原初经验构造问题提升到了与主体性问题同样重要的基础地位，两者的交互关系构成了作为先验哲学根基的“绝对同一性”（absolute Identität）。在谢林看来，客体性问题的关键就在于解释：“如果是客体化被当作是第一位的，那么主体化如何进入客体化之中，并与其一致？”②也即是说，谢林仍然承认在前意识状态下主体性本原对于客体性的建构作用，但如此这般的建构作用绝不能被简单地等同为一般的概念化反思模式。而所谓“解释”（erklären）的关键便在于，将晦暗的前意识状态下

---

① 费希特的案例要比笔者在这里主张的更加复杂。尽管费希特直至1801年都未能真正突破主体性视角的限制，但从其早在1794—1795年发表的第一版《知识学》（*Grundlage der gesamten Wissenschaftslehre*）的部分章节中我们已经可以看到费希特对于前意识状态下的原初经验构造问题的思考，而且费希特实际上已经提出了一个非常近似于后来的谢林以及胡塞尔的“被动综合”理论。关于费希特早期哲学中在主体性视角的限制之下尝试解决对象性与原初经验构造问题的艰难探索，笔者将另行撰文探讨。关于费希特就此问题的早期思考，可以参见他在《知识学》的第8到11节中关于“感觉”（Gefühl）与“冲动”（Trieb）等论题的考察：Fichte, *SW*: I, 291-322.

② F. W. J. Schelling, *System des transzendentalen Idealismus*, hrsg. v. H. D. Brandt u. P. Müller, Hamburg: Felix Meiner, 2000, S. 9.

的“非意识”（unbewußt）① 的思维活动得以转变为意识活动的机制揭示出来。

谢林在《体系》的第三章“依据先验唯心论原理的理论哲学体系”中便着力处理这组问题。谢林以非常接近康德在《纯粹理性批判》中的写作风格将这一部分分为三个阶段（Epoche）：第一阶段，从原初感受（ursprüngliche Empfindung）到生产性直观（produktive Anschauung）；第二阶段，从生产性直观到反思（Reflexion）；第三阶段，从反思到意愿行动（Willensakt）。而本部分所要集中处理的对象性与原初经验构造问题无疑则落在第一与第二个阶段，这其中的枢纽性概念便是“原初感受”与“生产性直观”。

处理对象性问题的首要前提条件是确证对象本身的可能性。在这一问题上，谢林与康德一样，以“感受”作为接纳来自认知主体外部世界的认知材料的机制。但与康德不同的是，谢林并没有将感受活动严格限定为单纯的“接受性”（Rezeptivität），而是从一开始就赋予感受活动以“主动性”（aktiv）要素。德语中“感受活动”（empfinden）的词源来自“开始”（前缀 ent-）与“找到”（finden）。而正如德国谢林哲学研究专家迪特·耶尼希（Dieter Jähnig）指出的，“我把那些我找到的东西经验为不是由我做出的东西”。② 谢林使用的“原初感受”在这里至少具备如下两层意涵：

第一，“原初感受”意味着主体性本原在前意识状态下已经与一些异质材料建立起了联系，而依据前文要求，这种联系必然不能是意向性的；

第二，“原初感受”就是认知主体的“原初经验”（ursprüngliche Erfahrung），而如此这般的原初经验的内容就是第 1 条中的那些联系。

---

① 笔者在这里将谢林使用的术语 unbewußt/Unbewußtsein 翻译为“非意识的 / 非意识”而不是“无意识的 / 无意识”。笔者旨在强调，谢林仅仅试图以否定的方式表明，在前意识状态下发生的思维活动的模式不同于意识活动，也即是说，前意识状态下的思维活动的模式不是意向性的；至少在这一部分，谢林在“非意识”与“前意识”之间并无明确区分，而谢林的“非意识”还不能被当作精神分析传统中的“无意识”来理解。采取后者的理解方式会导致对谢林哲学严重的误读。

② Dieter Jähnig, *Schelling: Die Kunst in der Philosophie,* Pfullingen: Neske, 1966, S. 59. „Was ich finde, erfahre ich als nicht von mir gemacht.“

这即是说，谢林并没有尝试直接突破康德的限制，去刻画“物自身”（Ding an sich）的内在结构；而只是尝试重新刻画在概念化反思活动介入以前的前意识状态下的主体—客体联结的形态与模式。正如谢林本人所说，原初经验的质料（Materie）只是前意识状态下的思维活动的表达（Ausdruck）：

> 所有材料（Stoff）不过是对立的活动之间的平衡（Gleichgewicht）的表达。这些对立活动互相将自身还原为活动的单纯基底（Substrat）。①

也即是说，原初经验究其本质而言是通过先行的主体性活动（die vorhergehend subjektiven Tätigkeiten）得到规定的。原初经验的构造实际上就是这些先行的主体性活动的结构。要考察这些尚处于前意识状态下的主体性活动的结构，必须要引入一个适用于前意识状态的非概念化且前反思的主体性把握方式，谢林将其命名为“生产性直观”。通过“生产性直观”，谢林试图在质料结构与“原主体性”（Ur-Subjektivität）结构之间建立起同一性，更具体说，建立起一种本质联结（Wesensverwandtschaft）。这种本质联结实际上就是原初主体性的一种带有规定作用的自我联结（Selbstbezugnahme），或者说就是一种自我规定（Selbstbestimmung）②。谢林这样刻画这种本质联结：

> 很显然的是，自我，就其构造了质料而言，也就构造了它自身……经此，那个作为感受者的自我自身成了客体。③

---

① F. W. J. Schelling, *System des transzendentalen Idealismus*, hrsg. v. H. D. Brandt u. P. Müller, Hamburg: Felix Meiner, 2000, S. 69. „Aller Stoff ist bloßer Ausdruck eines Gleichgewichts entgegengesetzter Tätigkeiten, die sich wechselseitig auf ein bloßes Substrat von Tätigkeit reduzieren. “

② 笔者在这里使用“自我规定”（Selbstbestimmung）而非“自我意识”（Selbstbewußtsein）来刻画原初主体性的自我联结模式，意在严格区分前意识状态下与意识状态下的思维活动的不同模式。

③ F. W. J. Schelling, *System des transzendentalen Idealismus*, hrsg. v. H. D. Brandt u. P. Müller, Hamburg: Felix Meiner, 2000, S. 121. „Es ist also offenbar, daß das Ich, indem es die Materie konstruiert, eigentlich sich selbst konstruiert··· wodurch das Ich sich als empfindend zum Objekt wird. “

“自我规定”不同于意识状态下的“自我意识”（Selbstbewußtsein），因为在自我规定的联结模式下，作为感受者的自我“成为”（wird）了原自我（Ur-Ich）的客体，“成为”意味着“本来并不是”，因此在自我规定中的联结并不是一种意向性联结，而是一种使得意向性联结成为可能的更基础的联结模式。耶尼希也指出，谢林《体系》中的客体性理论的核心目标在于论证，“客体性经验本身是通过主体性活动得到解释的”。① 如前文所言，“解释”（erklären）这一术语意味着主体性活动与对象性经验之间的联结并不是一般的意向性联结。

但耶尼希的总结只涵盖了本部分论证要求的前半部分，在成功地将原初经验刻画为原主体性活动以后，我们还必须要将其与意识状态下的意识活动建立起联系，也即是说，要将这些“非意识的、晦暗的”基础联结模式转变为意识活动（bewußt machen），这也是谢林在第二阶段“从生产性直观到反思”所关注的主题。在第二阶段的开篇，谢林就这样写道：

> 自我如何认识到自身是生产性的这一问题，与自我是如何达到，自身从它的生产活动中出离（sich losreißen）并跃出的问题具备同样的意义。②

但第二阶段的论证目标内部显然存在着巨大的张力：

一方面，原初经验本身就是我们的原初主体性在一个已经被先行给定的世界内的活动；

另一方面，先验哲学本身要求，世界（客体性 / 对象性的总体）是建基于我们的自我意识（主体性本原）的。

显然，原初经验并不承担为世界奠基的功能，而毋宁说只能刻画前意识状

---

① Dieter Jähnig, *Schelling: Die Kunst in der Philosophie,* Pfullingen: Neske, 1966, S. 67.

② F. W. J. Schelling, *System des transzendentalen Idealismus*, hrsg. v. H. D. Brandt u. P. Müller, Hamburg: Felix Meiner, 2000, S. 124.„Die Frage, wie das Ich sich selbst als produktiv erkenne, ist also gleichbedeutend mit der, wie das Ich dazu komme, sich selbst von seiner Produktion loszureißen und über dieselbe hinauszugehen.“

态下的主体—客体联结机制。如果我们仍然坚持实现来自主体性一侧的“诉求”(subjektiver Anspruch)，那么我们就会无可避免地在前意识状态下引入意识活动的模式，把原初主体—客体的联结当作一种一般的意向性联结。这样的做法，等于是提前把反思性要素加入前意识状态下的思维活动之中；但这种做法无法解决的困难是，“生产”一词所凸显的原初主体性运作过程中的自发性要素会被完全无视。这种自发性要素，即生产性直观的本质联结活动中体现出的完全自发的自我规定的特征并不能被任何一种反思模式刻画，而这一点，是谢林在《体系》的导论中就已经强调过的：

> 由于生产活动与直观活动持续的二重性（Duplizität），客体应当成为那些不能被反思到的东西。①

这段引文中的“客体”显然指的是前意识状态下的原主体性的构造产物。至此，“生产性直观”这一术语的含义变得清晰起来：生产性意味着原主体性的自身构造（自我规定）同时也就是原初经验（客体性）的构造。而直观则意味着前意识状态下的客体性始终持存于表层意向性的形成过程（Werden）之中，这一形成过程始终是动态的，因此不能被以任何一种静态的反思模式所刻画。谢林进一步揭示出，前意识状态下原初经验构造的本质性特征就在于，这种原初主体—客体的联结是一种经由原初感受而被构造起来的被动性联结，而并不是像表层的意向性联结一样，是一种由主体发出的单纯主动性联结。谢林在第二阶段的论证中已有对前意识状态下的被动联结模式的明确说明：

---

① F. W. J. Schelling, *System des transzendentalen Idealismus*, hrsg. v. H. D. Brandt u. P. Müller, Hamburg: Felix Meiner, 2000, S. 20.„Durch diese beständige Duplizität des Produzierens und Anschauens soll Objekt werden, *was sonst durch nichts reflektiert wird.*“这里的“二重性”是指原主体性的生成活动与直观活动处于持续的动态交互作用之中。

因此感受活动不被思考为一个行动（Handlung）的概念，而是被思考为一种承受（Leiden）的概念。在当下的环节中，那个自身关联的自我仅仅是一个被感受到的东西。①

这种直观活动，这种不被限制的自我与被限制的自我之间的中介，就是感受的活动。而由上述原因，在意识中这种直观活动仅剩下被动性（Passivität）的残余痕迹。②

第一段引文中谢林使用"承受"（Leiden）这一术语来体现原初经验构造的被动性特征，承受与主动性的活动相对，说明承受——感受活动实际上就是一种被动性的活动（passive Tätigkeit）。如前文已经强调的那样，谢林的感受活动同时具备着被动性与主动性的特征：原自我（Ur-Ich）③在被动接受外部世界材料的触发（Affektion）的同时，也开始以直观方式将外部世界材料通过动态的本质关联结构生成为客体。因而，实际上生产性直观就是一种不同的原主体性活动的原初综合活动，而质料或者原客体就是这种原综合活动的结果。因此，我们可以做出初步结论：前意识状态下的原初经验的构造就是原自我的活动，而原自我的活动必然是一种被动性的综合活动。谢林在《体系》第三章开

① F. W. J. Schelling, System des transzendentalen Idealismus, hrsg. v. H. D. Brandt u. P. Müller, Hamburg: Felix Meiner, 2000, S. 80. „Daher wird Empfinden überall nicht der Begriff einer Handlung, sondern nur der eines Leidens gedacht. Im gegenwärtigen Moment ist das Ich für sich selbst nur das Empfundene." 在费希特1794/95版《知识学》中存在类似的表述。参见 Fichte, *SW*: I, 134-135. „Das Gegenteil der Tätigkeit aber heißt Leiden. Leiden ist *positive* Negation, und ist insofern der bloß relativen entgegengesetzt."（活动的对立面叫作承受。承受是肯定性的否定活动，因此是对立于那些完全相对性的实在性而被设定的）。

② F. W. J. Schelling, *System des transzendentalen Idealismus,* hrsg. v. H. D. Brandt u. P. Müller, Hamburg: Felix Meiner, 2000, S. 81. „Diese Anschauung, das Vermittelnde des unbegrenzten Ichs mit dem begrenzten, war der Akt der Empfindung, von welchem aber aus dem angezeigten Grunde im Bewußtsein die bloße Spur einer Passivität zurückbleibt."

③ 本部分在同等意义上使用"原主体性"（Ur-Subjektivität）与"原自我"（Ur-Ich）两个术语，用于刻画前意识状态下思维活动的承担者（Träger）。

头已经点明了这一点：

> 自我因而本身就是一个被共同设定的活动，而自我意识本身就是一个综合活动。①

谢林在这里使用的“自我”与在该部分其他文本出现的另一术语“自我意识的自我”（das Ich des Selbstbewußtseins）一样，实际上指的是前意识状态下的原初经验本身。“自我”由被限定的活动（实在性自我规定，或质料构造活动）与设限定的活动（观念性自我规定，或原自我构造活动）共同设定，等价于质料经由被动性综合被固定下来；而谢林在这里所使用的“自我意识”（Selbstbewußtsein）并不能被理解为意识状态下作为二阶反思（*noesis noeseos*）的“对象性自我意识”（gegenständliches Selbstbewußtsein），谢林在这里使用的“自我意识”等同于前意识状态下尚未显明但已然在运转中的“原主体性”。

就此，我们已经可以得到谢林的先验哲学的一个基本洞见：先验哲学的主体性本原需要客体性 / 对象性作为基底，而客体性的构造问题必然要前溯到前意识状态下的原初经验的构造。原初经验的构造活动实际上就是前意识状态下原自我的“非意识的”构造活动，而这种构造活动必须同时满足非概念化的、前反思的、非意向性的种种“非意识”的条件，从而只能是一种生产性直观，或被动综合。

但是，谢林在《体系》中仅仅以非常隐晦的方式揭示出了这个洞见，而并没有提供更具体的关于如此这般的被动综合的运作机制的说明。事实上，正如一些学者所指出的那样，谢林在《体系》的随后章节中具体呈现出来的实际上是一种在前意识状态下以一种“准—意向性”（quasi-intentional）模式刻画原

---

① F. W. J. Schelling, *System des transzendentalen Idealismus*, hrsg. v. H. D. Brandt u. P. Müller, Hamburg: Felix Meiner, 2000, S. 60.„Das Ich ist also selbst eine zusammengesetzte Tätigkeit, das Selbstbewußtsein selbst ein synthetischer Akt. “

初主体—对象联结机制的努力。[①] 因此，在本部分的第二部分，我们将考察谢林在《体系》第四章提供的基于“意愿”（Wollen）概念发展出的原初经验的“意向性”结构，并证明，如此这般的意向性结构并不能契合前意识状态下思维活动的一般特征。

二、“意愿”作为原初经验的意向性结构是否可能？

在第一部分中我们已经讨论了，前意识状态下的被动综合活动是将原初经验转变为意识活动的关键动力学机制，但是被动综合活动仅仅强调了这一转变机制的作为“过程”（Prozeß）的特征，而并没有特别关注作为这一过程的“结果”（Resultat）的“意识对象”（Bewußtseinsobjekt）本身是如何可能的。原初经验要转变为意识对象，原自我的活动就必须同步转变为意识层面的一般表象（Vorstellung）。这也就意味着，这些在前意识状态下以“非意识”方式运转的活动必须要变成“意识”（bewußt gemacht），即将自身结构转变为一种朝向意识对象的意向性结构。因此，原自我的主体性活动中所包含的生产性要素（原综合能力）必须被抹除（abgelöst）。谢林将这两个相连的步骤称为“绝对反思”（absolute Reflexion）或“绝对抽离”（absolute Abstraktion）。[②] 这即是说，任何“成为意识”的活动都必须是意向性的，从而是能够被反思的。正如谢林在《体系》第四章开头的第一个命题所陈述的：

---

① 这种观点的代表可以参见奥地利学者斯特凡·朗（Stefan Lang）与德国学者塞巴斯蒂安·施文茨福伊尔（Sebastian Schwenzfeuer）的研究。尽管两位学者的方案与谢林本人在《体系》第四章中给出的方案仍然有较大差异，但他们都尝试基于一种对象性的活动概念去构造原初主体—对象联结模式。参见 Stefan Lang, “Schelling’s concept of Self-Consciousness in the System of Transcendental Idealism (1800).” In: *Archiv für Begriffsgeschichte,* Bd. 55. Hamburg: Felix Meiner, 2014, S. 168-177.; Sebastian Schwenzfeuer, *Natur und Subjekt. Die Grundlegung der schellingschen Naturphilosophie*, Freiburg/München: Karl Alber, 2014, S. 58-74。

② F. W. J. Schelling, *System des transzendentalen Idealismus*, hrsg. v. H. D. Brandt u. P. Müller, Hamburg: Felix Meiner, 2000, S. 170-171; 193-194.

> 绝对反思，也即是说，意识的开端，只能由一个自我规定活动，或者由一个理智作用于自身的活动才是可以被解释的。①

因而，绝对反思的步骤可以被划分为两个层面：1. 成为意识的活动必须是意向性的，所以原自我必须也要成为一个作用于自身的意识活动；2. 成为意识的活动必须是能够被反思的，原自我成为的那个作用于自身的意识活动也必须是能够被反思的，所以如此这般的作用于自身的意识活动必须要成为一种直接的自我规定。第一个层面很显然是在说，原自我在意识活动的层面只能呈现为一种对象性（或意向性）的自我意识；而第二个层面则又重新将如此这般的意向性自我意识界定为一种自我规定，这意味着意向性自我意识不仅仅是一形式上的意向性自我关联，而且必须是一个能够给出实在性层面规定的活动。谢林将第二个层面上的意识活动称为“意愿”（Wollen）。但谢林随后又为意愿给出了一个充满张力的定义：

> 理智的那个自我规定活动在其最一般的词义上叫作意愿。那个在意愿中是一个自我规定活动的东西，那个至少显现为一个如此这般的自我规定活动的东西，能够通过内向直观（innere Anschauung）本身被证明；至于这一现象是否是真实的还是虚假的，并不是我们要关心的事情。此外，并不是说在一个被规定的意愿里就会存在了一个客体的概念，而是客体的概念会存在于先验自我规定活动，存在于原初的自由活动之中。但至于那个自我规定到底是什么，没人能够解释得清楚，并从他们自己的直观中无从知晓。②

---

① F. W. J. Schelling, *System des transzendentalen Idealismus*, hrsg. v. H. D. Brandt u. P. Müller, Hamburg: Felix Meiner, 2000, S. 202. „Die absolute Reflexion, d. h. der Anfang des Bewußtseins, ist nur erklärbar aus einem Selbstbestimmen, oder einem Handeln der Intelligenz auf sich selbst. “

② F. W. J. Schelling, *System des transzendentalen Idealismus*, hrsg. v. H. D. Brandt u. P. Müller, Hamburg: Felix Meiner, 2000, S. 203. „Jenes Selbstbestimmen der Intelligenz heißt *Wollen* in der allgemeinsten Bedeutung des Worts. Daß in jedem Wollen ein Selbstbestimmen sei, daß wenigstens als ein solches erscheine, kann sich jeder durch innere Anschauung selbst beweisen; ob diese

谢林的进一步定义凸显了意愿活动的内在张力：一方面，作为先验自我规定活动，意愿活动只需要通过“内向直观”，即生产性直观，或原自我的活动就可以被确证；但另一方面，为了实现意识的开端，意愿必须要是一个朝向外在对象的意向性活动。在第一个层面上，意愿活动已经是一个刻画原初主体—对象联结机制的方式，意愿活动已经参与了“原客体”即原初经验的构造，但这一切都是在前意识状态下发生的；在第二个层面上，意愿活动必须要再次成为“意向性”的，重新朝向一个外部世界的具体对象，才能使得从原自我活动向意识活动的转变成为可能。但这两者之间的张力究竟如何调节？就如谢林在第四章任务 E 的标题中所言，“去解释，对于自我而言意愿是如何会再次成为客体性的？”①

这里的另一个困难是，在上述定义的第一个层面上，如果意愿活动在原初意义上就已经完成了原初主体—对象之间的一次意向性指向（richten），那么我们之前反复强调的前意识状态下被动综合模式与意识状态下的意向性关联模式的本质不同又如何可能？谢林在《体系》第四章中通过“意愿”概念，是要试图在前意识状态下建立起一种“准意向性”的原初主体—客体联结模式，使得“原初经验—意识对象”与“原自我—意向性自我意识”之间的转变（Werden）成为可能，从而将前意识状态下的“非意识”的成分转换为意识活动，实现主体性对前意识状态的把握。

我们就此总结一下本小节第一部分与第二部分的思路，谢林关于客体性问题的论证实际上是沿着两组彼此平行的步骤分别展开的：

1. 谢林从原初经验的构造问题出发，先验地阐释出感受活动与质料结构之

Erscheinung wahr oder täuschend, geht uns hier nichts an. Auch ist nicht etwa von einem bestimmten Wollen, in welchem schon der Begriff eines Objekts vorkäme, sondern vom transzendentalen Selbstbestimmen, vom ursprünglichen Freiheitsakt die Rede. Was aber jene Selbstbestimmung sei, kann man niemand erklären, der es nicht aus eigener Anschauung weiß. “

① F. W. J. Schelling, *System des transzendentalen Idealismus,* hrsg. v. H. D. Brandt u. P. Müller, Hamburg: Felix Meiner, 2000, S. 227. „zu erklären, wodurch dem Ich das Wollen wieder objektiv werde “.

间的关系，还原出作为原自我本身构造的自我规定（原自我的活动），而这种自我规定以被动综合模式为其本质特征；

2. 谢林试图以先验回溯的方法展现意识活动的根基（用谢林自己的术语来说，就是“自我意识的历史”），先验回溯使得谢林以意向性意识的视角进入前意识领域，并试图解释，使得前意识状态中的原初意识经验，即“知识的知识”作为（*als*）知识的转变究竟何以可能？通过构造绝对反思—意愿模型，谢林最后建立起一种意向性的自我联结作为前意识状态下的原自我的形式，而这种形式也同样适用于原自我的活动——自我规定。也即是说，自我规定必须也是意向性的。

显然我们可以看到，论证路线 1 与论证路线 2 的结论产生了冲突，而两条论证路线之间也完全不能互相还原。造成这种困局的根本在于，谢林在论证路线 2 中试图以认知理论的模式去考察前意识状态下的思维活动，视角的错位导致整个论证结构与结果都发生了严重的偏移。到这里，我们其实已经可以主张，前意识状态实际上已经是“先验存在论”（transzendentale Ontologie）的领域，在这里刻画思维活动只能采取论证路线 1 中的“发生学的视角”(genetischer Aspekt)。而路线 2 中所采用的基于反思模式的先验回溯手段将不可避免地导致问题陷入无尽循环。

耶尼希实际上已经非常清晰地指出了谢林的“意愿”理论中两个不同维度的视角彼此纠缠的事实：

> 在意愿中显现的东西，就是认知活动的基础活动，因此，根据知识活动与自然界起源的“平行性”，同时就是整体中的存在者（das Seiende）的本质特征。①

---

① Dieter Jähnig, *Schelling: Die Kunst in der Philosophie*, Pfullingen: Neske, 1966, S. 79.„Was im Wollen erscheint, *ist* der Grundakt des Erkennens und damit zugleich, nach dem Postulat der „Parallelität “ von Wissensakt und Genesis der Natur, der Grundzug des Seienden im Ganzen. “

根据耶尼希的论述，认知活动的基础活动就是整体中的存在者的本质特征，这也印证了笔者在本部分第一部分的结论，前意识状态下的原初经验的构造就是原自我的构造。而为了刻画存在者的本质特征，我们必须要采取先验的发生学的视角，对存在结构的动态分殊过程进行先验阐释（transzendentale Erklärung），这正是所谓“先验存在论”的题中应有之义。而我们唯一赖以凭靠的工具便是原初经验，或原初感受活动。

正如谢林在1809年的《论人类自由本质及其相关对象》（*Philosophische Untersuchungen über das Wesen der menschlichen Freiheit und die damit zusammenhängenden Gegenstände*）一书中指出的，“存在只有在生成转变中才会感受到自己。”① 因此，当我们在本部分第一部分将“质料”（Materie）界定为原自我的诸活动的平衡的表达时，实际上我们已经将“质料”视为存在的动态分殊过程的表达。正如耶尼希指出的，在前意识层面上，存在的动态分殊，就是原自我的自我规定，这两者的同一性正是谢林那充满歧义可能的术语“主体—客体—同一性”（Subjekt-Objekt-Identität）所意图表达的真正内涵。②

谢林《体系》中的“意愿”理论建构原初经验的意向性结构的尝试失败了，但是通过“意愿”理论，我们得以一窥先验哲学中隐含的至关重要的存在论维度，并试图用先验发生学方式刻画存在的动态结构本身的表达。我们完全可以把谢林在其“同一性哲学”（Identitätsphilosophie）日臻成熟时所撰写的《自由》一书中的这段陈述当作是他对于自己八年前尚不成熟的方案的总结：

---

① F. W. J. Schelling, *System des transzendentalen Idealismus,* hrsg. v. H. D. Brandt u. P. Müller, Hamburg: Felix Meiner, 2000, S. 75. „Das Sein wird sich nur im Werden empfindlich.“《自由》一书的中译文参考了先刚教授的中译本，部分译文有所改动。参见［德］谢林：《论人类自由的本质及相关对象》，先刚译，北京大学出版社2019年版，第90页。

② Dieter Jähnig, *Schelling: Die Kunst in der Philosophie*, Pfullingen: Neske, 1966, S. 122. 笔者也要特别感谢先刚教授的关于谢林中期哲学中本原学说的研究对于笔者形成上述论点的帮助。参见先刚，“谢林哲学中的‘流溢’观念”，《哲学门》（总第二十一辑），第十一卷第一册，北京大学出版社2010年版。

> 意愿就是原存在（Ursein），而且原存在的一切谓词，比如："非根据""永恒""不依赖于时间""自身肯定"（Selbstbejahung）等等，也仅仅适用于意愿。整个哲学唯一追求的目标就是要找到这个最高的表达。①

尽管意愿理论已经指出了先验哲学的存在论维度，但意愿本身并不是我们进入先验存在论的唯一抓手。正如耶尼希已经指出的，"意愿"本身至多成为原自我的被动综合活动的一种，而并不能穷尽所有类型的非意识的思维活动。在意愿之外仍然存在着诸多的"晦暗意向"（dunkle Intentionen），比如"本能"（Instinkt）、"冲动"（Trieb）、"欲求"（Drang），等等。② 如何处理这些具体的原自我活动，在谢林那里仍然悬而未决。

三、小结：先验哲学基础问题的存在论维度

在本部分中，笔者从先验哲学关于对象性与原初经验构造问题的疑难出发，尝试以非反思的方式构造出前意识状态下原初主体—客体间的思维活动的非意向性联结模式。

笔者首先考察了谢林《先验唯心论体系》中隐含的洞见：先验哲学必须要以客体性与原初经验构造问题作为自己的基础问题，而对这一问题的回应必然意味着对于前意识状态下原自我的活动模式的考察，在谢林的《体系》第三章的"生产性直观"的相关章节中，这一模式体现为原自我的被动综合活动；

在第二小节，通过谢林在《先验唯心论体系》第四章中"意愿"理论不甚

---

① F. W. J. Schelling, *Über das Wesen der menschlichen Freiheit und die damit zusammenhängenden Gegenstände,* hrsg. v. Thomas Buchheim, Hamburg: Felix Meiner, 2011, S. 23.„Wollen ist Ursein, und auf dieses allein passen alle Prädikate desselben: Grundlosigkeit, Ewigkeit, Unabhängigkeit von der Zeit, Selbstbejahung. Die ganze Philosophie strebt nur darin, diesen höchsten Ausdruck zu finden."参见［德］谢林：《论人类自由的本质及相关对象》，先刚译，北京大学出版社2019年版，第24页。

② Dieter Jähnig, *Schelling: Die Kunst in der Philosophie*, Pfullingen: Neske, 1966, S. 76.

成功的尝试，笔者指出，在前意识范围内考察原初经验构造问题时，必须要采取基于先验存在论的发生学的视角，而不能采用反思或者“类—反思”的先验回溯的考察方式。原初经验构造与原主体的活动都与存在本身的动态结构有着本质关联，对原初经验结构与原主体活动结构的发生学建构实际上就是对存在的动态分殊结构的先验阐释。

本部分的论证最终指向了一个明确的结论：先验哲学解决对象性与原初经验构造问题的尝试最终落在了对存在的动态结构本身的考察之上，这意味着先验哲学必须要成为一门发生学意义上的先验存在论。而这，也是德国唯心论与胡塞尔现象学的共同理论根基。在此基础上重新整理并组织德国唯心论与胡塞尔现象学的基础论题，一定会对我们进一步理解现代哲学中的主体性问题大有裨益。正如谢林在 1810 年的《斯图加特私人讲授录》（*Stuttgarter Privatvorlesungen*）里所说的：

> 确实，被动的限制意味着不完满，意味着力量的相对匮乏。然而自己限制自己，把自己封闭在唯一一个点里面，用全部力量紧抓着这个点，毫不松懈，直到它扩张为一个世界，这却是最高力量和最高完满性的表现。①

第三节　自我感觉与原初时间化

原初时间构造问题对于理解前意识的原初结构与先验主体性的发生学基

---

① F. W. J. Schelling, *Stuttgarter Privatvorlesungen*, hrsg. v. V. Müller-Lüneschloss, Hamburg: Felix Meiner, 2016, S. 12.„Passive Einschränkung ist allerdings Unvollkommenheit, relativer Mangel an Kraft; aber sich selbst einschränken, sich einschließen in *Einen* Punkt, aber diesen auch festhalten mit allen Kräften, nicht ablassen, bis er zu einer Welt expandiert ist, dies ist die höchste Kraft und Vollkommenheit.“该段译文参照先刚教授的翻译。参见［德］谢林：《论人类自由的本质及相关对象》，先刚译，北京大学出版社 2019 年版，第 120 页。

础而言有着极为重要的意义。时间构造本身已经超越了对象性意识的边界，进入了前意识的“晦暗领域”。前文的论证已经将原初前意识经验的发生学结构界定为一种被动综合。本部分即意在通过谢林《先验唯心论体系》中自我感觉理论的帮助，进一步阐明，原初时间构造就是被动综合的一个最佳例示。谢林将自我感觉刻画为一种前反思且非对象性的精神现象，就其本质而言不同于普通的感觉。自我感觉揭示了一种自我意识的特殊前意识变体，即一种能够建立起前意识与对象性意识联结并且使得时间构造成为可能的被动性综合活动。谢林的自我感觉理论将前意识的精神性活动理解为先验主体性的被动性发生，为我们理解前意识的结构问题提供了全新的视角。

一、自我感觉作为先验主体性的结构

当代德国哲学家弗兰克曾提出这样的问题：“为什么自我意识（或者自我意识的某一个层面）会是一种感觉（Gefühl），是一种前概念化的认识模式？”① 进一步说，作为自我意识的自我感觉（Selbstgefühl）为什么会在时间构造、或者说先验主体性的构造中发挥核心重要的作用？

本部分的研究即意在回应这个问题。首先，我们必须尝试着去定义“自我感觉”，它究竟是什么？我们又该如何定位它？这样一来，我们必须要先能够解释清楚，感觉是什么，而自我感觉在多大程度上是与感觉相关的，又在多大程度上与感觉存在着本质性的差异。然后我们才能继续澄清，自我感觉如何才是自我意识的一个理论变体（Abwandlung），而自我感觉又是如何与一种意向性—对象性的自我意识从本质上区分开来的。

根据奥地利近代哲学专家蒂尔（Udo Thiel）的研究，“自我感觉”这一

---

① Manfred Frank, *Selbstgefühl. Eine historisch-systematische Erkundung,* Frankfurt am Main: Suhrkamp, 2015, S. 7.

概念的起源可以被追溯到17世纪后期的法国形而上学传统里去。[1]在17世纪的法国形而上学传统中，自我感觉是“内感”（*sentiment intérieur*）的同义词。自我感觉或内感意指一种直接性意识（unmittelbares Bewußtsein），也即是说，一种关涉到主体本身的统一性或同一性的直接的“感觉”。因此，自我感觉意味着一种内知觉（innere Wahrnehmung）的直接意识，或者说一种对于自我作为主体的自我意识。自我感觉因而刻画了如此一种“属我性”（Meinigkeit）的精神状态，即主体能够将表象的对象（Vorstellungsgegenstand）把握为我自己的对象，相应的，主体也能够将表象能力（Vorstellungsvermögen）把握为我自己的精神能力。就此，自我感觉成为了一切意向性—对象性意识的可能性条件（先验条件），自我感觉因而就是一种彻底“先验”的直接性自我意识。自我感觉包含了如下意识事实（Tatsache des Bewußtseins）：自我必须成为一切可能的精神性活动的主体。

但这是否意味着，作为一切对象性意识的可能性条件的自我感觉仅仅是一种普通的感觉呢？奥地利学者斯特凡·朗这样定义自我感觉概念：自我感觉无非是“一种关于精神性活动的感觉，这种活动勾连了一个活动的表达者，这个表达者生成了这个活动的表达。”[2]朗的定义似乎很有说服力，因为无论自我感觉还是单纯的感觉确实都只是“被动性的精神现象”（passive Phänomene），换言之，它们都不会按一般意识活动的模式由主体“自发生成地”（selbsttätig）产生出来。[3]但是根据上一段中我们对自我感觉的定义，自我感觉同时又必须既是被动性的又是“自发生成的”，否则它就不可能表达出“属我性宣称”（Meinigkeitsanspruch）。因此，我们可以说，自我感觉实际上是一种被动综合，

---

① Cf. Udo Thiel, *The Early Modern Subject. Self-Consciousness and Personal Identity from Descartes to Hume*, Oxford: Oxford University Press, 2014, p. 432.

② Vgl. Stefan Lang, *Performatives Selbstbewußtsein,* Paderborn: mentis, 2020, S. 130.

③ Ibid. 但是在目前许多来自分析哲学传统的研究都指出，感觉也包含了一种“现象的意向性”（phenomenal intentionality），这种特殊的现象意向性的来源也是一个前意识主体。参见 Uriah Kriegel, *The Varieties of Consciousness.* Oxford: Oxford University Press, 2015, pp. 132-146.

因而与一般的感觉存在着本质性的差异。作为被动综合同时也作为直接性自我意识，自我感觉刻画了这样一种先于一切意识而发生的精神现象。简单地归纳，自我感觉有如下特征：

1. 自我感觉是意识试图把握自身根基的一个结果，因此自我感觉是一种被动性的精神现象；

2. 自我感觉能够表达主体性的属我性特征，因此自我感觉是自发生成的；

3. 自我感觉是一切概念化精神活动的先验条件，因此自我感觉是非概念化的；

4. 自我感觉是一种直接性意识，因此自我感觉是非对象性的。

我们在此讨论的自我感觉概念因此更接近朗所说的“主体性自我意识”（das subjektive Selbstbewußtsein）概念，而不是朗所主张的那种作为单纯的自我—感觉的自我感觉。朗指出，主体性自我意识是一种“自成一类的”（*suis generis*）精神现象，它绝不是任何对象性的（自我）意识，它既不适用于任何“概念化标准”，也不能被等同于“感觉、知觉与概念”。① 作为自成一类的精神现象，自我感觉是自我意识的一种特殊的先验变体，能够为一切意识的意向性—对象性联结“先验地”奠定根据。如此这般的自我感觉非常近似于弗兰克所说的“自我信任”（Selbstvertrautheit），自我感觉指向了一种非匿名性（nicht-annonym）的意识活动，能够将“意识的构造与本己性刻画为我自己的构造与本己性”。② 作为非匿名性的意识活动，自我感觉成为了联结前意识（Vorbewußtsein）领域与意识领域的一座“桥梁”。虽然自我感觉发生在前意识领域，但它同时能够为一切对象性意识可能的构造与本己性奠定了根据。因此，自我感觉是一切对象性意识活动的先验条件，能够使主体完成属我性宣称。自我感觉一定是“非匿名性的”，它在前意识领域标记出了一个直接性的“当下”（Gegenwart），使得前意识领域内的被动综合成为可能。

---

① Vgl. Stefan Lang, *Performatives Selbstbewußtsein,* Paderborn: mentis, 2020, S. 132.

② Manfred Frank, *Selbstgefühl. Eine historisch-systematische Erkundung,* Frankfurt am Main: Suhrkamp, 2015, S. 29.

至此我们已经论证了本部分的核心论题，即自我感觉是一种自成一类的精神现象，经由自我感觉，前意识与意识可以彼此被联结起来。自我感觉与一般的感觉存在着本质性差异，因而必须被视为是自我意识在前意识中的一个先验变体，能够展现出作为被动综合的前意识的结构。

但我们还需要继续说明，在何种意义上自我感觉是对时间构造有着至关重要的作用的。在一般的现代形而上学（尤其是康德的形而上学）意义上，时间构造意味着建立起诸表象的顺延（或并存），以及在诸表象间建立起联结（因果关系）的可能性。因此，时间构造或者说表象的“时间化”（Zeitigung）就意味着“对象化”（Vergegenständlichung），时间化是一切意识活动得以发生的必要条件，也是“主体性的终极发生学根据”①。所以说，自我感觉与时间构造是在同一层面（前意识）展开且彼此密不可分的。②

在下一小节中，我们试图详细说明，自我感觉是如何成为时间构造的基点的。通过体系化重构谢林在《先验唯心论体系》中的自我感觉理论，我们试图说明，自我感觉必须被同时认定为先验意识（前意识）与经验意识（普通意识）之间的边界节点（Grenzpunkt）与联结节点（Verknüpfungspunkt），从而使得一种动态的时间化进程，或者说先验主体性本身的发生学展示成为可能。

二、谢林的自我感觉理论

谢林的《先验唯心论体系》的理论哲学部分的主要论证目标在于为先验主

---

① Vgl. Inga Römer, *Das Zeitdenken bei Husserl, Heidegger und Ricœur*, Dordrecht: Springer, 2010, S. 86.

② 在先验哲学的理论框架中，时间构造问题向来是与意识问题紧密联系在一起的。时间构造因此应当被理解为“本质性的意识结构”。参见 Alexander Schnell, *En deçà du sujet. Du temps dans la philosophie transcendantale allemande,* Paris : Presses Universitaires de France, 2010, p. 156. « le temps est désormais considéré comme constituant l'‘étoffe’, la structure intrinsèque de la conscience. »（“时间因此应当被理解为‘质料’，即意识的内在固有的结构”）。

体性及其对象有效性奠基。谢林继承了康德关于自我与物自身（Ding an sich）的分界，但意在指出自我内部的自我联结与外在的自我—对象联结有着本质上的不同。谢林的核心问题意识如下：

1. 在内感中，自我如何将自身当作客体？

2. 在外感中，自我如何将与自我关联的物自身当作客体？

第一个问题关涉先验主体性的可能性条件，即直接性自我意识的可能性；第二个问题则关涉作用于对象的经验意识的可能性条件，即对象性自我意识的可能性。很显然，如果我们想要解释清楚物自身的根据，就必须需要一个比经验意识更深层次的根据。直接性自我意识为一切对象性经验意识提供了解释根据（Erklärungsgrund），因此直接性自我意识必然逻辑上先于经验意识，处于前意识领域中。因此我们必须将直接性自我意识定位于前意识之中，只有这样，位于表层的经验意识才能够被奠定根据。因此本节要处理的主要问题有如下两条：

1. 如何理解作为前意识动态结构的直接性自我意识？

2. 如何理解直接性自我意识与时间构造之间的本质关联？

在《体系》的第二个“阶段”（*Epochen*），谢林将前意识结构理解为一种自发性的精神活动（spontane mentale Tätigkeit）①，按照自我意识的历史发展进程拆分为四个连续表象：

> 1）*原初感受*（ursprüngliche Empfindung）
>
> 2）*生产性直观*（produktive Anschauung）
>
> 3）*内感*（innerer Sinn）
>
> 4）*自我感觉*（Selbstgefühl）

---

① Vgl. Stefan Lang, *Phänomenales Bewußtsein und Selbstbewußtsein. Idealistische und selbstrepräsentationalistische Interpretationen*, Hamburg: Felix Meiner, 2020, S. 83. “自发性的精神性活动这一表述意指一种精神性事件，而非精神能动性。这意味着，这些精神性活动并不包含任何主体的意向与尝试，它标记自身的方式只有自发地生成表象。”

我们下面来逐一分析：

原初感受规定了最低级的前意识层级，在其中自我“没有意识地感受着”（empfindend ohne Bewußtsein），纯然被动地接收感受材料（Stoffe）而不能获得任何认知信息（Information）。原初感受因而是以一种“非意识”（unbewußt）的方式运行着的。经由原初感受生成的表象就是物自身本身的表象，即所谓对象现象（Gegenstandserscheinung），但是这种表象同样也是“非意识”的，所以不能为主体提供任何信息。接踵而来的问题就是：“自我如何才能将有意识地感受着（empfindend mit Bewußtsein）的自身作为客体？”① 换言之，一种在前意识之中的有意识的自我联结（*bewußte* Selbstbezüglichkeit）究竟何以可能？要想能够将原初感受界定为一种“有意识地感受着的东西”，我们必须引入下一个精神性活动，即所谓的生产性直观：

> 自我想要分辨出有意识地感受着的自我，只能把客体当作纯然被直观到的、因而是无意识的东西（das Bewußtlose），将客体本身设定为与被意识到的东西(有意识的感受活动）相对立的东西。因此从先验的角度来看，对象无非就是外在的或者说生产性的直观。②

生产性直观在前意识中建立起一种“准—主体—客体联结”（Quasi-Subjekt-Objekt-Relation），“主体”一侧是有意识地感受着的自我，而“客体”一侧是完全非意识的先验客体（作为生产性直观的成果）。正如“有意识地感受着”这个说法所暗示的那样，生产性直观并没有成为（werden）对象性经验意识，而仅仅只是伴随（begleiten）了对象性经验意识。生产性直观本身仍然是非意识的。

---

① Vgl. F. W. J. Schelling, *System des transzendentalen Idealismus*, hrsg. v. H. D. Brandt u. P. Müller, Hamburg: Felix Meiner, 2000, S. 131.

② Ibid. 这里笔者将 bewußtlos 翻译为“无意识的”，以说明先验客体盲目且缺乏规定性的特征，请读者注意该术语与 unbewußt（本研究译作“非意识的”）的区分。

因此那个“有意识地感受着”的自我只是一个纯粹的被动性（Passivität），其根据被设定在物自身之内。因此如此这般的自我并不能够主动地生成它自己的活动。对于如此这般的自我的被动性来说，物自身反而成为了一种原初的无限制的活动（eine ursprüngliche unbegrenzte Tätigkeit），换言之，一种主动性（Aktivität）。很显然，这种无限制的活动已经超越了那个“有意识地感受着”的自我。但我们又该去哪里寻找这种无限制活动的阐释根据呢？谢林这样回答：

> 自我自己只能在位于意识之外的地方才能找到这样的根据，但这样的根据又已经在意识的当下环节中被一同把握到了。①

自我活动（Ich-Tätigkeit）的根据，或者说，直接性自我意识，或者用谢林自己的术语来说，“自我意识的自我”（das Ich des Selbstbewußtseins）②，在意识的每一个当下化（Gegenwärtigung）环节中都始终在场（*da*）。直接性自我意识必须伴随一切意识。但是却不能意识到它自身。因为对于物自身来说，自我的被动性作为一种自我活动则完全是偶然的，因此自我被动性是受“那些完全位于（意识的）当下环节之外的东西”规定的。③而那些完全位于意识的当下环节之外的东西，无非就是直接性的自我意识，或一种作为前意识的自我活动的被动综合。生产性直观表达了一种自我的纯粹被动性，它受限于物自身，因而不能主动地生成自我活动。但另一方面，生产性直观本身已经是一种不受限制的自我活动，这种活动的根据在于一个始终“在场”（*da*）伴随着一切自我活动的原始自我意识（Proto-Selbstbewußtsein），即谢林所说的“自我意识的

---

① F. W. J. Schelling, *System des transzendentalen Idealismus,* hrsg. v. H. D. Brandt u. P. Müller, Hamburg: Felix Meiner, 2000, S. 133.

② Vgl. F. W. J. Schelling, *System des transzendentalen Idealismus*, hrsg. v. H. D. Brandt u. P. Müller, Hamburg: Felix Meiner, 2000, S. 60. 谢林将“自我意识的自我”理解为一种直接性的自我意识，换言之，一种作为前意识的自我活动的被动综合。

③ Vgl. F. W. J. Schelling, *System des transzendentalen Idealismus*, hrsg. v. H. D. Brandt u. P. Müller, Hamburg: Felix Meiner, 2000, S. 134.

自我”（das Ich des Selbstbewußtseins）。但在生产性直观的层面，这种自我活动与物自身之间的关系完全是偶然性的。当自我生成出当下对象的生成活动时，那个非意识的根据必须已然在场。因此，任何一个探求意识的终极阐释根据的尝试都会落到一个不再关涉任何意识活动的精神状态之上。

> 自我感觉到自身被折返到一个不能被意识到的时刻。但自我只是感觉到自身被折返，它并没有真的返回到自身。因此这只是自我之中的一种“不能”（Nichtkönnen）的状态，一种被强制的状态。①

因此，原始自我意识体现为折返自身的自我活动（eine zurückgetriebene Ich-Tätigkeit）。如此这般的自身折返活动是：

1. 普遍存在的（ubiquitär），因为它能伴随一切对象性意识活动。②

2. 非意识的（unbewußt），因为它有着远比对象性意识活动更深层的根据。

3. 必然性的（notwendig），因为它被固定在这个根据，也就是原始自我意识之上。

原始自我意识的折返自身的自我活动不再是一个对于物自身而言偶在的活动，而是成为了一种仅仅经由自身而被规定的活动。也就是说，原始自我意识的自我活动仅经由自身被规定，谢林将其称为“内感”或“内向直观”（innere Anschauung）。③

---

① F. W. J. Schelling, *System des transzendentalen Idealismus*, hrsg. v. H. D. Brandt u. P. Müller, Hamburg: Felix Meiner, 2000, S. 134.

② “普遍存在”这一术语来自斯特凡·朗，他用这个术语来刻画主体性（直接性）自我意识作为一切意识现象的本质规定性。主体性自我意识是“普遍存在的”，在于主体性自我意识必然能够伴随一切意识现象。参见 Stefan Lang, *Performatives Selbstbewußtsein,* Paderborn: mentis, 2020, S. 43-47。

③ Vgl. F. W. J. Schelling, *System des transzendentalen Idealismus*, hrsg. v. H. D. Brandt u. P. Müller, Hamburg: Felix Meiner, 2000, S. 136. „Der innere Sinn ist nichts anderes als die in sich zurückgetriebene Tätigkeit.“（“内感无非就是自我的那个折返自身的活动。”）

“内向直观”表达出了一种“关于当下的感觉”(ein *Gefühl* der *Gegenwart*)。因为内向直观意指一种从意识的当下(Gegenwart)到前意识的过去(Vorgangenheit)的先验回溯进程。“关于当下的感觉”意味着尝试去把握这一先验回溯进程。因此这不仅仅是一种一般意义上的单纯感觉，而是一种对于联结前意识与意识的尝试的主体性觉知(Gewahren)。因此，这种感觉“无非就意味着自我感觉(Selbstgefühl)”。① 自我感觉绝不是一种普通的感觉，而就是一种作为自我联结的自身理解的原始自我意识(Proto-Selbstbewußtsein als *Sich-verstehen* der Selbstbeziehung)。② 作为原始自我意识的自我感觉构成了一切对象性意识的可能性条件；这意味着，作为原始自我意识的自我感觉不能适用于任何对象性的意识联结模式，而只能是一种由内向直观生成的自我觉知(Selbstgewahren)或自我联结的自身理解。谢林在这里给出了非常清晰的定义：

> 自我感觉伴随着一切意识的开端，通过自我感觉，自我首先将自身设定为与客体相对立的东西……在自我感觉中，内感，即那个与意识联结在

① Vgl. F. W. J. Schelling, *System des transzendentalen Idealismus*, hrsg. v. H. D. Brandt u. P. Müller, Hamburg: Felix Meiner, 2000, S. 135.

② 亨利希在他一份最新的研究中区分了自我意识的两种截然不同的模式：其一是一种对象性的自我意识，由通过对象性方式刻画的自我联结构成；另一种则是一种原始自我意识，只能被理解为一种通过本己的“自关联存在”(Für-sich-Sein)而形成的自足的个体(实体)。这意味着，任何意义上的对象性意识模式都不能适用于原始自我意识。参见 Dieter Henrich, *Dies Ich, das viel besagt. Fichtes Einsicht nachdenken,* Frankfurt am Main: Vittorio Klostermann, 2019, S. 105-106. „Dies Selbstbewusstsein ist vielmehr eine Wirklichkeit, die von sich selbst her nicht nur in eine Selbstbeziehung gelangt. [···] Zum anderen impliziert Selbstbewusstsein schon ein Sich-verstehen als Selbstbeziehung. Wie intim irgendetwas auch immer einem Subjekt gegenwärtig ist-wenn es diesen Gehalt nicht als sich selbst versteht, ist dies nicht ein Fall des Bewusstseins von ihm selbst.“(“这种自我意识毋宁说是一种现实性，从其自身出发不仅仅实现了一种自我联结……不如说自我意识已经意味着一种作为自我联结的自身理解。任何东西，无论对于主体而言以多么亲密的方式当下存在，如果主体不能将这些东西理解为它自身，那么这就不叫关于主体自身的意识。”)

一起的感受自身成为了自己的对象。①

根据谢林的定义，自我意识再次在前意识中生成了一种“准—主体—客体联结”，通过内感，即折返自身的活动，使得先验自我的客体化成为可能。谢林指出，内感必须被理解为一种“与意识联结着的”（mit Bewußtsein verbunden）感受。但需要注意的是，这种“与意识联结着的”感受是与惯常意义上的感受存在着本质性差异的。惯常的感受只负责接受那些与自我不同的东西；“与意识联结着的”感受则会生成一种作为原始自我关联的自关联存在的自身理解，随之展示出先验自我的本质结构。

简单地小结一下，自我感觉首先是直接性的原始自我意识，因为自我感觉意味着一种非概念化的、非对象性的对于自关联存在的自我觉知；其次，自我感觉是一种被动综合，因为自我感觉不仅仅经由自身折返活动才得以可能，而同时也能够伴随所有意识的开端；最后，自我感觉是非匿名性的，因为自我感觉必须被视为前意识自我活动本身的成果，所以它不可能是什么对自我来说“不可见”的东西。正是通过自我感觉，先验自我才能被视为是前意识自我活动的“承载者”。就此，朗给出了类似的说法：“自我感觉伴随生成了一种现象性意识的精神状态”。②

但正如本部分第一节已经指出的那样，作为原始自我意识的自我感觉是与时间构造的问题本质相关的。那么，我们该如何在谢林的先验哲学的语境下证成这一关联呢？这正是我们在接下来的部分中的核心任务。

---

① F. W. J. Schelling, *System des transzendentalen Idealismus*, hrsg. v. H. D. Brandt u. P. Müller, Hamburg: Felix Meiner, 2000, S. 135.

② Vgl. Stefan Lang, *Phänomenales Bewußtsein und Selbstbewußtsein. Idealistische und selbstrepräsentationalistische Interpretationen,* Hamburg: Felix Meiner, 2020, S. 86.

三、自我感觉与时间构造

谢林在《体系》中将时间构造理解为先验自我的被动性自我构造：①

> 那么，自我自身怎么才能成为作为内感的自我的客体呢？那只是由于，对于自我而言，时间出现了（不是那种已经被以外在方式直观到的时间，而是作为单纯的点位、作为单纯的边界的时间）。自我将对象设定为对立于自身的东西，因此自我生成了自我感觉，也即是说，自我要成为纯粹的强度，成为局限在一个维度延展开的活动，但现在自我被集中在一个点上，成为了对象……也就是时间。时间并不是什么独立于自我而运转的东西，自我本身就是在活动中被思维到的时间。②

对于谢林而言，时间是"单纯的点位和边界"，是由自我感觉原初构造出来的前意识自我活动。③作为一种前意识自我活动，时间意味着一种从前意识中的"自我极"（Ichpol）指向被固定好的个体化"理智"（Intelligenz）、即经验意识中的自我的活动。时间活动将作为先验对象的纯粹规定性的诸实体（Substanzen）同时以共存的方式（koexistent）固定下来。"共存"（Ko-

① 后期谢林的时间理论发生了重大转折，从对先验主体性的探究转向了对世界场域（Welt-Horizont）的存在论展示。而后者并不是本研究的主题，也与本研究的理论旨趣有较大差异。关于后期谢林的时间理论的研究，参见先刚：《永恒与时间：谢林哲学研究》，商务印书馆 2008 年版。另可参见 Gang Xian, *Schellings Idee der Weltalterphilosophie und seine Lehre von der Zeit*, Hamburg: Dr. Kovač, 2005.; Wolfgang *Wieland, Schellings Lehre von der Zeit. Grundlagen und Voraussetzungen der Weltalterphilosophie,* Heidelberg: Carl Winter, 1956。

② F. W. J. Schelling, *System des transzendentalen Idealismus,* hrsg. v. H. D. Brandt u. P. Müller, Hamburg: Felix Meiner, 2000, S. 135. 另参见 Alexander Schnell, *En deçà du sujet. Du temps dans la philosophie transcendantale allemande,* Paris : Presses Universitaires de France, 2010, p. 142。

③ F. W. J. Schelling, *System des transzendentalen Idealismus*, hrsg. v. H. D. Brandt u. P. Müller, Hamburg: Felix Meiner, 2000, S. 136. „Die Anschauung, durch welche der innere Sinn sich zum Objekt wird, ist die Zeit.“(“那个使得内感自身客体化的直观就是时间。”)

existenz）因此意味着诸实体之间的“交互固定”（wechselseitiges Fixieren）。[①] 由此我们诸多表象组成序列所必需的“顺延”（Sukzession）也被固定了下来，使得表象之间的一个进一步的综合成为可能。因此，自我之中的诸多意识环节得以在时间之中“有意识地被再生”（mit Bewußtsein reproduziert）出来。谢林的“再生”（Reproduktion）与“复现”（Wiederherstellen）意指一种在时间中发生的自我客体化活动，从而能够使得先验自我进一步生成对象性的意识联结：

> 因此，自我将客体认定为如此这般的客体的可能性是以顺延与交互作用的必然性为前提的；顺延的必然性将当下扬弃（借此自我才能够跃出对象），交互作用的必然性则将当下复现。[②]

综上所述，谢林的时间范型可以基本总结如下：

实体（先验客体的纯粹规定性）

↓

并存

↓

顺延

↓

再生与复现

↓

自我客体化

↓

对象性（时间性）意识

① F. W. J. Schelling, *System des transzendentalen Idealismus*, hrsg. v. H. D. Brandt u. P. Müller, Hamburg: Felix Meiner, 2000, S. 145.

② F. W. J. Schelling, *System des transzendentalen Idealismus,* hrsg. v. H. D. Brandt u. P. Müller, Hamburg: Felix Meiner, 2000, S. 145.

根据这一时间范型，谢林进一步指出，理智或者说经验意识中的自我必须被理解为由前意识的自我活动（也就是时间）生成的结果。这个生成活动就是前意识中的先验自我的再生与复现。从发生学展示（genentische Darstellung）的角度来看，先验自我能够再生理智，是因为先验自我不是匿名性的。这也即是说，自我感觉以及由其建构出的时间能够建立起一条从前意识到意识的发生学通道（genetischer Zugang），而前意识与意识之间的关键联结枢纽就是最初的那个时间化（对象化）活动，谢林称之为绝对综合（*absolute Synthesis*）。

那么我们应该如何理解这种绝对综合呢？从先验回溯（transzendentaler Rückgang）的角度来看，在一切意识开端之前，作为经验意识中的自我的理智就已经被一个特定的表象序列所定位了。① 这也就是说，一种“更深层的理智”即先验自我必须被预先设定为那个建构了表象序列的东西。但这里出现了一组矛盾：一方面，因为理智是有自我意识的，因而仅仅是顺延序列中的一个固定的点位（当下）；另一方面，理智又必须成为实体的总体，必须能够先行设定一切实体的普遍并存。② 在这种情况下，理智已经不再位于时间之中（in der Zeit），而变成了前时间性的（vorzeitlich）、永恒的（ewig）东西。理智本身必须成为绝对综合。

为了消解这里的张力，自我感觉与其建构出的时间必须在成为前意识与意识之间的边界的同时，又构成了前意识与意识的关联。正如德国学者施奈尔恰如其分地评论的那样，时间必须被视为经验意识与先验意识（前意识或原始自我意识）之间的分界点（*point limite*）。③

---

① F. W. J. Schelling, *System des transzendentalen Idealismus*, hrsg. v. H. D. Brandt u. P. Müller, Hamburg: Felix Meiner, 2000, S. 150.

② Ibid.

③ Cf. Alexander Schnell, *En deçà du sujet. Du temps dans la philosophie transcendantale allemande*, Paris : Presses Universitaires de France, 2010, p. 155. « Le temps est aussi le ‘point limite’ entre la conscience empirique et la conscience transcendantale. »（“时间也是经验意识与先验意识之间的‘分界点’。”）

绝对综合意味着，理智作为经验意识的自我，必须经由自我感觉与其建构出的时间，被前意识中的先验自我再生出来，即，时间性的经验自我必须是前时间性的先验主体性的生成结果。也即是说，时间性的经验意识始终是以前时间性的原始自我意识或者说非时间性（*atemporalité*）为先验条件的：①

> 为了能够将全部对象直观为客体，自我必须将一个过去的时刻设定为当下的根据。过去永远只能经由理智的活动而生成。只要自我的折返活动是必然性的，那么过去就也是必然性的。②

绝对综合的核心在于，时间必须同时被视为射线（Linie）与圆环（Kreis）。作为射线，时间试图超越前意识与意识的界限，但总是被作为界限的圆环所限制；作为圆环，时间持续地流动回自身。③这也即是说，折返自身的自我活动伴随了每一个意识的开端，而自我感觉的启动则伴随着经验意识的出现。自我感觉与其建构出的时间实际上意味着一种被动性的自我构造（passive Selbstkonstitution），或者说，一种被动发生（passive Genesis）。“射线—圆环”意味着有限性（经验自我）与无限性（先验自我）的绝对综合，前意识与意识的界限被扬弃，又被再生复现为两者之间的联结。

至此我们基本在谢林先验哲学的框架下成功刻画出了自我感觉概念与时间构造之间的本质联系。自我感觉是一种普遍存在的直接性原始自我意识，将折返自身的前意识自我活动同时指认为先验自我与经验自我之间的界限与联

---

① Ibid. « [···] , car il est le commencement (temporel) qui arrache la conscience transcendantale à son ‘éternité’ (atemporalité) et la fait entrer dans la succession des représentations finies. » (“正是（时间性的）开端将先验意识与它的‘永恒’（非时间性）区分开来，又将它带入有限表象的顺延序列中。”)

② F. W. J. Schelling, *System des transzendentalen Idealismus*, hrsg. v. H. D. Brandt u. P. Müller, Hamburg: Felix Meiner, 2000, S. 155.

③ Vgl. F. W. J. Schelling, *System des transzendentalen Idealismus,* hrsg. v. H. D. Brandt u. P. Müller, Hamburg: Felix Meiner, 2000, S. 159.

结。自我感觉只有在经验意识的时间构造开始启动时才会发生，因此自我感觉同时又是一个绝对被动综合，必然能够伴随一切意识的开端并为之确立根据。作为原始自我意识的自我感觉以一种被动—综合的方式通过原初时间构造建立起了前意识与意识之间的联结。而谢林的自我感觉理论也通过先验主体性的被动发生，成功地消解了原始自我意识与被动自我构造之间的张力。

四、小结：自我感觉作为主体性理论的核心

本部分试图在自我感觉与由其生成的原初时间构造的语境下把握先验主体性的前意识结构问题。本部分的核心论点在于，自我感觉在先验主体性的原初时间构造中发挥了核心作用。这一论点必须从两个角度来理解：

1. 从先验回溯或先验还原的角度来看，通过自我感觉与其建构出的时间，一切经验意识的根基都必须被追溯到那个普遍存在的直接性原始自我意识；

2. 从发生学展示的角度来看，通过自我感觉与其建构出的时间，原始自我意识必然能够伴随一切经验意识，并将经验意识认定为先验自我的本己生成与复现的结果。

首先，我们将自我感觉定义为先验主体性的前意识结构。接着我们指出，自我感觉是一种自成一类的自发性的精神现象，与一般的普通感觉有着本质性差异。又由于时间构造始终与意识结构问题紧密相关，自我感觉因而也是时间构造活动的核心论题。自我感觉必须要能够阐释清楚前意识与意识之间的关系。

在此我们进入了谢林先验哲学的语境。谢林的自我感觉概念意指一种普遍存在的直接性原始自我意识，包含了一种折返自身的前意识自我活动，而且是非匿名性的。如此这般的自我活动将原初的时间化进程同时建构为前意识与意识之间的界限与联结。从先验回溯的视角来看，通过自我感觉与其建构出的时间，经验意识必然要被追溯到原始自我意识；而从发生学的视角来看，通过自我感觉与其建构出的时间，原始自我意识必然要能够伴随一切经验意识。一

方面，经验意识必须要被界定为先验主体性的生成与再生复现的结果；另一方面，先验主体性必须被视为是一切经验意识的被动发生（起源）。

总的来说，自我感觉理论为先验主体性的结构问题提供了一种全新的理解模式：先验主体性必须既被视为是经验意识的先验还原的产物，又同时被视为是原始自我意识的被动综合的发生原点。只有在这样一种综合的视角下，前意识与意识之间的界限与联结之间的动态关系才能被我们准确把握。

就此，我们走完了“自我意识的历史”漫长而艰难的发展路途。谢林通过自我感觉理论建立起了先验主体性的被动发生机制，通过绝对综合成功地将非时间性的前意识领域与时间性的意识领域连接起来，最终确证了先验自我作为经验意识根基的存在论地位。正如晚年谢林自我总结的那样：

> 这个演进过程应当历经每一个层面，历经每一个环节，最终达到一个点，在那里，自我摆脱限制，重新获得自由，对它自己来说成为它曾经自在所是的东西——成为纯粹自由……在我看来，整个哲学就是自我意识的历史……如果谁想要领略那个真正具有启迪性的、一直引领我的创造的本原，那么他必须回溯到那个开端。①

① Schelling, *SW*: I, 10, 97-98. „…dieser Process wurde von Stufe zu Stufe, von Moment zu Moment fortgeführt bis zu dem Punkt, wo das Ich aus der Beschränkung wieder in die Freiheit durchbrach und nun erst sich wirklich hatte, aber für sich selbst war, wie es *an sich* war-als lautere Freiheit… Die ganze Philosophie war mir die *Geschichte des Selbstbewußtseins*… wer das eigentlich heuristische *Princip*, das Princip der Erfindung, welches mich leitete, kennen lernen will, muß bis dahin zurückgehen. “这里使用了先刚教授的译文。注意这里的“本原”与“开端”是同一个词（Princip）。参见［德］谢林：《近代哲学史》，先刚译，北京大学出版社 2016 年版，第 115-116 页。

第五章　先验存在论的边界问题

本研究前四章的论证已经基本确立并阐明了前期谢林的先验存在论的理论框架与核心论题。但是“自我意识的历史”并未就此终结，我们现在要面对的，却是一个更加宏大而复杂的问题：先验存在论的边界究竟何在？在前四章中，我们所做的工作集中在澄清前意识领域的主体性活动的根据与结构，并展示出前意识与表层意识的关联机制，但这一切工作都聚焦于作为一切经验意识根据的先验主体性的内部结构之上，并未能继续向下探索先验主体性本身的“非意识”层面（在这个意义上我们已经很难将比先验主体性更底层的维度继续称为“意识”）的根基。这也就引入了本章节的主题：先验存在论的“边界”问题。

如此这般的边界问题究竟该如何展开？就哲学史角度下的前期谢林哲学本身而言，我们至少还需要处理谢林明确关注过的三个问题面向：自然哲学（Naturphilosophie）、实践哲学（praktische Philosophie）与艺术哲学（Philosophie der Kunst）。在 1800 年的《先验唯心论体系》中，谢林明确地将这三重问题层面视为先验哲学的重要基底。但很显然，本研究并非处理这三重问题的专题研究，因此在这里我们仅仅就 1800 年前后谢林本人在先验哲学框架内对这三重问题的处理而言展开对这三重问题的讨论。

首先，我们有必要回顾一下谢林本人对《先验唯心论体系》的自我评价。只有在这个基础上，我们才能够更准确地把握谢林对于先验存在论边界问题的定位。

1833 年冬天，已然年近花甲的谢林在慕尼黑大学主持了以笛卡尔到黑格尔的形而上学发展为主题的“近代哲学史”课程。在这份以《近代哲学史》（*Zur Geschichte der neueren Philosophie*）为题并流传至今的讲稿中，谢林将他在三十三年前完成的《先验唯心论体系》中的工作总结为一种“澄清费希特的体系”的尝试：

> 当时我的工作是这样一个尝试，即让费希特的唯心论与现实性达成和解，或者说表明，即使以费希特的“一切东西都仅仅通过自我并为着自我而存在”这个命题为前提，对象世界同样也是可以理解把握的。①

可见谢林非常自觉地将自己在《先验唯心论体系》中的工作界定为费希特耶拿时期的自我意识学说的延续与发展，早在《体系》的“导论”部分，谢林就已经明确地将作为《体系》核心概念的“自我意识”（Selbstbewußtsein）等同于费希特的“我存在”（Ich bin）。②但也正如谢林特意强调的那样，谢林的工作更深入先验主体性的底层维度，着力于为意识实在性奠定终极根据。只有揭示出前意识层面上原初观念性与实在性的绝对综合机制，费希特式的先验主体性学说所缺失的实在性根据才得以补全。只有这样，原初的先验主体性才能真正被落实为一个能够自由地在对象世界中展开的“具体的主体性”（konkrete Subjektivität）③，作为理智的经验自我才得以确立自身，经验自我的对象性联结才得以可能——用谢林的话说——对象世界才可能是被理解把握的。

本研究的前四章所揭示出的前意识先验主体性的动态结构仅仅使得前意识先验自我刚刚“浮现”到经验意识的“水面”。而一旦先验自我浮现到经验意识的水面，马上要面临的就是一个作为先验自我演化发展结果而呈现在面前的

---

① Schelling, *SW*: I, 10, 95.;［德］谢林：《近代哲学史》，先刚译，北京大学出版社 2016 年版，第 112 页。

② Vgl. F. W. J. Schelling, *System des transzendentalen Idealismus*, hrsg. v. H. D. Brandt u. P. Müller, Hamburg: Felix Meiner, 2000, S. 21.

③ “具体的主体性”这一术语来自施托尔岑贝格对费希特与谢林实践哲学的研究，用以刻画一种已经落实为经验世界中的“操作者”的先验主体性。Vgl. Jürgen Stolzenberg, „Reiner Wille: Ein Grundbegriff der Philosophie Fichtes.“ In: *Revue Internationale de Philosophie*, 1998, Bd. 4, Nr. 206. S. 630.

"外部世界"。如果先验自我不能够把握这个对象世界，那么这个对象世界就变成了对于先验自我而言完全偶然性的东西，变成了一个"仅仅与它同时存在着的世界"。① 如同谢林在《近代哲学史》中所说的：

> 一言以蔽之，我试图通过自我的一个先行于现实意识或经验意识的"先验过去"（transzendentale Vergangenheit）来解释，为什么自我始终是与一个必然呈现在它面前的外部世界联系在一起。于是这个解释走向自我的一个先验历史（transzendentale Geschichte）。②

因此，克服对象世界的偶然性（Kontingenz），将对象世界把握为先验自我本己的世界，必须要将先验自我能够"走向自身"（zu-sich-sebst-Kommen），彻底落实为"我存在"（Ich bin），"自我才被规定为个体的自我（das individuelle Ich）"。③ 但谢林绝不主张一种从先验自我到经验中的个体自我的简单下降：被落实为个体性本原（Individualitätsprinzip）的自我必须同时再次完成"先验回溯"，才能使得对象世界重新被把握为先验自我本己的世界，在这个意义上将对象世界与经验意识重新统一为一个"最高的意识"（das höchste Bewußtsein），或者说，一种具备终极实在性的"大全一体"（Alleinheit）。如同谢林所总结的那样：

> 一旦自我成为个体的自我——这是通过"我存在"而宣布出来的——一旦它到达"我存在"，开始了它的个体的生命，它就再也回忆不起它为此曾经走过的道路，因为这条道路的终点恰恰就是意识。在这种情况下，

① Schelling, *SW*: I, 10, 93.；[德] 谢林：《近代哲学史》，先刚译，北京大学出版社 2016 年版，第 110 页。

② Ibid.

③ Schelling, *SW*: I, 10, 94.；[德] 谢林：《近代哲学史》，先刚译，北京大学出版社 2016 年版，第 111 页。

自我（如今它已经是个体的自我）意识不到它走向意识的道路，对此一无所知。这也解释了，为什么自我关于外部世界的表象是盲目的和必然的，而且这种情形对于所有个体来说都是同样的和普遍的。个体的自我在它的意识里只能找到那条道路的一些类似于文物古迹的东西，但却找不到那条道路本身。正因如此，科学的任务，确切地说是那种原初科学（即哲学）的任务，就是让意识的那个自我和意识一起走向自身，亦即进入意识。换言之，科学的任务在于，让意识的那个自我亲自和意识一起重新走过整条道路，从它最初的外在于自身的存在一直到一种最高的意识。就此而言，哲学对自我来说无非就是一种回忆（Erinnerung）。即回想起自我在它的普遍的（他的个体的）存在里曾经做过的和曾经遭遇的事情：这个结论和柏拉图的著名观点是吻合的。①

谢林在这里将作为原初科学的哲学（先验存在论）的任务称为自我意识的“回忆”，这并不只是一种修辞，而是对先验自我到经验的个体化自我的演进与折返进程的精微刻画。正如先刚教授指出的那样，对于谢林而言，“回忆”具备着深刻的内涵，应当被解读为一种“深入内核过程”（Er-Innerung）：

德语的“回忆”（sich erinnern, Erinnerung）除此之外有着更为丰富和深刻的含义，也就是说，它的词根是“内核”（das Innere）和“内化”（sich innern），而它的前缀“er-”则是指一个付诸实施的行动，因此“Erinnnerung”除了包含着“回忆”“回想”“再现”的意思之外，同时还意味着一个内化的行动和结果……“回忆”同时意味着“深入内核过程”。②

① Schelling, *SW*: I, 10, 94-95.；［德］谢林：《近代哲学史》，先刚译，北京大学出版社 2016 年版，第 111-112 页。

② 先刚：《“回忆”和黑格尔精神现象学的开端》，《江苏社会科学》2019 年第 1 期，第 127 页。先刚教授在这份研究中同时指出，黑格尔在《精神现象学》中使用了完全一样的表述来表达这种作为折返自身的开端的“回忆”。

自我的“深入内核过程”意味着先验主体性的如下活动：先验自我从前意识的空乏状态出发，不断丰富自身的规定性，逐步演进落实为表层经验意识中的个体化的自我（“具体的主体性”）；而在经验中的个体化自我面对一个似乎异在的对象世界并将其理解把握为自我本己的世界的过程，又必须要求经验中的个体化自我同时完成折返回已经明确其本原地位的前意识中的先验自我的“深入内核过程”。

这样的折返活动之所以得以启动，是依靠前意识状态下的先验自我在完成实在性质料的原初建构时所留下的前意识先验自我的“介入”（Intervention）活动（绝对综合与生产性直观）的“痕迹”（Spur）①，如同上段引文中谢林所说，“个体的自我在它的意识里只能找到那条道路的一些类似于文物古迹的东西”。

先验存在论的边界问题由此明确，我们必须考察前意识活动中这些先验主体性的介入“痕迹”，并确定先验主体性的前意识活动的效用。具体地来说，可以分为以下三个层面：

1. 考察原初经验中质料建构（Konstruktion der Materie）与动力学演进过程（der dynamische Prozeß），并确立作为先验哲学的自然哲学；

2. 考察原初经验中意愿（Wollen）的自我规定（Selbstbestimmung），并确立作为先验哲学的实践哲学；

3. 考察原初经验中的艺术直观（Kunstanschauung），并确立作为先验哲学的艺术哲学。

经过这三个层面的考察，我们基本可以厘清先验存在论的效用界限。先验存在论并非一种无所不包的独断式存在论体系，而是严格地被限制在前意识领域内，着重考察前意识或原初经验的先验结构。只有经过如此这般严格的“划界”工作，先验存在论才能够真正有效地完成其使命——如同沃尔夫冈·克拉默所言——“大全一体哲学的完满意味着，作为自因的那唯一一个实体必然地

① Vgl. F. W. J. Schelling, *System des transzendentalen Idealismus*, hrsg. v. H. D. Brandt u. P. Müller, Hamburg: Felix Meiner, 2000, S. 81.

将自身展开为复多。”①

第一节　自然之维：质料建构与动力学演进过程

如同本章导引部分已经说明的，当前意识领域的先验自我刚刚前进发展为经验意识领域的经验（个体）自我时，自我马上会遭遇一个异在于自我的对象世界。而此时首要的问题便是：先验自我如何才能克服对象世界所呈现出的偶然性，并将对象世界把握为先验自我本己的世界呢？换用本研究前文中常用的表述，先验自我究竟如何才能在对象世界中建立起“属我性宣称”（Meinigkeitsanspruch）呢？

如前文所述，要想将一个如此这般的似乎异在于自我的对象世界把握为自我本己的世界，我们必须要已经能够在对象世界中发掘出前意识阶段先验主体性已经介入的痕迹。这种痕迹无非就是在“主体—客体”关联还未充分建立起来的前意识阶段，作为前意识中“准—主体”的先验自我以生产性直观与绝对被动综合的方式建构出的成果——完全非意识的先验客体，或者用谢林的术语来表达，“材料”（Stoff）或“无定”（ἄπειϱον）。根据谢林对于前意识“主体—客体”绝对同一性的基本理解，如此这般的绝对同一性同时也意味着“规定”（πέϱας）与“无定”（ἄπειϱον）的同一性。②用谢林在《体系》中的表述来说，“所有材料不过是对立的活动之间的平衡的表达”，也即是说，原初经验的质料只是前意识状态下先验自我的活动的表

① Wolfgang Cramer, *Das Absolute und das Kontingente. Untersuchungen zum Substanzbegriff,* 3., erweiterte Aufl., Frankfurt am Main: Vittorio Klostermann, 2019, S. 11. „Die Alleinheitsphilosophie hat sich vollendet im Gedanken, daß die eine Substanz, die *causa sui* ist, sich mit Notwendigkeit in das Viel entfaltet. “

② 参见本书第三章的相关论述。

达。① 因此，考察前意识领域先验主体性已经介入的痕迹，实际上就是在考察原初经验中先验客体（质料）本身的建构过程。在之前的章节中我们已经分析了使得这一建构得以可能的先验主体性本身的内在结构，那么在这里我们就要关注质料的建构过程本身，用谢林的术语来说，这也就进入了“自然哲学”（Naturphilosophie）的领域。

在开始进一步的讨论之前，我们有必要先行澄清长期以来（甚至是在谢林学界内部的）关于谢林的“自然哲学”的一些误解。一种常见的哲学史教条理解便是将谢林的自然哲学视为一种过于简单的“客观唯心论”。这种解释认为，由于莱茵霍尔德－费希特传统过度强调了先验主体性的本原地位，谢林便反其道而行之，将作为单纯对象性的“自然界”（Natur）提升为本原，从而实现了一种完全独立于莱茵霍尔德－费希特传统的、全新的基于“主体—客体”的双重本原的“绝对同一性”。这种解释认为，与莱茵霍尔德－费希特传统粗暴地试图直接用主体的形式化规定去把握对象世界却一无所获的结局相比，谢林的基于双重本原的“绝对同一性”完美地根治了近代以来的认识论哲学“主体—客体”彼此割裂的痼疾，揭示了一种“自然界”自在地发展出自身复杂规定性的独特机制。在这种解释框架下，“自然哲学”当然会被视为前期谢林哲学的核心，而任何错失“自然哲学”的研究进路必然会被斥为完全错失了谢林哲学的基本精神。②

但是前期谢林的自然哲学的定位问题显然不会这么轻松就被解决，否则本

① Vgl. F. W. J. Schelling, *System des transzendentalen Idealismus*, hrsg. v. H. D. Brandt u. P. Müller, Hamburg: Felix Meiner, 2000, S. 69.; 另参见本书第四章第二节的相关论述。

② 这种典型的误读常见于今天英语学界的德国古典哲学史研究。参见 Eckart Förster, *The Twenty-Five Years of Philosophy. A Systematic Reconstruction,* trans. Brady Bowman, Cambridge, Massachusetts: Harvard University Press, 2012, pp. 230-250.; 有趣的是，这种解释也常见于与谢林同时代的一些批评者们，比如费希特本人。费希特与谢林在 1801 年决裂的一个非常重要的原因就是费希特越来越无法忍受谢林的自然哲学方案所流露出来的强烈的独断式存在论倾向。关于 1800 年以前费希特与谢林的学说之间的关系，本研究的第三、四章已经有所涉及。关于 1801 年费希特与谢林学术道路分裂的动因与细节，笔者将另外撰写专门研究探讨。

研究就失去了学术意义。一种对这种解释比较致命的反驳便是谢林在 1800 年的《先验唯心论体系》中所展示出来的先验存在论构想。这种解释无法说明，为什么《先验唯心论体系》开头的部分似乎暗示了一种与先验哲学彼此平行的“自然科学”（Naturwissenschaft），可先验哲学本身的本原确实如此彻底，以至于其中似乎并未给如此这般的自然科学预留多少理论空间？①

如果我们将谢林在莱比锡时期所写作的多份自然哲学手稿纳入视野，那么这个问题就会变得更加复杂。在这一时期最著名的两份手稿，1797 年的《一种自然哲学的理念》（*Ideen zu einer Philosophie der Natur*）与 1798 年的《论世界灵魂》（*Von der Weltseele*）中，谢林似乎以近似于先验哲学的语言发展出了一套几乎完全独立于先验哲学的自然哲学体系。②

本研究无意也无余力去涉足谢林在莱比锡这段短暂“游离”（*Exkurs*）的细节，仅仅就本研究所主张的基本理论框架（先验存在论）与迄今为止笔者所有论证都指向的方向而言，自然哲学仍然是广义上的先验哲学（先验存在论）的一部分。本研究之前章节已经解答了前意识先验自我如何通过生产性直观与绝对被动综合使得先验客体（质料）本身的建构成为可能，而紧接下来自然哲学要处理的无非就是前意识领域内的先验客体（质料）本身的建构究竟如何实现的问题。也即是说，自然哲学处理的是先验哲学的边界问题，因而自然哲学本身构成了先验哲学的边界，但自然哲学仍然是先验哲学的一部分。本研究正

① 直至今日，国际谢林学界对于前期谢林自然哲学的定位问题仍然有诸多彼此对立的看法。就笔者有限的阅读而言，在当今比较知名的谢林学者中，主张自然哲学的支配性地位的有匈牙利学者 Whihelm Szilasi 和 Miklós Vető、法国学者 Xavier Tilliette 与德国学者 Bernd-Olaf Küppers；主张先验哲学的支配地位的有法国学者 Emmanuel Cattin 和 Philippe Grosos、德国学者 Eduard von Hartmann, Dieter Jähnig, Birgit Sandkaulen, Werner Hartkopf, Jürgen Stolzenberg, Wolfgang Cramer, Alexander Schnell 和 Stefan Lang；主张先验哲学与自然哲学的绝对同一的有德国学者 Walter Schulz, Walter Kasper, Manfred Frank, Lore Hühn, Bernhard Rang, Sebastian Schwenzfeuer, Philipp Schwab 和 Stefan Gerlach、中国学者先刚、庄振华与王丁。相关文献请参见本书参考文献的“谢林”条目部分。

② 关于这一时期的谢林自然哲学方案的整体解读，请参见庄振华：《略论谢林自然哲学的开端》，《云南大学学报（社会科学版）》2019 年第 5 期。

是在这个意义上理解谢林的“自然哲学”或“自然科学”！

对本研究理论立场的直接辩护当然也可以在谢林本人那里找到。在同样完成于1800年，作为《先验唯心论体系》的补充文本的《动力学演进过程或物理学范畴的一般演绎》(*Allgemeine Deduction des dynamischen Proceßes oder der Categorien der Physik*) 这一鲜有人讨论的小论文的开篇，谢林就明确地指出：“自然科学的唯一任务就是去建构质料。”①

如同前文指出的，“建构质料”意味着当前意识领域中的先验主体性落实为经验意识的“具体的主体性”时，主体性得以在经验中展开的对象世界内确认出“属我性”的特征。但之前的章节仅仅处理了先验主体性何以可能落实为“具体的主体性”的主体性内部的动力学机制问题。要想从完全位于前意识领域中的先验主体性彻底落实为经验中的“具体的主体性”，仍然需要更进一步的机制，使得刚刚浮现到经验意识水面的先验自我能够从容展开。在《近代哲学史》讨论这一问题的章节里，谢林则使用了一个更加具备费希特先验哲学色彩的术语“自我设定的行动”(der Akt des Selbstsetzens) 来刻画建构质料的这一“演进过程”(Proceß)：

> 因此我为自己设定的目标，就是通过一个演进过程去解释那个绝对不依赖于我们的自由、甚至限制着我们的自由的对象世界，而自我是通过“自我设定”这一行动在无意中、但却是必然地卷入到那个演进过程里面。②

谢林进一步指出，在对象世界中做出“属我性宣称”，实际上就意味着将费希特式的对象世界纯然外在于自我的限制（规定性）转变为由自我设定、自

① Schelling, *HKA*: 8, 297. „Die einzige Aufgabe der Naturwissenschaft ist: *die Materie zu construiren.* “

② Schelling, *SW*: I, 10, 97.; [德] 谢林：《近代哲学史》，先刚译，北京大学出版社2016年版，第114页。

我关注、自身包含限制，因而建构质料的过程实际上仍然是一种“完全内在性的演进过程”①。在这样一种内在性的建构过程中，自我实际上被二重化(dupliziert）为一种重叠存在（*reduplicatio*），用谢林自己的术语来说，这样一种落实为“具体的主体性”的自我已经成为了一种“作为A而存在着的A”②，即一种作为“具体的主体性”而存在着的先验主体性。这很直接地证明了，自然哲学的核心问题仍然是先验哲学中的自我的“前构造”（Vorkonstitution）问题。

正如谢林在《动力学演进过程的一般演绎》的结尾所强调的那样：动态学的规定性对于物理学而言就如同先验的规定性对于哲学，对物理学的动态解释等同于对哲学的先验阐释；动力学演进过程就意味着最一般意义上的质料建构，一切动态运动最后都以自然界的主体（前意识先验自我）为最终根据，动力学演进过程所展示出的也只是经验世界本身的框架；质料的建构过程与自我意识的历史完全是同步的。因此，自然哲学实际上就是一种对唯心论的物理学阐释（physikalische Erklärung des Idealismus），而自然哲学的使命则在于将自然界持续不断地潜能阶次化（Potenziren），直至自然被统一于最高级的潜能阶次——有意识的自我。彼时的自我已经是一个完成了“回忆”的自我，是一个作为自然界主体的、作为“具体的主体性”的先验主体性的、层层交叠的自我。③

这种“重叠存在”体现在谢林1800年自然哲学草案的方方面面。我们在这里以《动力学演进过程的一般演绎》这一文本为主要抓手④，辅以《近代哲

① Schelling, *SW*: I, 10, 97.;［德］谢林：《近代哲学史》，先刚译，北京大学出版社2016年版，第114页。

② Schelling, *SW*: I, 10, 103.;［德］谢林：《近代哲学史》，先刚译，北京大学出版社2016年版，第122页。

③ Vgl. Schelling, *HKA*: 8, 364-366.

④ 选取这一文本作为本研究属意的谢林自然哲学范例，是因为无论从写作时间上还是从内容承接上，这一文本都与《先验唯心论体系》最为接近。关于这一文本与1800年《体系》的密切关系，请参照巴伐利亚科学院历史考证版《谢林全集》编者对这一文本的历史背景的介绍。Vgl. Schelling, *HKA*: 8, 275-293.

学史》中关于“自然哲学”的部分章节 [1]，尝试解读作为先验哲学边界问题的质料建构问题。

在《动力学演进过程的一般演绎》的开篇，谢林便提出，“建构质料”本身就是一种二重化的工作：一方面，要在无意识的（bewußtlos）自然中有意识地（mit Bewußtsein）建立起无限的杂多与深层的现象（即前文所说的“自我成为它自己的对象”）；另一方面，主体能够在自然中施展的只有无意识的生产活动（bewußtlose Production）。[2] 换成先验存在论的术语来表达，在原初经验中，非对象性的先验主体性活动必须要建立起一种对象性联结（给予质料以规定性，将质料转变为杂多与现象）。有了之前章节关于绝对被动综合问题讨论的基础，我们可以很轻松地指出，这需要一种进一步的综合活动，一种“主动综合”（aktive Synthesis）。对于谢林而言，这种主动综合就意味着一种“动力学演进过程”。

> 现在我们要提出一个早已被证明的主张：那些被我们以动力学演进过程之名所把握的、在自然界中具备着独一无二的首要地位的现象，无非就是一个持续地在不同阶段上不断重复的质料的自我建构过程。[3]

---

① 谢林在《近代哲学史》中对“自然哲学”的理解也非常有趣。细心的读者不难发现，在《近代哲学史》的“自然哲学”章节中，传统意义上我们所理解的探讨力学、光学、磁性、电性、化学性等自然现象的“自然哲学”仅仅占据了非常小的一部分；该章节的主要气力仍然用在了质料建构过程中所体现出的自我的分殊（二重化）之上，甚至也包括了实践哲学、目的论（宇宙论）、宗教、艺术与绝对者等其他话题；在该章节的结尾，谢林甚至将其后期的“肯定哲学”与“否定哲学”也一并纳入“自然哲学”的讨论。因此笔者斗胆提出自己的看法：从 1800 年开始谢林所理解的广义的“自然哲学”等同于他自己的（先验）哲学体系，选取这个名称是为了标识他的先验哲学体系与康德－莱茵霍尔德－早期费希特传统的先验哲学区别。这种作为整全哲学体系的“自然哲学”必须与谢林在莱比锡时期的几份狭义的“自然哲学”研究彼此严格区分开来。

② Vgl. Schelling, *HKA*: 8, 297.

③ Schelling, *HKA*: 8, 298. „Nun behaupten wir aber, und es ist bewiesen worden, daß diejenigen Erscheinungen, welche wir unter dem Namen des dynamischen Processes begreifen, und welche

谢林进一步指出，动力学演进过程的演绎就是完整的质料建构过程。也即是说，解读质料建构问题之内涵的核心就在于把握住作为动力学演进过程的先验自我的主动综合。主动综合活动要克服的第一个困难就是质料的原初空乏。如同谢林指出的，在前意识（自然界）的最晦暗的底层维度，先验自我没有任何对象，只有绝对的“空无”（Null），即“实在性的完全缺失”（der absolute Mangel an Realität）。如果我们仅仅在这种意义上将先验主体性理解作为绝对同一性的“主体—客体”，那么这种先验主体性是无法产生任何实在性的。正如谢林所言，由于质料的原初空乏与先验主体性之间存在着绝对的割裂，我们必须要引入一个进一步的综合活动，才能使得原初观念性与实在性之间的绝对割裂（Trennung）被转化为一种“二元对立”（Entzweiung），使得观念性与实在性之间的联结成为可能。正如谢林在《近代哲学史》中所指出的那样，作为主动综合的动力学演进过程实际上就是质料从空乏的本质被转化为感性认识对象的过程：

所谓“质料”，只能被解释为那个起初自由的、作为“无”（Nichts）而存在着的主体的最初的一般意义上的“某物之存在”（Etwas-seyn），解释为一个受到自身约束或困扰的主体。也就是说，刚开始的时候，人们在“质料”概念下所思考的，至多只是一般意义上的“某物”，一个不再是“无”，亦即不再自由的主体。这个意义上的“质料”仅仅是最初的“某物之存在”自身，就此而言，它当然不是我们现在看到的那种经过塑形的、千姿百态的质料，尤其不是那种已经具有形体的质料。毋宁说，我们称之为开端（Anfang）和第一个潜能阶次（erste Potenz）的东西，我们称之为“无”之近邻的东西，乃是那种经过塑形的、作为感性认识对象、具有感性属性的质料之质料，是那种质料的材料（Stoff）或基础（Grundlage）。

---

die einzig primitiven der Natur sind, nichts anders, als ein beständig nur auf verschiedenen Stuffen wiederholtes Selbstconstruiren der Materie. “

> 因为正如我们很快将会看到的，那作为最初的一般意义上的“某物存在”的质料，直接转变为一个演进过程的对象，在这个过程里，它转化为一个更高的存在的基础（Grundlage eines höheren Seyns），而且只有当它转变为这样一个东西之后，它才获得那些可以通过感性而认识到的属性。①

谢林在上述引文的结尾进一步补充，作为主动综合的动力学演进过程在将作为空乏本质的质料转化为感性认识对象的过程，同时也是将质料转化为一个“更高的存在的基础”的过程。也即是说，经过作为主动综合的动力学演进过程，质料从空乏的实在性变成了一个具体的、能够被观念性把握的实在性，成为了能够被建立起对象性联结的、作为先验客体的“自我建构”。从这里开始，先验主体性开始“介入”前意识的无序展开，并将其转化为有着明确导向的演进过程。

在《动力学演进过程的一般演绎》中，谢林使用了与《先验唯心论体系》的“自我感觉”章节类似的论证：他将前意识的无序展开比作从一个基点（作为第一潜能阶次的单纯的先验自我）展开的无限射线，这些射线本身由肯定性的、无限制的扩张力（Expansivkraft）推动，向四面八方的外界延伸，盲目且完全无方向（richtunglos）；而为了建构质料，必须要能够将射线上的无限点位固定在空间之中，这就需要引入一个否定性的、限制性的收缩力（Attractivkraft），从外界折返回自然的内在基点（即自然界的主体）本身，将盲目无方向展开的射线收束为沿着一个固定方向延伸固定距离的线段，通过这种限制性的阻滞活动（retardieren）将无序扩张的点位固定在空间之中，并通过这两重力的不断综合生成充满空间的各个固定点位，从而完成质料的建构。② 也即是说，先验自我在原初经验中对质料建构的介入，实际上体现为对原初经验的演进过程本身的“校正”（Erfahrungsberichtigung）。在这一点上，谢林完全承继

① Schelling, *SW*: I, 10, 104.；［德］谢林：《近代哲学史》，先刚译，北京大学出版社 2016 年版，第 123-124 页。

② Vgl. Schelling, *HKA*: 8, 300-303.

了康德在1786年的短文《什么叫作在思想中定位自身?》(*Was heißt: Sich im Denken orientiren?*)中对于理性在原初经验建构过程中所发挥的定位作用的思想。正如康德所说:

> "定位自身"的内涵正如其字面含义:从一个给定的世界环境(在其中我们将天际划分为四方域)中去寻找余下的入口。我看着天空中的太阳便能知道现在是中午,我也能分辨东南西北。这就要求我在我自己的主体之内能感觉到一种区分,比如右手和左手的区分。我将其称为一种感觉,因为外在的来看,这两个层面在直观中没有显著的差别。①

尽管先验自我在原初经验中的这种定位与校正工作完全是非对象性且非意识的(如同康德所说,这充其量只能成为一种"感觉"),但是这种活动已经是一种非常明确的自我建构活动,在建构质料的过程中先验主体性也完成了自身的二重化,将自身落实作为重叠存在——经验意识的"具体的主体性"。但是质料建构与动力学演进过程并未解决的问题是:如此这般的重叠存在仍然需要一个更进一步的新的综合活动,才能使得先验自我与"具体的主体性"被完整地统一起来,而不是始终以一个"A作为A"的不完满形态出现。正如谢林在《近代哲学史》中所说:"'作为'(als)始终表达出某种在本质之外附加而来的东西,因此始终关联着一个对象性的、超出本质的存在。"②这种重叠存在必须

---

① Kant, AA: 8, 133-134. „*Sich orientieren* heißt in der eigentlichen Bedeutung des Worts: aus einer gegebenen Weltgegend, (in deren vier wir den Horizont einteilen), die übrigen, namentlich den Aufgang zu finden. Sehe ich nun die Sonne am Himmel und weiß, daß es nun die Mittagszeit ist, so weiß ich Süden, Westen, Norden und Osten zu finden. Zu diesem Behuf bedarf ich aber durchaus das Gefühl eines Unterschiedes an meinem eigenen Subjekt, nämlich der rechten und linken Hand. Ich nenne es ein Gefühl, weil diese zwei Seiten äußerlich in der Anschauung keinen merklichen Unterschied zeigen. "

② Schelling, *SW*: I, 10, 100.;[德]谢林:《近代哲学史》,先刚译,北京大学出版社2016年版,第118页。

被进一步提升为完成了"回忆"的、有意识的自我。谢林指出，从这里我们已经离开了理论哲学的范围，进入了"实践哲学"。因此，要想进一步解释这种作为重叠存在的自我如何提升为更完满的自我，必须要引入新的问题域和概念：

……自我要关注自身，只有一个办法，就是限制自身，阻止它的自在的无限追求着的行为，把它起初的纯粹自由（那相当于"无"的自由）造成某个东西，亦即造成一个受限的东西。……限制是包含在自我自身之内，于是演进过程成为一个完全内在性的演进过程，在其中，自我仅仅与它自己打交道，确切地说，自我要处理的是它自己的、设定在它自身内的矛盾，即它同时是主体和对象，同时是有限的和无限的。当自我成为它自己的对象，在这种情况下它虽然找到了自己，但却发现自己不再是从前的那个单纯东西，而是成了一个二重化的东西（即同时是主体和对象）——现在它是自为的（即成为自己的对象），但却恰恰因此不再是自在的：这个在它之内的设定的偶然性必须被克服，而这个逐步克服过程中的各个环节必须被证明为等同于自然界中的各个环节，而且这个演进过程应当历经每一个层面、历经每一个环节，最终达到一个点，在那里，自我摆脱限制，重新获得自由，从此真正拥有自己，对它自己来说成为它曾经自在所是的东西——成为纯粹自由。在这种情况下，理论哲学就完成了，而实践哲学刚刚开始。①

第二节　实践之维：意愿与自我规定

承接上一节的讨论，引入实践哲学的目的在于解决先验自我与经验（个体）

① Schelling, *SW*: I, 10, 97.；［德］谢林：《近代哲学史》，先刚译，北京大学出版社 2016 年版，第 112-113 页。

自我的二重化困境，让自我得以完成“回忆”并成为一个“有生命的”(lebendig)、有意识的具体的自我。但在开始细节讨论之前，我们必须回顾一下谢林对于“实践哲学”（praktische Philosophie）的整体定位，并借此把捉作为谢林实践哲学核心概念的“意愿”（Wollen)、“理智”（Intelligenz）与“行动”（Handeln/Handlung)。

谢林在1800年的《先验唯心论体系》中关于“实践哲学”的讨论集中于《体系》的第四章“依据先验唯心论原理的实践哲学体系”（*System der praktischen Philosophie nach Grundsätzen des transzendentalen Idealismus*)。从这个标题即不难看出，谢林完全将实践哲学视为先验哲学的从属，即一种“先验哲学的道德哲学”（*Moral-Philosophie der Transzendental-Philosophie*)。也即是说，谢林的“实践哲学”更关注的是在经验世界中施展开的个体的处境，而非社会与国家的建构。

本书第四章第二节已经指出，谢林实践哲学的起点是前意识到意识的过渡（自我意识的历史，或者说质料的建构）刚刚完成的瞬间。此时原初经验转变为了意识对象，先验自我转变为了经验意识层面的个体自我（表象）；因此前意识阶段先验自我的非对象性自身结构必须也要同步转变为一种朝向意识对象的意向性结构。“成为意识”（Bewußtwerden）意味着必须要建立起“主体—客体”之间的意向性关联。在这个意义上，前意识的先验自我必须要落实为经验意识的个体自我——也就是理智。而理智所展开的“成为意识”的活动则必然不再是前意识状态下非对象性的“回溯—折返”活动，而是一种有着明确的对象性指向的“行动”（Handeln)。如此这般的行动，则正是已经落实为“具体的主体性”的自我的一个全新的（且已经是意向性的）自我规定——意愿（Wollen）的表达。

与本研究第四章第二节中关于“意愿”已有的讨论不同，这里我们更关注的不是“意愿”概念本身所蕴含的意向性自我规定模式本身的困难，而是更侧重于“对象性的”层面：意愿究竟何以能完成先验自我的具体化（Konkretisierung）？或者说，那个在经验中作为重叠存在（*reduplicatio*）的自我究竟如何被提升为一个更整全、更完满的有着意识生命（bewußtes Leben）的自我？[①]

在开始进一步的讨论之前，我们必须回顾一下康德以来的实践哲学传统中“意愿”本身的概念历史。“意愿”理论在康德那里已见雏形，经过莱茵霍尔德与费希特的发展，“意愿”本身所蕴含的复杂维度已经基本展开。可以说，谢林在《体系》中的“意愿”理论完全承继了这些讨论。

根据施托尔岑贝格的考证，德国古典哲学历史中第一个明确提出“意愿”理论的哲学家是费希特。[②] 在费希特1792年第一本公开发行的哲学著作《试评一切启示》（*Versuch einer Critik aller Offenbarung*）中，就已经发展出了一套意愿理论。在这个文本中，费希特这样界定“意愿”：

> 将自身本己活动的意识规定为表象的产生过程，就叫作意愿。[③]

通过这个界定，费希特已经揭示出了“意愿”概念的双重维度：1. 意愿表达了一种“属我性宣称”（Meinigkeitsanspruch）。表象的产生过程被理解为“我”经过我自己的意愿活动产生了我自己的表象，意愿主体（das Subjekt des Wollens）也被标记为我自己的主体。因而意愿实际上刻画了一种作为自我归属（Selbstzuschreibung）的自我规定活动；2. 意愿建立起一种意向性关联（intentionales Korrelat）。在产生表象的过程中，意愿主体也同时开始规定表象

---

① “有意识的生命”（das bewußte Leben）这一术语来自亨利希，用以刻画一种主体性的完满状态。亨利希认为，这是荷尔德林与前期谢林所追求的终极本原。相关讨论在本研究关于荷尔德林的部分已经有所涉及。Dieter Henrich, *Der Grund im Bewußtsein. Untersuchungen zu Hölderlins Denken (1794-1795)*, Stuttgart: Klett-Cotta, 2004, S. 504.; *Ders., Dies Ich, das viel besagt. Fichtes Einsicht nachdenken*, Frankfurt am Main: Vittorio Klostermann, 2019, S. 127-128.

② Vgl. Jürgen Stolzenberg, „Reiner Wille: Ein Grundbegriff der Philosophie Fichtes.“ In: *Revue Internationale de Philosophie*, 1998, Bd. 4, Nr. 206. S. 617-618.

③ Fichte, *GA*: I, 1, 135. „Sich mit dem Bewußtseyn eigner Thätigkeit zur Hervorbringung einer Vorstellung bestimmen, heißt *Wollen*.“

内的对象，也即是说，开始介入经验。用施托尔岑贝格的话来说，表象的产生（Hervorbringung）意味着“表象的内容由表象本身的主体所产生”①。

在这个意义上，费希特的意愿理论与康德和莱茵霍尔德明显拉开了距离。康德将意愿视为一种“理性事实”（Factum der Vernunft），或一种对象性的欲求能力，而莱茵霍尔德则将康德的“理性事实”转化为“意识事实”（Tatsache des Bewußtseins），试图赋予这种主体本身的自我活动以本原地位。②费希特继承了康德与莱茵霍尔德将主体自身的自我活动视为本原性的立场，但同时更进一步，将意识事实的根据追溯到了自我的自发性（Spontaneität）之上。③因此，对于费希特而言，作为自发性的意识事实不仅有着康德那里的“律令”（Imperativ）的本原性维度，更有着自发性概念本身所蕴含的“意欲”（Trieb）的指向对象的行动性维度。在这个意义上，费希特交替使用的“纯粹意志”（reiner Wille）与“意愿”（Wollen）④更接近康德在《实践理性批判》中所使用的“自主”（Autonomie）概念，表达了一种实践性的自我意识

① Vgl. Jürgen Stolzenberg, „Reiner Wille: Ein Grundbegriff der Philosophie Fichtes.“ In: *Revue Internationale de Philosophie*, 1998, Bd. 4, Nr. 206. S. 619. „［…］der Inhalt einer Vorstellung von dem Subjekt selber hervorgebracht wird.“

② 前文已经讨论过多次莱茵霍尔德的“意识事实”概念。这里重新摘录相关表述如下：“我们所知的在意识中发生的事情如下：在意识中表象经由主体与客体和主体既相区分又与两者相联结。”参见 K. L. Reinhold, *Über das Fundament des philosophischen Wissens. / Über die Möglichkeit der Philosophie als strenge Wissenschaft*, hrsg. v. Wolfgang H. Schrader, Hamburg: Felix Meiner, 1978, S. 78. „［…］was im Bewusstseyn vorgeht, wissen wir: daß die Vorstellung im Bewusstseyn durch das Subjekt vom Objekt und Subjekt unterschieden und auf beyde bezogen werde“。

③ 施托尔岑贝格指出，费希特将“意识概念的可能性通过对意愿中的自发性概念的分析而加以确证”。参见 Jürgen Stolzenberg, „Reiner Wille: Ein Grundbegriff der Philosophie Fichtes.“ In: *Revue Internationale de Philosophie*, 1998, Bd. 4, Nr. 206. S. 622. „［…］die Möglichkeit des Begriffs dieses Bewußtseins aus der Analyse des Begriffs der Spontaneität im Wollen zu sichern“。

④ 在今天的德语中，作为名词的 Wollen 与 Wille 的差别仍然细微不可辨。在德国古典哲学时代，这两个术语基本是交错使用的。

(praktisches Selbstbewußtsein)。① 在如此这般的实践性自我意识之中，主体性的本原性维度与行动性维度合二为一，因而主体性的本原被重新界定为自发性的自我联结（自我规定）。正是在这个意义上，费希特提出了他对于作为“自我意识的历史”的先验哲学的独特理解：“知识学应当成为一种人类精神的实际历史。”②

在 1796 年出版的《依据知识学原理的自然法权基础》(*Grundlage des Naturrechts nach Principien der Wissenschaftslehre*) ③ 的导论中，费希特甚至更进一步，直接主张作为意愿的实践自我意识的本原地位：

> 我主张，实践自我就是那个原初自我意识的自我。……意愿是理性自己的本质特征；按照哲学家的观点，表象活动与意愿一起发生，与意愿交互作用，但仅仅是一种偶然性的活动。实践的能力是自我最深切的根基，它承载同时又固定了其他所有东西。④

施托尔岑贝格指出，费希特在这里所主张的这样一种原初自我意识的实践

① Vgl. Jürgen Stolzenberg, „Reiner Wille: Ein Grundbegriff der Philosophie Fichtes." In: *Revue Internationale de Philosophie*, 1998, Bd. 4, Nr. 206. S. 624.

② Vgl. Jürgen Stolzenberg, „Reiner Wille: Ein Grundbegriff der Philosophie Fichtes." In: *Revue Internationale de Philosophie*, 1998, Bd. 4, Nr. 206. S. 628. ; Fichte, *SW*: I, 222. „Die Wissenschaftslehre soll sein eine pragmatische Geschichte des menschlichen Geistes."

③ 有趣的是，虽然费希特与谢林关于一种依据先验哲学原理的实践哲学的表述如此相似，但是两人对于实践自我意识的地位的看法却大相径庭。与费希特截然相反，谢林从未赋予实践自我意识以本原地位。正如本节即将展示的，谢林的实践自我意识始终是局限在表层经验中的理智之内的。

④ Fichte, *SW*: III, 20-21. „Es wird behauptet, dass das praktische Ich das Ich des ursprünglichen Selbstbewusstseyns sey; [···] Das Wollen ist der eigentliche wesentliche Charakter der Vernunft; das Vorstellen steht mit demselben der Einsicht des Philosophen nach, freilich in Wechselwirkung aber dennoch wird es gesetzt als das zufällige. Das praktische Vermögen ist die innigste Wurzel des Ich, auf dieses wird erst alle andere aufgetragen, und daran angeheftet."

能力（das praktische Vermögen）——意愿就是一种落实自身（sich realisieren）并具体化自身（sich konkretisieren）的自我规定。因此，意愿必须被视为是“具体的主体性”的基础规定（Grundbestimmung）。[①] 这也呼应了本研究第二章开头讨论“自我意识的历史”时所主张的，研究自我意识的历史，就是要去研究先验自我是如何“落实自身”并成为经验中的“存在者”的。[②] 因而，意愿成为了作为“具体的主体性”本质特征的基础自我规定。

而一旦意愿成为作为“具体的主体性”的个体自我的基础自我规定，马上就会在其自身之内出现一组复杂的张力：一方面，从形式的角度来看，意愿作为“具体的个体性”的基础性自我规定，应当成为经验中的对象性认识活动的前提；另一方面，从内容的角度来看，由于意愿始终是一种意向性联结，我们只能够在与某个对象的关联中讨论意愿，而这就意味着意愿必须首先以对象性认识活动为前提。这里似乎出现了一组循环问题（Zirkelproblem）。[③] 正如费希特在 1798 年的《新方法的知识学》（*Wissenschaftslehre nova methodo*）中指出的那样：

> 通过它意愿的对象，一个意愿将自身与另一个意愿区分开来。然而就形式而言（意愿作为意愿），所有的意愿都是一样的。因此，如果不去认识对象，纯粹以之被设定的反思就不可能。但这些认识又通往何处呢？这就又回到了目的概念的老问题。如果不去意愿一个对象，自我就不能够有

---

① Vgl. Jürgen Stolzenberg, „Reiner Wille: Ein Grundbegriff der Philosophie Fichtes.“ In: *Revue Internationale de Philosophie*, 1998, Bd. 4, Nr. 206. S. 632.

② 参见本书第二章导引部分。

③ 德国费希特学者施托尔岑贝格与克洛茨已经注意到此问题并给出了基于主体间性（Intersubjektvität / Interpersonalität）的解决方案，而本研究反对这种解决方案。Vgl. Jürgen Stolzenberg, „Reiner Wille: Ein Grundbegriff der Philosophie Fichtes.“ In: *Revue Internationale de Philosophie*, 1998, Bd. 4, Nr. 206. S. 631-634.; Christian Klotz, *Selbstbewußtsein und praktische Identität. Eine Untersuchung über Fichtes Wissenschaftslehre nova methodo*, Frankfurt am Main: Vittorio Klostermann, 2002, S. 155-159.

任何意愿活动。①

解决这一循环问题的核心在于意愿概念中所蕴含的目的论要素。但遗憾的是，费希特那里始终缺乏对原初经验中的实在性本身的明确规定，以至于原初经验中的实在性完全是一种无目的（zwecklos）的空乏状态，但是意愿有着对于目的明确的“需求”（Aufforderung）目的概念只能通过主体性活动强行添加给质料一侧。在这种情况下，如果我们想要解决费希特的困局，就只能求助于引入新的“主体际性”（Intersubjektivität）的理论资源。② 以克洛茨的方案为例，克洛茨试图通过引入主体际的平行意愿同步完成对象性设定与目的论设定，从而解决意愿的“需求”。克洛茨进一步引入了一个更强的“意愿同一性”（voluntative Identität）或者说一种“实践同一性”（praktische Identität）来尝试解决这种平行意愿设定所必然导致的意愿概念的“去基础化”。③ 克洛茨引入“意愿同一性”的目的在于调和无限制的意愿活动与给出限制的对象性认识活动之间的张力，但由于依据费希特知识学体系本身的规定，体系的本原只能建基于一种绝对自发的自我活动之上，绝对自发性所蕴含的绝对的“意欲”（Trieb）

① J. G. Fichte, *Wissenschaftslehre nova methodo. Kollegnachschrift K. Chr. Fr. Krause 1798/99*, hrsg. v. Erich Fuchs, Hamburg: Felix Meiner, 1994, S. 159. „Ein Wollen unterscheidet sich von einem anderen Wollen durch das Object worauf es geht, denn der Form nach, (das Wollen als Wollen) ist alles Wollen gleich. Mithin ist die postulirte Reflexion auf den reinen Willen nicht möglich ohne Kenntniß der Objecte. Woher nun diese Erkenntniß? Dieß ist nun wieder die alte Frage dem Zweckbegriffe. Ich kann nicht wollen, ohne ein Object zu wollen. “

② 这一研究进路在欧陆费希特学者间颇为流行。Vgl. Christian Klotz, *Selbstbewußtsein und praktische Identität. Eine Untersuchung über Fichtes Wissenschaftslehre nova methodo*, Frankfurt am Main: Vittorio Klostermann, 2002, S. 152-159.; Jürgen Stolzenberg, „Reiner Wille: Ein Grundbegriff der Philosophie Fichtes. “ In: *Revue Internationale de Philosophie*, 1998, Bd. 4, Nr. 206. S. 634-639.; Ives Radrizzani, *Vers la Fondation de l'intersubjectivité chez Fichte. Des Principes à la nova methodo*, Paris : Librairie Philosophique J. Vrin, 1993, pp. 185-189.

③ Vgl. Christian Klotz, *Selbstbewußtsein und praktische Identität. Eine Untersuchung über Fichtes Wissenschaftslehre nova methodo*, Frankfurt am Main: Vittorio Klostermann, 2002, S. 159-169.

是不可能在基础层面上被限制住的，否则整个体系就失去了动力学源头。对于费希特来说，被限制后的对象性认识活动永远是第二位的，根本不可能与原初的自发性同一。这正是费希特与谢林早期先验哲学体系的本质差别所在。克洛茨尝试“解救”费希特的方法，实际上正是将费希特引向了谢林①，而这从费希特的角度来看是根本无法接受的。

有了这些非常重要的理论背景，让我们再次回到谢林的《体系》。很明显，谢林《体系》中的实践哲学部分受到了费希特哲学极为强烈的影响（甚至远远超过理论哲学部分），谢林以如出一辙的方式讨论理智、意愿与行动。谢林在《体系》中也将自我的本原界定为“自我意识的行动”（der Akt des Selbstbewußtseins），谢林甚至声称“自我究其本源而言只是活动”，“自由是承载一切的本原……存在不过仅仅是一个被拘束的自由，因此存在就是我们在知识中被约束的自由活动。”② 与费希特一样，谢林似乎也以绝对的自发性作为先验哲学的本原。

但我们很快就可以看出谢林与费希特的差别：如同谢林的论述里始终出现的“被拘束的”（gehemmt）或“被约束的”（gefesselt）这样的字眼所暗示的那样，谢林先验哲学的本原从一开始就是一种在“主体—客体”内部展开的限制性活动与无限制活动的激烈对抗。正如我们在自然哲学中的“质料建构”部分所展示出的那样，谢林先验哲学中的原初经验的发展与自我意识的历史从来都不是意愿随心所欲的无序扩张，而是经过自身规定的层层阻滞的限制与校正而有着明确目的导向的演进过程。

谢林对于意愿概念的界定也非常明确：意愿仅仅是理智（经验中被固定下来的个体自我）的自我规定活动。③ 意愿承接的是从原初感受、生产性直观到

① 笔者在 2020 年 1 月德国耶拿大学的国际费希特协会年会上向克洛茨教授请教了这一点，克洛茨教授给出了肯定性的回应，尽管他在书面研究中并没有明确承认这一点。

② Vgl. F. W. J. Schelling, *System des transzendentalen Idealismus*, hrsg. v. H. D. Brandt u. P. Müller, Hamburg: Felix Meiner, 2000, S. 48-49.

③ Vgl. F. W. J. Schelling, *System des transzendentalen Idealismus,* hrsg. v. H. D. Brandt u. P. Müller, Hamburg: Felix Meiner, 2000, S. 203. „Jenes Selbstbestimmen der Intelligenz heißt *Wollen*⋯ “

自我感觉的前意识阶段的自我意识的历史，承担着刚刚转换为经验意识的自我启动的关键环节；但意愿发挥作用的空间则是受到严格限制的：它仅仅负责让刚刚落实为个体自我的先验自我最终完成自我设定，建立起自身关联（Selbstbezüglichkeit），从而使得经验意识中的自我的重叠存在被扬弃为一个整全的、能够把握自身本质的自我。正如谢林在《近代哲学史》中补充说明的那样，意愿从来不承担任何费希特式的本原地位：

> 主体没有能力直接地把自己作为本质而加以设定。至于那个有限的或拘谨的存在——这是唯一直接可能的存在——在刚开始的时候，只能这样呈现出来，即把它自己的存在作为无限存在，作为本质，与之进行沟通。就此而言，主体能够意愿那个存在，尽管那个存在刚开始的时候并不是它所真正意愿的那个东西。通过这个有限的存在的中介活动，主体上升到第二个层面或潜能阶次——即把自己作为本质而加以设定。①

谢林也在同样的意义上将“自主”（Autonomie）概念与康德－费希特式的“自主”概念相区分。②谢林严格区分了两个层面上的“自主”概念：1. 原初自主（ursprüngliche Autonomie），即前意识阶段活动着的原始自我意识，绝对地自我规定，但未能建立起任何自身关联，经过前意识阶段的演进过程最终将自身落实为经验中的理智；2. 实践哲学中的“自主”，仅仅是原初“主体—客体”在经验领域内的观念化表达（idealisierend），这也就是那个正在自我规定着的

---

① Schelling, *SW*: I, 10, 102.；［德］谢林：《近代哲学史》，先刚译，北京大学出版社 2016 年版，第 121 页。

② 施托尔岑贝格主张将谢林的“自主”概念视为康德－费希特传统的承继，并将自主概念视为实践哲学的奠基。施托尔岑贝格的这种观点与他一贯以来以实践哲学作为主轴解读德国唯心论的发展有很大关系。但正如本部分指出的，无论是谢林的意愿、自主概念还是整个实践哲学都与康德－费希特传统中的同名表述有很大差异。参见 Jürgen Stolzenberg, „Autonomie: Zu Schellings Begründung der praktischen Philosophie im System des transzendentalen Idealismus.“ In: *Kritisches Jahrbuch der Philosophie*, 2001, Bd. 6. S. 50-57。

意愿，经由意愿的自我规定，无意识的直观（生产性直观）着的先验自我被转化为实在化的（realisierend）、有意识地生产活动着（mit Bewußtsein produzierend）的自我。①

也即是说，我们在自然哲学部分结尾所希冀的实践哲学的使命并未完成。通过意愿，自我实在化了本质性的自我关联（完全实现“A 作为 A”的第二个潜能阶次），但仍然未能彻底消除二重化的重叠存在所内在的无意识直观与有意识行动之间的张力。这就需要我们再前进一步以解决这个问题。

在费希特的启发下，我们回到质料建构过程中本身所蕴含的目的论要素之上。与费希特不同，谢林有着完整的前意识阶段的质料建构的演进过程，而经过原初先验主体性的限制性介入，这一演进过程有着明确的目的导向。这也就告诉我们，质料建构的演进过程中所体现出的目的论要素才是统合二重化自我的关键所在，我们需要一种全新的、统合了无意识活动与有意识活动的自我活动——一种新的直观。在《体系》非常简短却至为关键的第五章“依据先验唯心论体系原理的目的论的主要原理”（*Hauptsätze der Teleologie nach Grundsätzen des transzendentalen Idealismus*）中，谢林这样引入这种全新的直观活动：

> 因此质料必须被设想为一种理智本质的单纯的直观方式，这样目的概念与对象就不再是在质料之中，而是在理智本质的直观中畅行无阻了。②

这种全新的直观活动必须要能够统合前意识阶段的无意识活动与经验意识阶段的有意识活动，因此必然既不是生产性直观也不是自我感觉更不是意愿活

---

① Vgl. F. W. J. Schelling, *System des transzendentalen Idealismus*, hrsg. v. H. D. Brandt u. P. Müller, Hamburg: Felix Meiner, 2000, S. 205.

② F. W. J. Schelling, *System des transzendentalen Idealismus,* hrsg. v. H. D. Brandt u. P. Müller, Hamburg: Felix Meiner, 2000, S. 280. „［…］so muß die Materie als die bloße Anschauungsweise eines intelligenten Wesens gedacht werden, so daß alsdann der Zweckbegriff und das Objekt eigentlich nicht in der Materie, sondern in der Anschauung jenes Wesens sich durchdringen.“

动，它已经远离了意识开端阶段的先验自我，又重新超越了实践哲学中个体化的经验自我，走向了意识“回忆”之途的终点。谢林也对这种全新的直观活动寄予厚望：

> 因此理智必须要能够在自身之中揭示出一种直观，经由这种直观，自我在同一个现象中就自身关联而言既是有意识的又是无意识的；经由这种直观，我们也使理智完全跃出自身；经由这种直观，先验哲学的最高问题（去阐释主体化与客体化的一致性）也迎刃而解。①

显然，这种直观别无其他，只能是一种“艺术直观”（Kunstanschauung）。因为只有在艺术创造活动中，主体才能真正实现无意识与有意识活动的统合。在本章节的最后，我们将进入“艺术哲学”的论域，试图实现那个最高级的“有着自我意识”（mit Selbstbewußtsein）的自我。

第三节　艺术之维：意识与无意识之间的艺术直观

对于谢林而言，艺术哲学究竟是什么？又为什么在谢林的先验哲学体系中具备这样崇高的位置？作为艺术哲学核心概念的“艺术直观”又如何能够真正实现作为“最高级存在”的“有自我意识的自我”呢？这要求我们必须首先明

① F. W. J. Schelling, *System des transzendentalen Idealismus*, hrsg. v. H. D. Brandt u. P. Müller, Hamburg: Felix Meiner, 2000, S. 281-282. „Es muß also in der Intelligenz selbst eine Anschauung sich aufzeigen lassen, durch welche in einer und derselben Erscheinung das Ich für sich selbst bewußt, und bewußtlos zugleich ist, und erst durch eine solche Anschauung bringen wir die Intelligenz gleichsam ganz aus sich selbst heraus, erst durch einen solche ist also das höchste Problem der Transzendental-Philosophie (die Übereinstimmung des Subjektiven und Objektiven zu erklären) gelöst. “

确谢林的艺术哲学的涵义。

从篇章结构来看，单就《体系》而言，“一种一般哲学门类的演绎，或依据先验唯心论原理的艺术哲学主要原理”（*Deduktion eines allgemeinen Organs der Philosophie, oder Hauptsätze der Philosophie der Kunst nach Grundsätzen des transzendentalen Idealismus*）这一章节位于整本书的最后一章，是从理论哲学、实践哲学到目的论一路发展而来的“自我意识的历史”的收尾阶段，或者说，自我意识的历史理应在这里“终结”。德国谢林学者耶尼希将艺术称为“哲学的终结”（die Kunst als Vollendung der Philosophie）①，先刚教授则认为“艺术哲学是自然哲学在一个更高层次上的回归，是哲学本身在一个更高层次上的反映。”②种种观点都指向了艺术哲学的一个基本使命：将自我意识的历史发展提升到更高、乃至最高的层次上，克服自我二重化的重叠存在，实现自我的完满。

因此，本部分的论证不会去涉及那个现实艺术层面上的“艺术哲学”，我们不会讨论艺术门类的层级分类、艺术作品的审美抑或是艺术家本身的创造。我们关注的是在艺术这一特殊领域下如何实现统合无意识活动与有意识活动的艺术直观，从而完成先验自我的“回忆”之路。

在《体系》第六章的开篇，谢林讨论了艺术作品（Kunstprodukt）的演绎过程。但这并不是在讨论艺术家如何创造艺术作品，而是指向先刚教授已经指出的一个关键点：艺术作品实际上是自然界产物（Naturprodukt）、或者说质料建构的演进过程在一个更高层面上的“复归”（das Umgekehrte）。也即是说，在艺术阶段自我的活动是一种被把握为无意识的（实则是有意识的）对象性的生产活动。谢林这样刻画这种活动的复杂结构：

> 自然无意识地开端并有意识地完结。而这里所说的活动中的自我，必须有意识地（以主体性的方式）开端，而同时无意识与有意识地以一种对

① Vgl. Dieter Jähnig, *Schelling: Die Kunst in der Philosophie*, Pfullingen: Neske, 1966, S. 9.

② ［德］谢林：《艺术哲学》，先刚译，北京大学出版社 2021 年版，第 7 页。见先刚教授为谢林《艺术哲学》中译本所作的序言“谢林艺术哲学的体系及其双重架构”。

象性的方式完结；自我就生产活动而言是有意识的，就生产结果而言又是无意识的。①

一个很自然的疑问便是，自我究竟如何才可能意识到生产活动去又对生产结果无意识？如果自我在生产活动中是有意识的，那么就意味着要能够在生产者与被生产出来的东西之间建立起一种对象性关联，而这种伴随着意识而来的分割（荷尔德林意义上的判断）会从一开始就破坏这种作为统合了有意识活动与无意识活动的艺术直观之承载者的自我的同一性。这里似乎又出现了困难。

要想解决这个问题，我们必须回到“自我意识的历史”，重新思考谢林关于自我的“潜能阶次”理论的意涵。谢林在《近代哲学史》中将自我的“潜能阶次”分为三个阶段：“第一个层面是客体化或者有限者，第二个层面是作为主体而被设定的主体或无限者，第三个层面成为前面两个层面的统一。”②

如果说整部《先验唯心论体系》是在刻画作为先验自我活动的“理智直观”的生成演进史，那么，作为艺术哲学部分核心概念的“艺术直观”（Kunstanschauung）就是“理智直观”的最后也是最高形态。根据谢林的界定，“艺术直观”是在之前所有部分中彼此对立的“有意识的主观性活动”与“无意识的客观性活动”的综合，因而，只有在艺术领域内，这两重原初自我活动才能够完成彼此的交叠，从而形成稳固的“主体—客体”结构。也就是说，“艺术直观”就是先验自我在“前意识”发展阶段中的“操作”（Operation），只有通过“艺术直观”，先验自我才能真正突破被动性的限制，以完全自发的主动性建构出（艺术）对象（同时也将自身收缩为连接着对象的主体）。所以，“艺术直观”就本质而言是一种“生产”（Produktion）活动，只有通过“艺术直观”，先验自我才能将自身重新“生产”为正在塑造着艺术对象的主体。在这个意义

① F. W. J. Schelling, *System des transzendentalen Idealismus*, hrsg. v. H. D. Brandt u. P. Müller, Hamburg: Felix Meiner, 2000, S. 283.

② Schelling, *SW*: I, 10, 114.；［德］谢林：《近代哲学史》，先刚译，北京大学出版社 2016 年版，第 136 页。

上，“艺术直观”是“理智直观”的最终分殊形态。谢林在《先验唯心论体系》里这样明确定位“艺术直观”：

> 整个哲学都必须从一个本原开端，这个本原是绝对的本原，也同时是彻底同一的东西。这样一个绝对单一且同一的东西不能由任何描述特别是概念所把握或知晓。它只能被直观到。如此这般的直观就是一切哲学的有机组成。
>
> 但这样的直观不是什么感性直观，而是一种理智直观。它以之为对象的既不是对象性的东西也不是主体性的东西，而是那个绝对同一的东西（本身既不是主体性的也不是对象性的）。理智直观本身完全是一种内向的直观，就其自身而言不可能再变成对象性的。只有通过第二种直观，理智直观才会变成对象性的。这第二种直观就叫做审美直观（ästhetische Anschauung）。①

谢林在 1804 年的《维尔茨堡体系》中想法更进一步，艺术被界定为观念世界（或者说精神世界，与实在世界或自然世界相对立）的第三重潜能阶次（Potenz），艺术被刻画为一种“自由的必然性”，是知识与行动的综合，是一个兼具统摄性与建构性的本原。

> 灵魂的本质就是一体；知识与行动中都是自由的必然性（freie Nothwendigkeit）与必然的自由（nothwendige Freiheit）。自由的必然性以同样的方式显现为知识与行动，这种综合就是艺术……支配着艺术的本原因此就是那个我们在知识与行动中承认了的自由的必然性……更确切地说，这种自由的必然性在艺术中显现为一种有知识的行动（ein wissendes Handeln）与一种行动着的知识（ein handelndes Wissen）。②

---

① F. W. J. Schelling, *System des transzendentalen Idealismus*, hrsg. v. H. D. Brandt u. P. Müller, Hamburg: Felix Meiner, 2000, S. 296n.

② Schelling, *SW*: I, 7, 569.

谢林那里的“艺术直观”（或者说“审美生产”）就是先验性自身构造重新进入表层经验之前的最后环节，只有在“艺术直观”里先验性的自身构造才能完整地塑造出原初“主体—客体”的形态。

也即是说，经过了艺术直观的综合而实现的新的自我已经是一个彻底摆脱了对象性规定性的自我（这也能解释为什么自我“就生产结果而言又是无意识的”），这个自我已经成了一种“纯粹知识”（reines Wissen）或“纯粹精神”（reiner Geist）。这样一个消除了二重性的重叠存在的自我高于一切自然存在，而根据谢林的设定，“如果一个东西高于整个存在，能够把它包揽进来，那么这个东西只能是知识”①。但如此这般作为纯粹知识的最高级的自我并不“自在地”（an sich）就是纯粹知识，它只有通过潜能阶次的发展，或者说自我意识的历史的演进过程，才能达到这一步。因此作为纯粹知识的自我（有意识地）将一切存在着的东西当作是完全外在于它的东西，并视之为自身的对象；又能够同时（无意识地）将这些存在着的东西视为（“回忆”为）整全的自我本身，因为这些存在着的东西都是自我意识的历史演进过程所经历过的环节。如同谢林自己总结的：

> 主体凌驾于整个自然界之上，它作为一个直接的东西仅仅是一种纯粹知识，而作为这样一个东西，它是无限的、完全自由的。在这种情况下，它重新站在了那个最初的具有纯粹自由和无限性的主体的位置上面，但同时又与一个有限的、受限制的东西（即人类本质）具有直接的关联。②

这也正是统合了无意识活动与有意识活动的“艺术直观”的核心所在。在1802年的《艺术哲学》（*Philosophie der Kunst*）中，谢林通过一种完全作为行动与知识的无差别统一体的艺术进一步阐释了《体系》中的那个统合性的“艺

---

① Schelling, *SW*: I, 10, 112.；［德］谢林：《近代哲学史》，先刚译，北京大学出版社2016年版，第134页。

② Schelling, *SW*: I, 10, 114.；［德］谢林：《近代哲学史》，先刚译，北京大学出版社2016年版，第136页。

术直观”概念：

观念东西与实在东西的无差别，作为无差别，在观念世界里通过艺术而呈现自身。自在地看来，艺术既非单纯的行动，也非单纯的知识，而是一种完全贯穿着知识的行动，或反过来说，一种已经完全成为行动的知识。也就是说，艺术是二者的无差别。①

这样的自我终于从空乏的原始自我意识到二重化的经验意识最终提升为“最高的意识”（das höchste Bewußtsein），“有自我意识的自我”（das Ich mit Selbstbewußtsein），用谢林在《体系》中的表述来说，自我终于将自身提升为“绝对者”（das Absolute），并重新成为“原初自我”（Urselbst）：

这个由对象性的（无意识的——笔者注）和有意识的活动在那个不期而至的和谐中设定出来的未知的东西，无非就是那个包含了一切意识与无意识之间的先定和谐的全部根据的绝对者（原初自我）。②

也正是这样，前意识的先验自我才真正将自身落实为此世的存在者——那个“是其所是”的“人”。如同谢林所说，“惟有在现在这个环节里，之前的存

① Schelling, *SW*: I, 5, 380-381.；［德］谢林：《艺术哲学》，先刚译，北京大学出版社 2021 年版，第 42 页。Die Indifferenz des Idealen und Realen als Indifferenz stellt sich in der idealen Welt durch die Kunst dar. Denn die Kunst ist an sich weder ein bloßes Handeln noch ein bloßes Wissen, sondern sie ist ein ganz von Wissenschaft durchdrungenes Handeln, oder umgekehrt ein ganz zum Handeln gewordenes Wissen, d. h. sie ist Indifferenz beider.

② F. W. J. Schelling, *System des transzendentalen Idealismus,* hrsg. v. H. D. Brandt u. P. Müller, Hamburg: Felix Meiner, 2000, S. 286. „Dieses Unbekannte aber, was hier die objektive und die bewußte Tätigkeit in unerwartete Harmonie setzt, ist nichts anderes als jenes Absolute（das Urselbst）, welches den allgemeinen Grund der prästabilierten Harmonie zwischen dem Bewußten und dem Bewußtlosen enthält. “

在才达到了完结和终点，亦即达到了人。”①

> 于是哲学在这里达到了那个最终的、凌驾于一切事物之上的主体，它本身不再成为对象性的，而是始终保持为主体。现在，人们再也不能像在知识里面一样，认为主体就是“自己”（Sich），毋宁说他们必须认识到，主体已经超越了“自己”，并且恰恰因此而超越了一切事物，一切事物最终都臣服于它。从最初的出发点，主体仅仅作为精神和天命（Vorsehung）存在着，如今它宣布自己是天命，并在终点展示出它在开端已经所是的那个东西。②

就此我们终于彻底完成了“自我意识的历史”的漫长路途，先验哲学的边界问题也得到了妥善解决。原初经验的先验主体性最终彻底落实为可以在经验中自由展开“具体的主体性”，由此对象世界的偶然性也被消除，最终通过艺术直观，两者又被统一为一个最高级的意识——最终的大全一体。先验存在论终于完成了它自身的整体建构：

> 从形式来看，通过这个体系，首先在哲学里面引入了“演进过程”及其“环节”的概念。从内容来看，这是一个主体的历史，这个主体一方面不得不使自身有限化，另一方面又总是成功地摆脱了每一个有限环节，最终超脱于一切对象性和盲目性之上，成为最高意义上的具有自我意识的主体，作为天命而存在着。③

---

① Schelling, *SW*: I, 10, 113.；［德］谢林：《近代哲学史》，先刚译，北京大学出版社 2016 年版，第 135 页。

② Schelling, *SW*: I, 10, 117.；［德］谢林：《近代哲学史》，先刚译，北京大学出版社 2016 年版，第 139 页。

③ Schelling, *SW*: I, 10, 120.；［德］谢林：《近代哲学史》，先刚译，北京大学出版社 2016 年版，第 143-144 页。

结论　边界之外

过去的被知道，现在的被认识，未来的被推算。(*Das Vergangene wird gewußt, das Gegenwärtige wird erkannt, das Zukünftige wird geahndet.*)

知道的事物被讲述，认识的事物被描述，推算的事物被预言。(*Das Gewußte wird erzählt, das Erkannte wird dargestellt, das Geahndete wird geweissagt.*) ①

本研究从作为先验哲学的基本问题的对象性构造问题出发，深入先验主体性的结构内部，经过严格的历史—体系化论证，按照先验回溯与发生学展示的方式，从谢林前期哲学的理论框架内挖掘出了前意识中先验自我的动态结构的核心规定性——作为“被动综合”的折返自身的前意识自我活动。如此这般的作为被动综合的前意识自我活动，既是我们从经验意识出发通过先验回溯可以达到的最初开端（ἀρχή），又是驱动着“自我意识的历史”前进发展的终极被动发生的本原（*principium*）。在此基础上，本研究的基本论题也随之清晰：先验哲学必须要成为先验存在论。我们终于完成了为意识实在性确立终极根据

① F. W. J. Schelling, *Die Weltalter Fragmente. In den Urfassungen von 1811 und 1813*, hrsg. v. Manfred Schröter, München: Biederstein & Leibniz, 1946, S. 3. 这里使用了先刚教授的译文。参见［德］谢林：《世界时代》，先刚译，北京大学出版社 2018 年版，第 4 页。

(Letztbegründung)，从而为先验存在论奠基的工作。

先验存在论绝不是哲学史上曾出现过的任何意义上的独断式存在论，而是一门研究“存在者之为存在者的科学”(*Wissenschaft vom Seienden als Seiendem*)①；先验存在论所主张的不是一个教科书中巴门尼德式的无所不包的静态“绝对存在”，也不是一种海德格尔式的对“存在”的终极追问（Nachfragen）；而是一个从存在者②出发，挖掘出“存在者的存在”(*das Sein eines Seienden*)，再反过来为存在者奠基的“自我规定”的动态分殊机制；用先验哲学的语言来表述，就是从经验意识出发，回溯出作为经验意识的实在性终极根据的前意识中的先验自我，再折返过来让前意识中绝对的先验自我落实为经验意识中的认知主体。而这也正是谢林前期先验哲学的核心问题意识。

但是谢林本人的思考并没有就此止步，“自我意识的历史”仍然在继续发展。从1801年开始，谢林逐渐完全脱离了康德－莱茵霍尔德－费希特批判哲学的理论框架，开始尝试以最直接的方式去洞悉作为先验哲学最高本原的“主体－客体”同一体内部还未充分展开的复杂层次；换言之，谢林似乎已经不再满足于先验存在论的框架，而试图去挖掘出比“存在者”更深的晦暗世界——“前存在”(Vorsein)。在笔者看来，正是从这一刻开始，谢林后期哲学露出了它真正的面相③：我们甚至已经很难找到合适的术语来刻画这种“存在论的发

① Vgl. Gunnar Hindrichs, *Das Absolute und das Subjekt. Untersuchungen zum Verhältnis von Metaphysik und Nachmetaphysik,* Frankfurt am Main: Vittorio Klostermann, 2011, S. 7.

② 在这里我们必须要非常明确地将“存在者”(das Seiende) /“实在性”(Realität) 与“实存”(Existenz) /“实在物”进行 (Entität) 严格区分。“存在者 / 实在性”并不指涉任何经验世界中的既成事态，而是关乎具备着存在论地位的先验主体性的根据。

③ 正如文中已经指出的那样，笔者认为谢林前后期哲学的关键分界早在1801年就已经发生。先刚教授则主张以1809年的《自由论文》为界。另有一些德国谢林学者，比如舒尔茨 (Walter Schulz) 和格尔拉赫 (Stefan Gerlach)，则主张时间上的分界并不影响谢林前后期哲学在核心论题上的一致性，他们认为，谢林关于“主体—客体”同一性结构、特别是“主体性的纯粹建构”(reine Konstruktion der Subjektivität) 的思考贯穿了谢林的整个哲学发展进程。参见先刚：《永恒与时间：谢林哲学研究》，商务印书馆2008年版，第313—314页。另见 Walter Schulz, *Die Vollendung des Deutschen Idealismus in der Spätphilosophie Schellings,*

生学”（*Genesis der Ontologie*）——一种甚至比存在论更加底层的基源性理论。

但正如我们在本研究中关于早期谢林哲学的章节的导引中已经论述过的那样，无论如何，谢林始终以“绝对同一性”作为他的终极哲学关切，诚如谢林所言，“人们必须从理智直观那里提炼出‘主体—客体’的普遍概念”。① 受制于篇幅，本研究不会再继续进入 1801 年以后谢林关于这一问题的后续深入思考（研究透彻这个问题可能需要再写五本书），但笔者还是试图在此为大家展示出沿着本研究的基本思路继续进入谢林后期哲学的一些线索。②

当代谢林研究的执牛耳者舒尔茨（Walter Schulz）在他的不朽名作《德国唯心论在谢林后期哲学中的终结》（*Die Vollendung des Deutschen Idealismus in der Spätphilosophie Schellings*）中曾依据谢林的整体哲学框架将关于“主体—客体”的理解区分为以下五个层次：

> 1）存在者，或直接性的能够存在的东西；
>
> （das Seiende, oder das unmittelbare Seinkönnende）
>
> 2）存在的无限潜能阶次；
>
> （der unmittelbare Potenz des Seins）
>
> 3）直接性的主体—客体同一体；
>
> （das unmittelbare Subjekt-Objekt）

Pfullingen: Neske, 1975, S. 11-20.; Stefan Gerlach, *Handlung bei Schelling. Zur Fundamentaltheorie von Praxis, Zeit und Religion im mittleren und späten Werk*, Frankfurt am Main: Vittorio Klostermann, 2019, S. 27-59。

① Vgl. Schelling, *SW*: I, 10, 148. 这里使用了先刚教授的译文。参见［德］谢林：《近代哲学史》，先刚译，北京大学出版社 2016 年版，第 179 页。

② 目前的谢林研究界暂时还没有这样的作品。笔者的好友，德国伍珀塔尔大学先验哲学研究所博士候选人周驰博已经以这个问题为线索完成了一份非常出色的硕士论文（已于 2020 年 6 月提交北京大学哲学系答辩通过）并将在博士论文的研究中继续深入这个问题。参见周驰博，《“原初主体性”的开显——谢林后期哲学的最终奠基问题》，北京大学哲学系硕士学位论文，2020 年 6 月。

4）非概念性的纯粹自我客体化活动；

（die unbegriffene reine Tätigkeit des Selbstobjektivierens）

5）对象设定的原初可能性，或“自身成为现象”进程。

（die ursprüngliche Möglichkeit der Gegenstandssetzung, oder Sich-selbst-zur-Erscheinung-bringen）①

不难看出，这五个前后相继的层次正是刻画了“自我意识的历史”的不同层级——从前意识中基源性的先验自我逐步发展到经验意识的认知主体。而后期谢林仍然关注于驱动这个“历史”得以前进的动力学机制，在谢林后期哲学中，他使用“潜能阶次”（Potenz）这个概念来刻画这一机制：

> 潜能阶次就是拉丁语里的［potentia］，力量。潜能阶次是对立于活动（*dem* Actus）而被设定的……在此潜能阶次被当作一种被动的力量（*potentia passiva*），一种被动的可能性。②

这也即是说，潜能阶次仍然是一种对立于活动而被设定的底层被动性，同时，作为“力量”③，潜能阶次又具备着基础性的活动特征。因而，作为“被动

① Walter Schulz, *Die Vollendung des Deutschen Idealismus in der Spätphilosophie Schellings*, Pfullingen: Neske, 1975, S. 42-47.

② Schelling, *SW*: II, 3, 63. „Potenz ist das lateinische *potentia*, Macht, die Potenz wird *dem Actus* entgegengesetzt⋯ Hier wird Potenz bloß als *potentia passiva*, passive Möglichkeit, genommen.“这仅仅是谢林在后期的《启示哲学》中做出的一处界定。谢林的潜能阶次概念发轫于早期自然哲学，从1801年开始逐步成为谢林哲学体系的“题眼”。这个概念具备非常复杂且丰富的内涵，这里仅仅是从发生学存在论的视角做出一种解读。关于谢林的潜能阶次理论的专题研究，参见 Stefan Gerlach, *Handlung bei Schelling. Zur Fundamentaltheorie von Praxis, Zeit und Religion im mittleren und späten Werk*, Frankfurt am Main: Vittorio Klostermann, 2019。

③ 谢林这一将“潜能阶次”视为“力量”的解读显然受到了斯宾诺莎哲学的影响。关于斯宾诺莎的力量理论与谢林后期哲学的关系，笔者另撰有专文探讨。参见倪逸偲、先刚：《斯宾诺莎——谢林：建立一种“力量本体论”的尝试》，《南京社会科学》2019年第5期。

的力量”的潜能阶次事实上就是本研究所反复主张的“被动综合”或“绝对综合”！从这个角度来看，谢林无疑仍然在延续并深化早期先验哲学的基本立场。

而从 1801 年开始谢林所关注的那个“直接性的能够存在的东西”或者说“存在的潜能阶次”则就牵涉到前文中已经提到的“前存在”的层面。谢林使用了一个非常模糊的术语“理性科学”（*Vernunftwissenschaft*）来称谓这种“存在的发生学”或者说“先验自我的历史”：

> 因为同一性哲学研究的是事物的纯粹本质（das reine *Was* der Dinge），而不是谈论现实的实际存在（Existenz）。只有在这个意义上，它才自称为绝对唯心论，以区别于那种纯粹相对的唯心论，后者由于始终保持着与实际存在的一种关联，所以否认外物的实际存在。而理性科学之所以是绝对唯心论，就在于它根本不关心对于实际存在的追问。①

谢林的“理性科学”所希图追求的“事物的纯粹本质”（*Was*）恰恰是与我们在先前的章节里反复强调的那个使得“自我将自身实现为是其所是的东西”（*Ich realisiert sich als das, was ist.*）的作为最高本原的前意识中的自我规定是完全一致的。因此，我们可以非常肯定地说，先验存在论仍然存在着继续往“前存在”的基源性底层拓展的空间。

先验存在论的使命仍未完成，让我们短暂地休憩片刻，然后深吸一口气，凭借着先验哲学微弱的光束，继续潜入水面之下，深入那片“不见日光的海中”（柯勒律治语）。

---

① Schelling, *SW*: I, 10, 148n. „Weil die Identitätsphilosophie sich mit dem reinen Was der Dinge beschäftigte, ohne sich über die wirkliche Existenz auszusprechen, nur in diesem Sinne konnte sie sich absoluten Idealismus nennen, zum Unterschied von dem bloß relativen, der die Existenz der Außendinge leugnet… Die Vernunftwissenschaft ist absoluter Idealismus, inwiefern sie die Frage nach der Existenz gar nicht aufnimmt.“这里使用了先刚教授的译文。参见［德］谢林：《近代哲学史》，先刚译，北京大学出版社 2016 年版，第 179 页。

没有任何传说从那个时间飘来，因为那是一个沉默而寂静的时间。只有在神灵启示的言谈中，才亮起几许闪电，撕开了这个远古的黑暗世界。①

① F. W. J. Schelling, Die Weltalter Fragmente. In den Urfassungen von 1811 und 1813, hrsg. v. Manfred Schröter, München: Biederstein & Leibniz, 1946, S. 10.„Keine Sage tönt aus jener Zeit herab, denn sie ist die Zeit des Schweigens und der Stille. Nur in göttlichen geoffenbarten Reden leuchten einzelne Blitze, welche diese uralten Finsternisse zerreißen."这里使用了先刚教授的译文。参见［德］谢林：《世界时代》，先刚译，北京大学出版社 2018 年版，第 12 页。

参考文献

一、一手文献

（一）全集版著作及缩写标识

Kant, *AA*: Kant, Immanuel.: *Gesammelte Schriften*. Hrsg. von der Königlich Preußischen Akademie der Wissenschaften. Berlin: Walter de Gruyter. 1900ff.

Fichte, *SW*: Fichte, J. G..: *Sämtliche Werke*. Hrsg. v. I. H. Fichte. 11 Bde. Berlin: Walter de Gruyter. 1971.

Fichte, *GA*: Fichte, J. G..: *Gesamtausgabe der Bayerischen Akademie der Wissenschaften*. Hrsg. v. R. Lauth & H. Jacob. Stuttgart-Bad Cannstatt: frommann-holzboog. 1962ff.

Hölderlin, *SW*: Hölderlin, Friedrich.: *Sämtliche Werke und Briefe*. Hrsg. von Michael Knaupp. 3 Bde. München: Carl Hanser Verlag. 1992.

Schelling, *SW*: Schelling, F. W. J..: *Sämmtliche Werke*. Hrsg. von K. F. A. Schelling. 14 Bde.（I. Abt. Bde. 1-10; II. Abt. Bde. 1-4）. Stuttgart/Augsburg: Cotta. 1856-1861.

Schelling, *HKA*: Schelling, F. W. J.: *Historisch-kritische Ausgabe der Bayerischen Akademie der Wissenschaften*. Hrsg. v. T. Buchheim u. a. Stuttgart-Bad Cannstatt: frommann-holzboog. 1976ff.

Shulz: Schelling, F. W. J.., & Fichte, J. G..: *Fichte-Schelling Briefwechsel*. Hrsg. v. Walter Schulz. Frankfurt am Main: Suhrkamp. 1968.

Fuhrmans: Schelling, F. W. J..: *Briefe und Dokumente*. 3 Bde. Hrsg. v. Horst Fuhrmans. Bonn: Bouvier. 1962-1975.

（二）原著单行本及中译本

康德：《纯粹理性批判》，邓晓芒译，杨祖陶校，人民出版社 2004 年版。

费希特：《费希特文集》，第 1 卷，梁志学编译，商务印书馆 2014 年版。

谢林：《近代哲学史》，先刚译，北京大学出版社 2016 年版。

谢林：《哲学与宗教》，先刚译，北京大学出版社 2017 年版。

谢林：《论世界灵魂》，庄振华译，北京大学出版社 2018 年版。

谢林：《世界时代》，先刚译，北京大学出版社 2018 年版。

谢林：《论人类自由的本质及相关对象》，先刚译，北京大学出版社 2019 年版。

谢林：《启示哲学导论》，王丁译，北京大学出版社 2019 年版。

谢林：《艺术哲学》，先刚译，北京大学出版社 2021 年版。

谢林：《一种自然哲学的理念》，庄振华译，北京大学出版社 2022 年版。

Fichte, J. G.. (1994): *Wissenschaftslehre nova methodo. Kollegnachschrift K. Chr. Fr. Krause 1798/99*. Hrsg. v. Erich Fuchs. Hamburg: Felix Meiner.

Fichte, J. G.. (1997a): *Grundlage der gesamten Wissenschaftslehre (1794)* . Hrsg. v. Wihelm G. Jacobs. Hamburg: Felix Meiner.

Fichte, J. G.. (1997b): *Darstellung der Wissenschaftslehre* (1801/1802). Hrsg. v. Reinhard Lauth. Hamburg: Felix Meiner.

Hegel, G. W. F.. (1986): *Jenaer Schriften. 1801-1807*. Hrsg. v. E. Moldenhauer u. K. M. Michel. Frankfurt am Main: Suhrkamp.

Reinhold, K. L.. (1978): Über das Fundament des philosophischen Wissens. / Über die Möglichkeit der Philosophie als strenge Wissenschaft. Hrsg. v. Wolfgang H. Schrader. Hamburg: Felix Meiner.

Reinhold, K. L.. (2003): *Beiträge zur Berichtigung bisheriger Mißverständnisse der Philosophen. Erster Band, das Fundament der Elementarphilosophie betreffend.* Hrsg. v. Faustino Fabbianelli. Hamburg: Felix Meiner.

Schelling, F. W. J.. (1946): *Die Weltalter Fragmente. In den Urfassungen von 1811 und 1813*. Hrsg. v. Manfred Schröter. München: Biederstein & Leibniz.

Schelling, F. W. J.. (1977): *Philosophie der Offenbarung. 1841/42*. Hrsg. v. Manfred Frank. Frankfurt am Main: Suhrkamp.

Schelling, F. W. J.. (1994): *„Timaeus.“ (1794)* . Hrsg. v. H. Buchner. Stuttgart-Bad Cannstatt: frommann-holzboog.

Schelling, F. W. J.. (2000): *System des transzendentalen Idealismus*. Hrsg. v. H. D. Brandt & P. Müller. Hamburg: Felix Meiner.

Schelling, F. W. J.. (2011): Über das Wesen der menschlichen Freiheit und die damit zusammenhängenden Gegenstände. Hrsg. v. Thomas Buchheim. Hamburg: Felix Meiner.

Schelling, F. W. J.. (2016): *Stuttgarter Privatvorlesungen*. Hrsg. v. V. Müller-Lüneschloss. Hamburg: Felix Meiner.

Spinoza, Baruch de. (2015): *Ethik in geometrischer Ordnung dargestellt*. Hrsg. u. übers. v. W. Bartuschat. Lateinisch – Deutsch. 4. Durchgesehene Aufl. Hamburg: Felix Meiner.

Platon. (1972): *Werke in acht Bänden. Griechisch und Deutsch*. Hrsg. v. Gunther Eigler. Darmstadt: Wissenschaftliche Buchgesellschaft.

二、研究著作

（一）先验哲学与主体性理论

丁耘：《论心性——道体学气论导言》，《哲学研究》2022 年第 5 期。

马迎辉：《我性，还是它性——胡塞尔、弗洛伊德论“本我”》，《江苏社会科学》2018 年第 1 期。

马迎辉：《欲望与主体的建构——从拉康与现象学的关系看》，《社会科学》2018 年第 7 期。

马迎辉：《直观：想象变更，还是既视结构？——再论胡塞尔、弗洛伊德的超越论构造》，《浙江社会科学》2018 年第 8 期。

马迎辉：《此在的本性之维：何谓实际存在》，《社会科学》2019 年第 10 期。

马迎辉：《差异、时间性与存在——对经典现象学奠基的一项尝试》，《现代哲学》2019 年第 6 期。

马迎辉：《情动、原对象与现象学》，《浙江学刊》2020 年第 3 期。

马迎辉：《海德格尔与主体性哲学——基于心体构造的反思与重建》，江苏人民出版社 2022 年版。

倪梁康：《自识与反思——近现代西方哲学的基本问题》，商务印书馆 2002 年版。

倪逸偲：《从黑格尔到布伦塔诺：一种为自我意识奠基的自我感觉理论的建构》，《安徽大学学报（哲学社会科学版）》2019 年第 5 期。

先刚：《柏拉图的本原学说：基于未成文学说和对话录的研究》，生活 · 读书 · 新知三联书店 2014 年版。

Ameriks, K., & Sturma, D. (Ed.). (1995): *The Modern Subject. Conceptions of the Self in Classical German Philosophy*. Albany: State University of New York Press.

Bernet, Rudolf. (2020): *Force, Drive, Desire. A Philosophy of Psychoanalysis*. Trans. Sarah Allen. Chicago: Northwestern University Press.

Cramer, Konrad. (1979): „Bewußtsein und Selbstbewußtsein. Vorschläge zur Rekonstruktion der systematischen Bedeutung einer Behauptung Hegels im § 424 der Berliner Encyclopädie der philosophischen Wissenschaften." In: Dieter Henrich (Hrsg.), *Hegels philosophische Psychologie: Hegel-Tage Santa Margherita 1973 (Hegel-Studien, Beihefte)* . Hamburg: Felix Meiner.

Cramer, K., & Fulda, H. F., & Horstmann, R-P., & Pothast, U. (Hrsg.). (1990): *Theorie der Subjektivität. Dieter Henrich zum 60. Geburtstag*. Frankfurt am Main: Suhrkamp.

Cramer, Wolfgang. (1966): *Spinozas Philosophie des Absoluten*. Frankfurt am Main: Vittorio Klostermann.

Cramer, Wolfgang. (1967): *Gottesbeweise und ihre Kritik. Prüfung ihrer Beweiskraft*. Frankfurt am Main: Vittorio Klostermann.

Cramer, Wolfgang. (1999): *Grundlegung einer Theorie des Geistes*. 4. Aufl. Frankfurt am Main: Vittorio Klostermann.

Cramer, Wolfgang. (2012): *Die absolute Reflexion. Schriften aus dem Nachlass*. Hrsg. v. Konrad Cramer. Frankfurt am Main: Vittorio Klostermann.

Cramer, Wolfgang. (2019): *Das Absolute und das Kontingente. Untersuchungen zum Substanzbegriff*. 3., erweiterte Aufl. Frankfurt am Main: Vittorio Klostermann.

Dirken, Jörg. (2005): *Selbstbewußtsein individueller Freiheit. Religionstheoretische Erkundungen in protestantischer Perspektive*. Tübingen: Mohr Siebeck.

Förster, Eckart. (2012):*The Twenty-Five Years of Philosophy. A Systematic Reconstruction*. Trans. Brady Bowman. Cambridge, Massachusetts: Harvard University Press.

Frank, Manfred. (1991): *Selbstbewußtseinstheorie von Fichte bis Sartre*. Frankfurt am Main: Suhrkamp.

Frank, Manfred. (2015a): *Präreflexives Selbstbewusstsein. Vier Vorlesungen*. Stuttgart: Reclam.

Frank,Manfred. (2015b):*Selbstgefühl. Eine historisch-systematische Erkundung*. Frankfurt am Main: Suhrkamp.

Halfwassen, Jens. (2006): *Der Aufstieg zum Einen. Untersuchung zu Platon und Plotin*. 2. Erweiterte Aufl. München/Leipzig: K. G. Saur.

Henrich, Dieter. (1982): *Selbstverhältnisse. Gedanken und Auslegungen zu den Grundlagen der klassischen deutschen Philosophie*. Stuttgart: Reclam.

Henrich, Dieter. (1991): *Konstellationen. Probleme und Debatten am Ursprung der idealistischen Philosophie (1789-1795)* . Stuttgart: Klett-Cotta.

Henrich,Dieter. (2004a): *Grundlegung aus dem Ich. Untersuchungen zur Vorgeschichte des Idealismus. Tübingen – Jena (1790-1794)* . 2 Bände. Frankfurt am Main: Suhrkamp.

Henrich, Dieter. (2008): *Between Kant and Hegel. Lectures on German Idealism*. Ed. D. S. Pacini. New Heaven: Harvard University Press.

Hindrichs, Gunnar. (2011): *Das Absolute und das Subjekt. Untersuchungen zum Verhältnis von Metaphysik und Nachmetaphysik*. Frankfurt am Main: Vittorio Klostermann.

Iber, Christian. (1994): *Das Andere der Vernunft als ihr Prinzip. Grundzüge der philosophischen Entwicklung Schellings mit einem Ausblick auf die nachidealistischen Philosophiekonzeptionen Heideggers und Adornos*. Berlin: Walter de Gruyter.

Iber, Christian. (1999): *Subjektivität, Vernunft und ihre Kritik. Prager Vorlesungen über den Deutschen Idealismus*. Frankfurt am Main: Suhrkamp.

Kriegel, Uriah. (2015): *The Varieties of Consciousness*. Oxford: Oxford University Press.

Landgrebe, Ludwig. (1982): *Faktizität und Individuation. Studien zu den Grundfragen der Phänomenologie*. Hamburg: Felix Meiner.

Lang, Stefan. (2020a): *Performatives Selbstbewußtsein*. Paderborn: mentis.

Lang, Stefan. (2020b): *Phänomenales Bewußtsein und Selbstbewußtsein. Idealistische und selbstrepräsentationalistische Interpretationen*. Hamburg: Felix Meiner.

Richir, Marc. (1987) : *Phénomènes, Temps et Etres. Ontologie et Phénoménologie*. Grenoble : Million.

Schnell, Alexander. (2010) : *En deçà du sujet. Du temps dans la philosophie transcendantale allemande*. Paris : Presses Universitaires de France.

Schnell,Alexander. (2011): *Hinaus. Entwürfe zu einer phänomenologischen Metaphysik und Anthropologie*. Würzburg: Könighausen & Neumann.

Schnell, Alexander. (2019): *Was ist Phänomenologie?* Frankfurt am Main: Vittorio Klostermann.

Schnell, Alexander. (2020): *Seinsschwingungen. Zur Frage nach dem Sein in der transzendentalen Phänomenologie*. Tübingen: Mohr Siebeck.

Schulz, Walter. (1979): *Ich und Welt. Philosophie der Subjektivität*. Pfullingen: Neske.

Schulz, Walter. (1992): *Subjektivität im nachmetaphysischen Zeitalter*. Pfullingen: Neske.

Thiel, Udo. (2014): *The Early Modern Subject. Self-Consciousness and Personal Identity from Descartes to Hume*. Oxford: Oxford University Press.

Tugendhat, Ernst. (2017): *Selbstbewußtsein und Selbstbestimmung. Sprachanalytische Interpretation*. Frankfurt am Main: Suhrkamp.

Vassányi, Miklós. (2011): *Anima Mundi. The Rise of the World Soul Theory in Modern German Philosophy*. Dordrecht: Springer.

Wagner, Hans. (2013): *Philosophie und Reflexion*. [*Hans Wagner Gesammelte Schriften*. Band 1.] Hrsg. v. Bernward Grünewald. Paderborn: Ferdinand Schöningh.

Zahavi, Dan. (2020): *Self-Awareness and Alterity. A Phenomenological Investigation*. A New Edition. Chicago: Northwestern University Press.

（二）康德与莱茵霍尔德

刘哲：《黑格尔辩证－思辨的真无限概念：在康德与费希特哲学视域中的黑格尔〈逻辑学〉》，北京大学出版社 2009 年版。

Allais, Lucy. (2017): *Manifest Reality. Kant's Idealism and his Realism*. Oxford: Oxford University Press.

Allison, Henry E. (1983): *Kant's Transcendental Idealism: An Interpretation and Defense*. New Haven: Yale University Press.

Allison, Henry E. (2015): *Kant's Transcendental Deduction. An Analytical-Historical Commentary*. Oxford: Oxford University Press.

Ameriks, Karl. (2010): *Kant and the Fate of Autonomy. Problems in the Appropriation of the Critical Philosophy*. Cambridge: Cambridge University Press.

Beck, J. S. (2000): *The Standpoint from which Critical Philosophy is to be Judged* (excerpt). Trans. George di Giovanni. In: G. Giovanni and H. S. Harris (Ed.), *Between Kant and Hegel: Texts in the Development of Post-Kantian Idealism*. Indianapolis: Hackett.

Bondeli, Martin. (1995): *Das Anfangsproblem bei Karl Leonhard Reinhold. Eine Systematische und entwicklungsgeschichtliche Untersuchung zur Philosophie Reinholds in der Zeit von 1789 bis 1803*. Frankfurt am Main: Vittorio Klostermann.

Bondeli, M., & Silvan I. (Eds.). (2020): *Reinhold and Fichte in Confrontation. A Tale of Mutual Appreciation and Criticism*. Berlin: Walter de Gruyter.

Cramer, Konrad. (1985): *Nicht-reine synthetische Urteile a priori. Ein Problem der Transzendentalphilosophie Immanuel Kants*. Heidelberg: Carl Winter.

de Vleeschauwer, Herman J. (1957): "A Survey of Kantian Philosophy." In: *The Review of Metaphysics*. Vol. 11, No. 1.

Düsing, Klaus. (1983): "Constitution and Structure of Self-Identity: Kant' s Theory of Apperception and Hegel' s Criticism." In: *Midwest Studies in Philosophy*. Vol. 8, No. 1.

Enskat, Rainer. (2018): *Vernunft und Urteilskraft. Kant und die kognitiven Voraussetzungen vernünftiger Praxis*. Freiburg/München: Karl Alber.

Fabbianelli, Faustino. (2016): *Karl Leonhard Reinhold's Transcendental Psychology*. Berlin: Walter de Gruyter.

Henrich, Dieter. (1969): "The proof-structure of Kant' s Transcendental Deduction." In: *The Review of Metaphysics*. Vol. 22, No. 4.

Henrich, Dieter. (1989): "The Identity of the Subject in the Transcendental Deduction." In: E. Schaper & W. Vossenkuhl (Ed.), *Reading Kant: New Perspectives on Transcendental Arguments and Critical Philosophy*. Oxford: Basil Blackwell.

Henrich,Dieter.（1994）: *The Unity of Reason. Essays on Kant's Philosophy*. Cambridge, Massachusetts: Harvard University Press.

Höffe, Otfried.（2010）: *Kant's Critique of Pure Reason: The Foundation of Modern Philosophy*. Den Haag: Springer.

Lang, Stefan.（2020c）: „Karl Leonhard Reinholds Begriff der Deduktion." In: *Archiv für Geschichte der Philosophie*. Published Online. https://doi.org/10.1515/agph-2018-0118

Grüne, Stefanie.（2009）: *Blinde Anschauung. Die Rolle von Begriffen in Kants Theorie sinnlicher Synthesis*. Frankfurt am Main: Vittorio Klostermann.

Pippin, Robert B.（1982）: *Kant's Theory of Form: An Essay on the Critique of Reason*. New Haven: Yale University Press.

（三）费希特与荷尔德林

倪逸偲：《康德的阴影与费希特的超越——重审知识学的最高本原》，《哲学分析》2017年第6期。

倪逸偲：《否定与自由：黑格尔与费希特论否定的行动性》，《云南大学学报（社会科学版）》2019年第3期。

倪逸偲：《自我意识的结构困难——重审荷尔德林的早期费希特批评（1795）》，《学术月刊》2022年第7期。

Claesges, Ulrich.（1974）: *Geschichte des Selbstbewusstseins. Der Ursprung des spekulativen Problems in Fichtes Wissenschaftslehre von 1794-1795*. Den Haag: Martinus Nijhoff.

Cramer, Konrad.（2002）: „Kants ‚Ich denke' und Fichtes ‚Ich bin'." In: K. Ameriks und J. Stolzenberg（Hrsg.）, *Internationales Jahrbuch des Deutschen Idealismus*. Band 1: *Konzepte der Rationalität im Deutschen Idealismus*. Berlin: Walter de Gruyter. S. 57-92.

Henrich, Dieter.（2004b）: *Der Grund im Bewußtsein. Untersuchungen zu Hölderlins Denken（1794-1795）*. Stuttgart: Klett-Cotta.

Henrich, Dieter.（2019）: *Dies Ich, das viel besagt. Fichtes Einsicht nachdenken*. Frankfurt am Main: Vittorio Klostermann.

Hirsch, Emanuel.（2008）: *Fichte Studien（1914-1929）*. Hrsg. v. Ulrich Barth. Waltrop: Hartmut Spenner.

Hirsch,Emanuel.（2016）: *Weltbewußtsein und Glaubensgeheimnis*. Hrsg. v. J. Bernhard & A. von Scheliha. Waltrop: Hartmut Spenner.

Klotz,Christian.（2002）: *Selbstbewußtsein und praktische Identität. Eine Untersuchung über Fichtes Wissenschaftslehre nova methodo*. Frankfurt am Main: Vittorio Klostermann.

Klotz,Christian.（2016）: "Fichte's Explanation of the Dynamic Structure of Consciousness in the 1794-95 *Wissenschaftslehre*." In: Günter Zöller（Ed.）, *The Cambridge Companion to*

Fichte. Cambridge: Cambridge University Press.

Lang,Stefan. (2011):„Fichtes Programm einer Geschichte performativen Selbstbewusstseins." In: C. Danz & J. Stolzenberg (Hrsg.), *System der Vernunft – Kant und der deutsche Idealismus*. Hamburg: Felix Meiner.

Radrizzani, Ives. (1993) : *Vers la Fondation de l'intersubjectivité chez Fichte. Des Principes à la nova methodo*. Paris : Librairie Philosophique J. Vrin.

Schlösser, Ulrich. (2001): *Das Erfassen des Einleuchtens. Fichtes Wissenschaftslehre von 1804*. Berlin: PHILO.

Stolzenberg,Jürgen. (1982): *Fichtes Begriff der intellektuellen Anschauung. Die Entwicklung in den Wissenschaftslehren von 1793/94 bis 1801/02*. Stuttgart: Klett-Cotta.

Stolzenberg,Jürgen. (1994a):„Fichtes Satz ‚Ich bin'. Argumentanalytische Überlegungen zu Paragraph 1 der *Grundlage der gesamten Wissenschaftslehre* von 1794/95." In: *Fichte-Studien*, Bd. 6. S: 1-34.

Stolzenberg,Jürgen. (1994b): „Selbstbewußtsein – Ein Problem der Philosophie nach Kant." In: *Daimon, Revista de Filosofia*, No. 9. S. 63-79.

Stolzenberg,Jürgen. (1995): „Fichtes Begriff des praktischen Selbstbewußtseins." In: W. Hogrebe (Hrsg.), *Fichtes Wissenschaftslehre 1794. Philosophische Resonanzen*. Frankfurt am Main: Suhrkamp.

Stolzenberg,Jürgen. (1998): „Reiner Wille: Ein Grundbegriff der Philosophie Fichtes." In: *Revue Internationale de Philosophie*, Bd. 4, Nr. 206. S. 617-639.

Stolzenberg,Jürgen. (2001): „Autonomie: Zu Schellings Begründung der praktischen Philosophie im *System des transzendentalen Idealismus*." In: *Kritisches Jahrbuch der Philosophie*, Bd. 6. S. 41-55.

Stolzenberg,Jürgen. (2002): „Geschichte des Selbstbewußtseins. Reinhold – Fichte – Schelling". In: K. Ameriks und J. Stolzenberg (Hrsg.), *Internationales Jahrbuch des Deutschen Idealismus*. Band 1: *Konzepte der Rationalität im Deutschen Idealismus*. Berlin: Walter de Gruyter. S. 93-113.

Stolzenberg,Jürgen. (2011): „Der Streit um das Absolute. Fichte vs. Schelling." In: Chr. Danz u. J. Stolzenberg (Hrsg.), *System und Systemkritik um 1800. System der Vernunft. Kant und der Deutsche Idealismus*. Band 3. Hamburg: Felix Meiner. S. 181-192.

Stolzenberg,Jürgen. (2014): „‚Subjektivität ist das Absolute nicht und nicht das Letzte'. Hölderlin-Vertonungen nach 1945." In: F. Vollhardt (Hrsg.), *Hölderlin in der Moderne*. Berlin: Erich Schmidt Verlag. S. 171-194.

Stolzenberg,Jürgen. (2019): "'But how is self-consciousness possible?' Hölderlin' s criticism of Fichte in 'Judgment and Being' ." In: *ProtoSociology. An International Journal and*

Interdisciplinary Project. Free Access Article. http://www.protosociology.de/on-philosophy.html

Waibel, Violetta L. (2000): *Hölderlin und Fichte. 1794-1800*. Paderborn: Ferdinand Schöningh.

Zöller, Günter. (1998): *Fichte's Transcendental Philosophy. The Original Duplicity of Intelligence and Will*. Cambridge: Cambridge University Press.

Zöller,Günter. (2002): „Das Absolute und seine Erscheinung. Die Schelling-Rezeption des späten Fichte." In: K. Ameriks und J. Stolzenberg (Hrsg.), *Internationales Jahrbuch des Deutschen Idealismus*. Band 1: *Konzepte der Rationalität im Deutschen Idealismus*. Berlin: Walter de Gruyter. S. 165-182.

（四）谢林

倪逸偲:《斯宾诺莎——谢林：建立一种“力量本体论”的尝试》，《南京社会科学》2019 年第 5 期。

倪逸偲:《探求意识实在性的终极根据：费希特与谢林早期先验哲学的平行演进(1794—1797)》，《哲学研究》2021 年第 1 期。

倪逸偲:《谢林与胡塞尔的隐秘联结：论被动综合与原初经验的构造》，《江海学刊》2021 年第 4 期。

倪逸偲:《先验自我的二重化：莱茵霍尔德哲学视域下的早期谢林表象能力学说研究(1794)》，《哲学研究》2023 年第 5 期。

孙小玲:《存在与伦理——海德格尔实践哲学向度的基本论题考察》，上海人民出版社 2015 年版。

先刚:《永恒与时间：谢林哲学研究》，商务印书馆 2008 年版。

先刚:《谢林哲学中的“流溢”观念》，载《哲学门》(总第二十一辑)，第十一卷第一册，北京大学出版社 2010 年版。

先刚:《试析早期谢林与费希特“绝对自我”观的差异》，《云南大学学报（社会科学版)》2019 年第 4 期。

先刚:《重思谢林对于黑格尔的批评以及黑格尔的可能回应》，《江苏社会科学》2020 年第 4 期。

先刚:《“建构”与“反思”——谢林和黑格尔艺术哲学的差异》，《文艺研究》2020 年第 6 期。

先刚:《试析谢林艺术哲学的体系及其双重架构》，《学术月刊》2020 年第 12 期。

王丁:《本原的二重性与统一——论谢林最终的哲学方案》，《云南大学学报（社会科学版)》2019 年第 4 期。

王丁:《对自由的诠释作为自由自身的实行——海德格尔、谢林与一种“自由诠释学”

的可能》，《哲学动态》2020年第3期。

王丁：《存在，历史与自由——谢林晚期哲学的基本问题》，《哲学研究》2020年第9期。

周驰博：《“原初主体性”的开显——谢林后期哲学的最终奠基问题》，北京大学哲学系硕士学位论文，2019年。

庄振华：《实相与真理——德国古典哲学的世界构想及其源流》，《云南大学学报（社会科学版）》2017年第5期。

庄振华：《略论谢林自然哲学的开端》，《云南大学学报（社会科学版）》2019年第5期。

庄振华《谢林自然哲学的思想宗旨与演进历史——以“大全一体”的肯定性发生史为中心》，《哲学研究》2021年第9期。

Benussan, Gérard. (2015) : *Les âges du monde de Schelling. Une traduction de l'absolu*. Paris : Librairie Philosophique J. Vrin.

Boenke, Michaela. (1990): *Transformation des Realitätsbegriffs. Untersuchungen zur frühen Philosophie Schellings im Ausgang von Kant*. Stuttgart-Bad Cannstatt: frommann-holzboog.

Bruno, Anthony. (Eds.). (2020): *Schelling's Philosophy. Freedom, Nature, and Systematicity*. Oxford: Oxford University Press.

Bucheim, Thomas. (1992): *Eins von Allem: Die Selbstbescheidung des Idealismus in Schellings Spätphilosophie*. Hamburg: Felix Meiner.

Cattin, Emmanuel. (2001) : *Transformations de la métaphysique. Commentaires sur la philosophie transcendantale de Schelling*. Paris : Librairie Philosophique J. Vrin.

Courtine, Jean-François. (2012) : *Schelling entre temps et éternité*. Paris : Librairie Philosophique J. Vrin.

Frank, Manfred. (1992): *Der unendliche Mangel an Sein. Schellings Hegelkritik und die Anfänge der Marxschen Dialektik*. 2., erweiterte Aufl. München: Suhrkamp.

Frank, Manfred. (2018): *»Reduplikative Identität«. Der Schlüssel zu Schellings reifer Philosophie*. Stuttgart-Bad Cannstatt: frommann-holzboog.

Franz, Michael. (1996): *Schellings Tübinger Platon-Studien*. Göttingen: Vandenhoeck & Ruprecht.

Gerlach, Stefan. (2019): *Handlung bei Schelling. Zur Fundamentaltheorie von Praxis, Zeit und Religion im mittleren und späten Werk*. Frankfurt am Main: Vittorio Klostermann.

Grosos, Philippe. (1996) : *Système et subjectivité. L'enjeu de la question du système. Fichte, Hegel, Schelling*. Paris : Librairie Philosophique J. Vrin.

Hartkopf, Werner. (1975): *Die Dialektik in Schellings Transzendental- und Identitätsphilosophie*. Meisenheim am Glan: Anton Hain.

Hartmann, Eduard von. (1869): *Schellings positive Philosophie als Einheit von Hegel und Schopenhauer*. Berlin: Otto Loewenstein.

Hartmann, Eduard von. (1897): *Schellings philosophisches System*. Leipzig: Hermann Haacke.

Hutter, Axel. (1996): *Geschichtliche Vernunft. Die Weiterführung der Kantischen Vernunftkritik in der Spätphilosophie Schellings*. Frankfurt am Main: Suhrkamp.

Hühn, Lore. (1994): *Fichte und Schelling oder: Über die Grenze menschlichen Wissens*. Stuttgart: J. B. Metzler.

Jähnig, Dieter. (1966): *Schelling: Die Kunst in der Philosophie*. Pfullingen: Neske.

Kasper, Walter. (2010): *Das Absolute in der Geschichte. Philosophie und Theologie der Geschichte in der Spätphilosophie Schellings*. Freiburg im Breisgau: Herder.

Küppers,Bernd-Olaf. (1992): *Natur als Organismus. Schellings frühe Naturphilosophie und ihre Bedeutung für die moderne Biologie*. Frankfurt am Main: Vittorio Klostermann.

Lang, Stefan. (2014): "Schelling's concept of Self-Consciousness in the *System of Transcendental Idealism (1800)*." In: *Archiv für Begriffsgeschichte*, Bd. 55. Hamburg: Felix Meiner. S. 165-180.

Lang,Stefan. (2015): „Schelling und der Selbstrepräsentationalismus über phänomenales Bewusstsein." In: *Deutsche Zeitschrift für Philosophie*, 63/6. S. 1022-1047.

Lauth, Reinhard. (1975): *Die Entstehung von Schellings Identitätsphilosophie in der Auseinandersetzung mit Fichtes Wissenschaftslehre (1795-1801)*. Freiburg/München: Karl Alber.

Ni, Yicai. (2020): „Selbstgefühl als lebendige Gegenwart. Husserl und Schelling über die ursprüngliche Zeitkonstitution." In : *Annales de Phénoménologie – Nouvelle série*, N° 19/2020.

Ni, Yicai. (2021): "Schelling and Husserl on the Concept of Passive Synthesis." In: *Phänomenologische Forschungen*. 2021-1.

Rang, Bernhard. (2000): *Identität und Indifferenz. Eine Untersuchung zu Schellings Identitätsphilosophie*. Frankfurt am Main: Vittorio Klostermann.

Sandkaulen, Birgit. (1990): *Ausgang vom Unbedingten. Über den Anfang in der Philosophie Schellings*. Göttingen: Vandenhoeck & Ruprecht.

Schnell, Alexander. (2009) : *Réflexion et spéculation. L'idéalisme transcendantal chez Fichte et Schelling*. Grenoble : Million.

Schulz, Walter. (1975): *Die Vollendung des Deutschen Idealismus in der Spätphilosophie Schellings*. Pfullingen: Neske.

Schwab, Philipp. (2017): „A = A. Zur identitätslogischen Systemgrundlegung bei Fichte, Schelling und Hegel". In: D. Emundts und S. Sedgwick (Hrsg.), *Internationales Jahrbuch des Deutschen Idealismus*. Band 12: *Logik*. Berlin: Walter de Gruyter. S. 261-290.

Schwenzfeuer, Sebastian. (2014): *Natur und Subjekt. Die Grundlegung der schellingschen*

Naturphilosophie. Freiburg/München: Karl Alber.

Szilasi, Wilhelm. (1961): *Philosophie und Naturwissenschaft*. Bern/München: Francke.

Vető, Miklós. (2019): *Von Kant zu Schelling. Die beiden Wege des Deutschen Idealismus*. Übers. v. Hans-Dieter Gondek. Berlin: Walter de Gruyter.

Wieland, Wolfgang. (1956): *Schellings Lehre von der Zeit. Grundlagen und Voraussetzungen der Weltalterphilosophie*. Heidelberg: Carl Winter.

Xian, Gang. (2005): *Schellings Idee der Weltalterphilosophie und seine Lehre von der Zeit*. Hamburg: Dr. Kovač.

（五）黑格尔

Henrich, Dieter. (1989): „Hegels Grundoperation“. In: R.-P. Horstmann (Hrsg.), *Seminar: Dialektik in der Philosophie Hegels*. Frankfurt am Main: Suhrkamp.

Henrich, Dieter. (2015): *Hegel im Kontext. Mit einem Nachwort zur Neuauflage*. Frankfurt am Main: Suhrkamp.

Kreis, Guido. (2015): *Negative Dialektik des Unendlichen. Kant, Hegel, Cantor*. Frankfurt am Main: Suhrkamp.

Matějčková, Tereza. (2018): *Gibt es eine Welt in Hegels Phänomenologie des Geistes?*. Tübingen: Mohr Siebeck.

Pippin, Robert B. (1989): *Hegel's Idealism. The Satisfaction of Self-Consciousness*. Cambridge: Cambridge University Press.

Pippin, Robert B. (2019): *Hegel's Realm of Shadows. Logic as Metaphysics in The Science of Logic*. Chicago: The University of Chicago Press.

后　记

呈现在此的这本小书脱胎于我从 2016 年至 2021 年在北京大学哲学系与德国图宾根大学哲学系求学的五年间所完成的博士论文，而其中的理念种子则早早深埋于更遥远的童年时代。那是 2003 年初夏的南京，在父亲工作的大军区司令部空军部作战处办公室里的书架上，我第一次读到了拿破仑战争期间的名将若米尼（Antoine de Jomini）撰写的《战争艺术概论》（*Précis de l'art de la guerre*）。在这本不朽名著中，若米尼开宗明义地告诉读者，战争作为军事科学的极致体现，之所以是一门艺术，是因为它有着永恒的本原。在这本著作的第三章第二节《论战争的基本原理》（*Du principe fondamental de la guerre*）中，若米尼以不容置疑的语气断言：

> 本书的主要目的，是要证明有一条普遍适用于战争中所有军事行动的基本原理的存在，此基本原理应当支配一切战术组合……①

特别要注意的是，若米尼在这里精心挑选的概念“基本原理”（*principe*

---

① Antoine de Jomini, *Précis de l'art de la guerre*, Bruxelles : Librairie Militaire de J. -B. Petit, 1840, p. 54.《 Le but essentiel de cet ouvrage est de démontrer qu’ il existe *un principe fondamental* de toutes les opérations de la guerre, principe qui doit présider à toutes les combinaisons… 》中译文参见［瑞士］A. H. 若米尼：《战争艺术概论》，刘聪、袁坚译，解放军出版社 1988 年版，第 88 页。译文有改动。

fondamental）恰恰就是与其同时代的先验哲学所主张的“基础”（Grundlage）或“本原”（Prinzip）！若米尼的断言所体现出来的，不单单是这本著作的译者忧心忡忡地提醒读者的那样，是“资产阶级军事思想”一贯的“形而上学与机械论色彩”，更是“马背上的世界精神”纵横驰骋的大革命时代的有识之士们所普遍坚守的一个信念：科学必须基于本原，而本原必须成为体系。这种对于体系化的“普遍科学”的信念正是我们生活的现代社会在最初阶段赖以建立的底色与基石。从康德与莱茵霍尔德到费希特、谢林与黑格尔的整个德国唯心论哲学运动所追求的，正是如此这般的作为一切科学之科学的哲学科学赖以建立的终极根据。这种对于本原与体系无条件的信仰在给我以精神震撼的同时，也在无形之中塑造了我最根本的哲学信念：哲学作为最严格的科学，应当且必须拥有唯一一个本原，以及由此而建构出来的唯一一个体系。因而，倾尽所有去追求那最简洁、最清晰、最强大、最崇高的本原，从那时起便成了我对哲学科学唯一的追求。诚然，我们所置身的这个时代，本原早已被遮蔽，而体系已然分崩离析，被僭越的世界精神行走在虚妄的水面。康费谢黑、若米尼、克劳塞维茨乃至拿破仑本人所畅想的那样一种“普遍科学”得到建立与保障的时代已成往事。但漫漫长夜里，仍然有人在坚守古老而永恒的信念，等待光明重归、撕开黑暗的那一天。只因在天空高高飞翔的时间里，我们早已洞察存在的秘密。

本书作为一部德国古典哲学史专题研究著作，理论野心是极为有限的。本书的目的仅仅在于，通过对前期谢林先验哲学构想发展史的“历史化—体系化”展示，去勾勒出一种康德之后全新形态的先验哲学——也就是先验存在论的理论样貌。本书已经基本解决了先验存在论的一大基本问题：从绝对存在向个体性本原——先验自我的过渡究竟何以可能。但先验存在论仍然存在巨大的、尚未得到充分探索的理论空间。正如丁耘老师在为我的博士论文撰写的审查报告里指出的那样，“个体性本原”问题仍然有着更深厚的近代哲学史牵连与“历史化—体系化”基础：无论是莱布尼茨与苏亚雷斯关于个体性建构问题的探索，还是波墨与斯宾诺莎关于体系本原的动态涌现生成机制的刻画，都是德国唯心论哲学在进一步深入这一问题时必须首先面对并消化的遗产。同时，先验哲学自 1801 年始经历了深刻的大分流与大转折，先验存在论开始分化出不同的理论路径，“自我”与“世界”如何融合，先验存在论又如何从存在者的根基走向存在本身的根基，成为真正的“理性科学”，都是有待展开的本原问题。这本书的构想与篇幅都不足以继续承载如此宏阔深刻的题目，我只能用接下来的五年、十年乃至十五年去继续深入这些问题，尽力完成先验存在论体系的终极建构。

感谢在本书写作与修改过程中曾给予我教导、帮助与支持的人们：

首先是我的导师先刚老师。自 2016 年 9 月离开复旦北上拜入先门求学，先老师对我的研究给予了最大限度的宽容、支持与帮助，没有先老师的悉心教导，就不会有呈现在此的这部小小作品。我也感谢在北京求学期间曾予我支持与帮助的吴增定老师、李猛老师、雷思温老师、孙帅老师、吴功青老师与谢红梅老师。

我也想在此向我本科期间的老师们：复旦大学哲学学院的张双利老师、孙小玲老师、林晖老师与丁耘老师致以最真挚的谢意，是你们树立了“学高为师、身正为范”的标杆。在复旦四年跟随你们学习的宝贵经历，让我终生受用。

特别需要感谢的还有我一直以来的良师益友，浙江大学哲学学院的马迎辉老师与哈勒大学哲学系的朗博士（Stefan Lang），本研究的基本思路从多年来与你们持续深入的关于先验哲学基本问题的讨论中获益良多。

我由衷地感激我的博士后合作导师浙江大学哲学学院王俊老师与人民出版社的李之美老师为促成本书出版而付出的辛苦努力，真诚地感谢人民出版社王若曦女士辛勤的编辑工作。我也受益于复旦大学哲学学院张庆熊老师、南京大学哲学系张荣老师与陕西师范大学哲学系庄振华老师的关心与提点；我也受用于两度赴德国求学期间的各位老师们或严格或宽容的倾听与指导：慕尼黑大学哲学系的措勒教授（Günter Zöller）、图宾根大学哲学系的施洛瑟尔教授（Ulrich

Schlösser）、伍珀塔尔大学先验哲学研究所的施奈尔教授（Alexander Schnell）与哈勒大学哲学系的施托尔岑贝格教授（Jürgen Stolzenberg）。

感谢我的挚友陈冬阳、邝申达、周驰博、汪瑞原、张宸宸、朱梦成、王修一、刘敏达、闫高洁、陈添鸿、刘政驰、丁岳涛、史文天、崔春秋、朱一凡、张宇杰、叶朗年、曾崑迪、白若思、马雨乔与曾维康对我的关心与扶助。还有我的父母一直以来对我的支持与鼓励，希望这份成果能令你们欣慰。

感谢我的爱妻徐爽，以无限的爱支撑我度过最艰难灰暗的时刻。皎皎亮月，丽于高隅。兴命公子，携手同车。

本书部分章节的内容已经在德国《现象学研究》（*Phänomenologische Forschungen*）、法国《现象学年鉴》（*Annales de Phénoménologie*）以及国内的《哲学研究》与《学术月刊》等专业学术期刊上刊载，在此向各位编辑老师的辛劳致以我的谢意。本书部分章节的工作也得到了德国“巴登–符腾堡”奖学金、国家留学基金委国家建设高水平大学公派研究生项目（编号201906010228）、教育部人文社会科学重点研究基地重大项目“谢林著作集的翻译与研究”（编号15JJD720002）、国家社会科学基金青年项目“费希特《新方法知识学》翻译与研究”（编号22CZX056）与中国博士后科学基金面上资助项目“费希特、谢林与黑格尔中期哲学体系中的本原问题研究”（编号2022M712804）的支持，特此表示感谢。

托尔金的传世之作《指环王》（*The Lord of the Rings*）中有这样一段故事：王族血脉已经断绝千年的人类王国刚铎一直由宰相摄政。有一天，宰相迪耐瑟的长子博罗米尔问父亲：

> 如果国王永不归位，到底要几百年才能够让宰相成为国王？

迪耐瑟这样回答博罗米尔：

在其他比较缺乏忠诚的国家，或许只要几年……

在刚铎，即使一万年也不会有所改变。

先验哲学的精神终将归来，而我们就是最后堡垒，一万年也不会有所改变。

2022 年秋于宝石山下

责任编辑：王若曦　李之美

图书在版编目（CIP）数据

前期谢林的先验存在论研究 / 倪逸偲 著 . — 北京：
人民出版社，2023.6（2024.2 重印）
ISBN 978 – 7 – 01 – 025474 – 6

I. ①前…　II. ①倪…　III. ①谢林（Schelling，Friedrich Wilhelm Joseph von 1775 – 1854）– 哲学思想 – 研究　IV. ① B516.34

中国国家版本馆 CIP 数据核字（2023）第 038801 号

前期谢林的先验存在论研究

QIANQI XIELIN DE XIANYAN CUNZAILUN YANJIU

倪逸偲　著

人民出版社 出版发行
（100706　北京市东城区隆福寺街 99 号）

中煤（北京）印务有限公司印刷　新华书店经销

2023 年 6 月第 1 版　2024 年 2 月北京第 2 次印刷
开本：710 毫米 ×1000 毫米 1/16　印张：18.75
字数：280 千字

ISBN 978 – 7 – 01 – 025474 – 6　定价：70.00 元

邮购地址 100706　北京市东城区隆福寺街 99 号
人民东方图书销售中心　电话（010）65250042　65289539